룰북

게임 비즈니스를 보면 미래가 보인다

ONE UP

Copyright © 2020 Columbia University Press
All rights reserved.
This Korean edition is a complete translation of the U.S. edition,
specially authorized by the original publisher, Columbia University Press

Korean translation copyright © 2022 by BOOKSTONE
Korean translation rights arranged with Columbia University Press
through EYA (Eric Yang Agency)

이 책의 한국어판 저작권은 EYA (Eric Yang Agency)를 통해
Columbia University Press와 독점 계약한 주식회사 북스톤이 소유합니다.
저작권법에 의하여 한국 내에서 보호를 받는 저작물이므로 무단 전재 및 복제를 금합니다.

게임 비즈니스를 보면 미래가 보인다

룰북
RULE BOOK

요스트 판 드뢰넌 지음 | 김석현 옮김

그들은 항상 새로운 것을 한다

북스톤

일러두기

본문의 각주는 모두 옮긴이의 주입니다.

책머리에

게임을 비즈니스 관점에서 공부하는 건 여러모로 바보들이나 할 법한 어리석은 짓이다. 지난 20년간 이 일을 업으로 해온 뒤 내린 나의 결론이다. 우선 업계 외부 사람들은 이 작업을 전혀 진지하게 여기지 않을 것이다. 전 세계 10대들이 매일 밤 포트나이트를 하고, 적지 않은 사람들이 스마트폰을 손에 쥔 채 길거리를 배회하며 포켓몬을 수집하는 요즘에도 여전히 많은 이들이 게임을 그저 소수만이 즐기는 하위문화로 간주한다. 내가 만약 영문학 전공자였거나 혹은 방송 업계에서 일했다면 최소한 지적이고 교양 있는 사람이라는 평가 정도는 받을 수 있었을 텐데, 게임을 공부한다고 하면 사람들은 대개 이런 반응을 보인다. "게임을 공부한다고? 그건 시간낭비 헛짓거리에 불과하잖아."

더 별로인 건 게임 업계 동료들의 존중마저 기대하기 어렵다는 사실이다. 창의적인 산업이 으레 그렇듯이 게임 업계에서도 창의적인 업무를 담당하는 아티스트나 기획자들이 대부분의 가치를 창출한다는 통념이 지배적이다. 그들이야말로 게임 업계의 '인싸'다. 창의적인 업계에 비즈니스를 담당하는 불운한 사람들이 존재하는 건 대중과의 접근성을 높이기 위한 어쩔 수 없는 타협의 산물이다. 용병에 불과한 마케터, 영혼 없이 숫자만 계산하는 애널리스트나 이코노미스트는 게임 산업이 유지되기 위해 약간의 양념을 더할 뿐이다.

그동안 게임 비즈니스에 대한 사람들의 인식이 미미했던 건 게임 업계 안팎의 이러한 분위기 때문인지도 모르겠다. 게임 산업을 분석하는 투자자나 헤지펀드 매니저들을 상대하다 보면, 그들이 투자하는 자본의 막대한 규모와 게임 산업에 대한 심각한 몰이해 간의 간극에 종종 할말을 잃곤 한다. 게임으로 생계를 유지하는 사람들 중에도 게임 산업의 구조를 두루 이해하는 이는 극소수다. 게임에 미래를 건 창의적인 학생들에게 자금 확보 계획을 물으면 대부분 컵라면으로 몇 달이든 버틸 계획이라는 대답을 듣곤 한다. 말도 안 되는 순진한 생각이다.

여기에는 업계의 책임이 작지 않다. 창의적인 산업에 유독 퍼져 있는 '돈은 악하다'는 신조는 게임 업계에도 예외가 아니다. 돈은 좋은 게임을 만들고자 하는 창의적인 노력의 부산물에 불과할 뿐, 영리적인 이윤 추구를 게임 제작의 주된 목적으로 삼아서는 안 된다고 생각한다. 게임 개발은 엄연히 영리적인 활동임에도 말이다. '잘 만든 게임은 저절로 팔릴 것'이라는 믿음이 여전히 팽배해 있다. 그러나 우리 모두가 알듯이 수십억 달러 규모의 거대한 산업은 그런 식으로 작동하지 않는다.

돈을 경시하는 게임 산업의 정서에는 '한 명의 천재'에 관한 신화가 밑바탕에 깔려 있다. 사실 이는 신화라기보다는 조작에 가깝다. 일렉트로닉 아츠Electronic Arts의 창업자 트립 호킨스Trip Hawkins는 의도적으로 게임 기획자와 프로그래머에게 셀럽이라는 이미지를 만들어냈다. 즉 천재적인 게임 개발자 신화는 사실 정교하게 만들어진 비즈니스 전략의 일환일 뿐이다. 재능은 무척 중요한 요소이지만 유일한 요소는 아니다.

게임 산업이 어떻게 작동하는지 이해하려면 창의력을 넘어 게임 산업의 전반적인 구조와 모든 활동을 종합적으로 볼 수 있어야 한다. 그래픽 디자인, 게임 기획, 서사, 물리 엔진 등은 모두 이와 관련이 있다. 각각의 요소들이 최종적으로 게임에서 드러나는 형태는 무수히 많은 선택의 결과다. 마찬가지로 사업실행 능력, 게임 기획력, 기술력도 모두 중요하다. 그런데 유독 '사업'에 관한 게임 업계의 이해도가 낮다.

13년 전 어느 세미나 자리에서 두 게임 회사 임원이 새로 출시된 아이폰에 관해 대화하는 걸 엿들은 적이 있다.

"새 아이폰 그래픽 봤어?"

"장난 아니던데. 닌텐도 게임보이와 맞먹는 수준이더라."

"그러게 말야. 사람들이 여기에 돈을 얼마나 쓸 거 같아?"

"게임 경험과 그래픽 수준이 닌텐도랑 엇비슷하다면 50달러는 쓰겠지. 콘솔하고 다를 게 없잖아."

물론 이건 엄청나게 틀린 예측으로 판명되었다. 그러나 당시 이 예측은 어느 정도 합리적인 판단이었다. 오랫동안 하드웨어의 사양이 게임 기획의 형태를 결정했기 때문이다. 하지만 애플이 아이폰을 공개하고 2년 뒤 프리미엄freemium 게임 타이틀을 승인하면서 모바일 게임 카테고리는 급격하게 팽창하기 시작해 글로벌 게임 산업을 재편하기에 이르렀다. 20년이 지난 지금도 많은 이들은 여전히 모바일 게임의 지속적인 성장을 낙관한다.

게임 산업의 많은 성공은 창의적인 비전과 이에 수반되는 비즈니스 모델 간의 효과적인 조합의 결과다. 회사가 버틸 수 있는 개발기간 등 각종 제약조건은 게임 기획자에게는 스크린 사이즈, 처리장치 능력 등의 물리적인 한계에서 비롯되는 기술적 제약과 유사하다. 이러한 제약 사항들은 무엇이 되고 안 되는지를 결정하며, 게임 타이틀 및 콘솔의 창의적인 기획에 영향을 미쳐왔다. 그러나 게임 비즈니스의 경제적 요소들은 아직도 충분히 이해되지 못했다. 게임 업계 사람들이 사고하고 의사결정하는 방식은 여전히 검증되지 않은 클리셰로 가득하다.

다행이라면 최근 세계적으로 게임 인구가 폭발하면서 게임 산업을 바라보는 시각에도 변화가 생겼다는 점이다. 클리셰 일변도의 사고방식이 지배하는 와중에도 다른 생각을 하는 이들은 언제나 있었고, 혁신은 끊이지 않았다. 오늘날 게임 산업이 유례없는 전성기를 구가하며 업계 외부에서도 관심을 보이는 주류문화가 된 것은 이들 혁신가의 공이 크다.

최근 학계와 문화계에서 게임에 관한 다양한 연구가 발표되었다. 이들 연구를 보면 다양한 분야의 학자들이 한 가지 전제에 명백히 동의하는 것처럼 보인다. 게임에 관한 연구는 현대 인류에 대한 이해도를 높이기 위한 시작점이라는 사실이다. 게임 연구자들은 게임을 사람들이 살아가는 거대한 사회적, 문화적, 경제적 세계의 축소판으로 간주한다. 나도 게임에 대한 이해도를 높인다면 현재 존재하는 여러 사회적, 문화적 갈등을 비롯한 인류의 삶을 이해하는 데 도움이 되리라 생각한다.

여기서 결코 빠지면 안 되는 것이 철저한 데이터 기반의 종합적인 비즈니스 관점이다. 이는 게임 산업의 경제적 구조와 시장 상황, 그에 따른 게임 기업들의 전략과 결과물들을 이해하는 데 반드시 필요하다. 그러한 것들을 다루는 것이 내가 이 책을 집필하는 목적이다. 게임 기획자, 프로듀서, 마케터, 산업 애널리스트 및 투자자 등의 다양한 관점을 더해 게임 산업에 대한 우리의 이해를 확장하는 데 이 책이 도움이 되기를 바란다.

차례

책머리에 5

서문 | 그들은 항상 새로운 것을 한다 14

| 1부 |
제품으로서의 게임

1장 게임, 디지털이 되다 : 디지털화가 창의 기업을 재정의하는 방식 30
   아무도 모르게 성장한 다크호스 34
   창의 비즈니스에 필요한 심성 모델 43

2장 위대한 게임만으로는 부족하다 : 게임 산업이 위기를 헤쳐온 방식 50
   하이 리스크, 하이 리턴 : 게임 비즈니스의 5가지 리스크 51
   포화시장, 개발자의 각성, 달라진 게임의 규칙 57
   게임 이면에서 벌어지는 개발자 확보전쟁 65
   배급사가 벌이는 돈과의 전쟁 72

3장 촘촘한 매장만으로는 부족하다 : 디지털 시대 오프라인의 모험 84

유통의 공룡들에 맞선 회심의 혁신전략 88

덩치를 키워 디지털화에 맞설 수 있을까? 96

| 2부 |

서비스로서의 게임

4장 이제 누구나 게임을 한다 : 비주류 산업이 주류가 되는 방법 106

확산의 원동력 1. 고객 재정의 108

확산의 원동력 2. 디지털화가 촉발한 글로벌 경쟁 110

확산의 원동력 3. SNS와 소셜게임의 전략적 동거 116

확산의 원동력 4. 모든 기기에 침투하는 크로스 플랫폼 전략 123

모두가 게이머인 시대에 반드시 물어야 할 질문 129

5장 현대판 골드러시, 모바일 게임
: 반짝인다고 모두 금이 아니듯, 사용자가 모두 고객은 아니다 138

거물들이 놓친 신세계, 앱스토어 140

낮은 진입장벽이 낳은 아류작 그리고 '공짜' 프레임 144

슈퍼셀과 텐센트의 서로 다른 대안 **150**
아직은 유효한 성공신화, 그러나 언제까지? **156**

6장 누가 콘솔을 한물갔다 하는가 : 게임기에서 콘텐츠 플랫폼으로 164
신흥시장이라는 대안, 그러나… **168**
소니의 플레이스테이션, 온라인 연결성을 확장하다 **174**
테이크투의 디지털 배급 전략 **180**
전통적인 콘솔 기업이 디지털 시대에 생존하는 법 **184**

7장 PC 게임, 디지털 세상으로 화려하게 돌아오다
: PC 게임의 수익모델 혁신 190
팬을 개발자로 만든 '둠'의 오픈소스 전략 **193**
밸브, 디지털 유통으로 PC 게임 붐을 일으키다 **196**
PC 게임이 수익모델을 바꾸다 **203**
새로운 수익모델은 새로운 강자를 낳는다 **215**

| 3부 |
미디어로서의 게임

8장 IP 전략이 곧 사업 전략이다 : IP를 활용할 때 고민해야 할 것들 224
IP, 직접 개발할까, 외부에서 빌려올까? **227**
IP 전략의 통념과 묘수 **233**

넘쳐나는 모바일 게임, 넘쳐나는 IP 전략 241
자체 IP로 운명을 바꾼 앵그리버드 이야기 249
라이선스 전략 vs. 오리지널 콘텐츠 전략, 무엇이 내게 유리한가? 253

9장 플레이하는 게임에서 보는 엔터테인먼트로
　: 커뮤니티가 곧 비즈니스다 258
게임 방송 : 학습교본이자 홍보채널 262
셀럽 게이머 : 진정성과 상업성 사이의 선 타기 269
e스포츠 : 홍보채널이자 수익모델이자 커뮤니티 276

10장 다음 세대의 수익모델 : 몰입을 끌어내는 능력 286
광고 : 소액결제 시대의 새로운 수익모델 289
구독 : 게임의 가치를 높이는 새로운 접근법 298

결론 | 더 많은 혁신이 게임의 세계에서 플레이될 것이다 307
옮긴이의 글 | 룰을 아는 사람이 승자가 되는 시대 316

서문

그들은 항상 새로운 것을 한다

  2015년 말, 세계 최대 게임 배급사 중 하나인 액티비전 블리자드 Activision Blizzard*의 CEO 바비 코틱Bobby Kotick은 어느 기자에게 이렇게 말했다. "우리의 고객은 196개국 5억 명에 이릅니다. 과거에는 300~400달러짜리 콘솔 또는 1000달러대의 PC를 구매할 수 있는 중산층에 집중했지만, 고사양 스마트폰이 등장한 현재는 전 세계 모든 이들이 우리의 잠재고객입니다."

  세계적인 FPS** 게임 '콜 오브 듀티'와 한때 세계에서 가장 인기 있

---

* 2022년 1월 18일 마이크로소프트가 687억 달러에 액티비전 블리자드 인수를 발표했다.

** First Person Shooter. 1인칭 슈팅 게임. 캐릭터의 시점으로 게임상의 공간을 누비며 총, 활과 같은 발사무기로 적을 공격하는 게임 장르.

었던 MMORPG*인 '월드 오브 워크래프트' 같은 대작 게임을 제작한 액티비전 블리자드가 왜 '캔디 크러쉬'** 같은 모바일 게임을 만드는 킹 디지털King Digital을 인수했는지 묻는 질문에 대한 답변이다. 실로 많은 이들이 해당 인수 건에서 무언가 모를 이질감을 느꼈다. 액티비전 블리자드가 과한 돈을 지른 것도 이질감을 부채질했다. 얼마냐면 무려 59억 달러. 디즈니가 마블(42억 4000만 달러)이나 루카스필름(40억 5000만 달러)을 인수하는 데 쓴 돈보다도 많은 액수다.

액티비전 블리자드는 예전에도 대규모 인수합병 건을 성사시킨 바 있는데, 통상 이 정도 규모의 인수합병은 가치가 높은 콘텐츠를 확보하는 데 목적이 있다. 반면 이번 인수 건은 철저히 전략 변화를 위해서였다. 오랜 기간 슈팅 또는 RPG 게임을 즐기는 고객에 주력해온 액티비전 블리자드가 킹 디지털 인수를 통해 고객층 확대를 꾀한 것이다. 그 기저에는 게임 플레이어에 대한 고정관념에서 탈피할 필요가 있다는 함의가 존재한다. 즉 고객 재정의 차원에서 진행된 인수였던 것이다.

아울러 게임 산업에서 가장 영향력 있는 기업이 디지털로 사업의

---

* Massively Multiplayer Online Role-Playing Game. 대규모 다중 사용자 온라인 롤플레잉 게임. 수천 명 이상의 플레이어가 온라인으로 동시에 접속하여 각자의 롤을 담당하며 플레이하는 RPG 게임을 의미하며, '리니지'가 대표적이다.

** 세계에서 가장 인기 있는 모바일 퍼즐 게임. 한국에서 '애니팡'이 스마트폰 게임 시장을 열었다면, 해외에서는 캔디 크러쉬가 그 역할을 담당했다.

축을 전환했다는 측면에서도 의의가 있다. 액티비전 블리자드는 게임 CD를 판매하는 전통적인 방식으로 성공한 기업이다. 그러다 킹 디지털을 인수한 후 전체 매출에서 모바일 비중이 3분의 1로 껑충 뛰었다. 그전까지만 해도 모바일 게임 특유의 프리-투-플레이* 방식은 액티비전 블리자드에는 생소한 수익모델이었다.

즉 업계 1위 기업 블리자드는 고객도, 사업방식도, 수익모델도 생소한 영역에 발을 담그기 위해 막대한 돈을 투자한 것이다. 그래야 할 이유는 충분했다.

이제는 누구나 게임을 한다

내가 어릴 적 팩맨이나 슈퍼마리오에 미쳐 있던 시절의 게임과 오늘날의 게임은 위상이 전혀 다르다. 지난 30년 사이 게임은 소수가 즐기는 하위문화subculture에서 주류 대중문화로 변신해 확고히 자리잡았다. 코틱이 말했듯 이제는 누구나 게임을 한다. 그러나 상당 기간 게임사들은 아주 좁은 집단만을 고객으로 정의해왔다. 집 지하실에서 감자칩을 씹으며 밤늦게까지 슈팅 게임에 열중하는 18~34세 남성을 제외한 모든 이들을 타깃에서 제외한 것이다. 이러한 접근법 때문에 시장을 넓혀 대중화에 성공한 다른 콘텐츠와 달리 게임은 오랫동안 하위문화에 머물 수밖에 없었다. 방송, 영화, 책, 음악, 스포츠, 뮤지컬 등의

---

* free-to-play. 게임 자체는 무료지만 일부 아이템이나 서비스를 이용하려면 현금 결제를 해야 하는 부분 유료화 비즈니스 모델.

[도표 0-1] 전 세계 게임 순위(2018년)

순위	게임	모기업	월간 활성사용자	플랫폼
1	왕자영요	텐센트	207,862,859	모바일
2	캔디 크러쉬 사가	액티비전 블리자드	150,216,638	모바일, PC
3	포켓몬고	나이언틱	131,323,177	모바일, 콘솔, PC
4	로블록스	로블록스	120,598,657	모바일
5	파이트 더 랜드로드	텐센트	97,674,969	모바일
6	리그 오브 레전드	텐센트/라이엇게임즈	86,350,034	PC
7	포트나이트:배틀로얄	에픽게임즈	70,386,232	모바일, 콘솔, PC
8	크로스파이어	스마일게이트	61,839,375	모바일, PC
9	꿈의 집	플레이릭스 게임즈	52,498,118	모바일
10	애니팝	해피엘리먼츠	46,891,281	모바일
11	캔디 크러쉬 소다 사가	액티비전 블리자드	42,614,901	모바일, PC
12	서브웨이 서퍼	킬루	42,420,089	모바일
13	드래곤네스트	샨다게임즈	41,912,768	모바일
14	프리 파이어	가레나 인터내셔널	38,523,222	모바일
15	모바일 레전드:뱅뱅	문톤	36,451,241	모바일
16	로드 모바일	IGG Inc.	33,777,239	모바일
17	던전 파이터 온라인	넥슨	32,055,004	PC
18	클래시 로얄	텐센트/슈퍼셀	31,137,339	모바일
19	클래시 오브 클랜	텐센트/슈퍼셀	30,063,797	모바일
20	마인크래프트	마이크로소프트	28,673,361	모바일, PC

콘텐츠가 사회적으로 긍정적인 이미지를 형성한 것과 달리 게임에는 사회부적응자들의 문화라는 부정적인 선입견이 여전히 묻어난다.

하지만 오늘날 게임이 대중과 친숙해지는 데 꽤 성공한 것은 분명하다. 2016년 여름, 전 세계 수천만 명의 '포켓몬고' 플레이어들이 대도시를 활보하며 포켓몬을 채집하고 각국 언론이 이를 보도했다는 사실 자체가 게임의 대중화를 보여주는 신호라 할 수 있다. 뉴욕의 워싱턴스퀘어 공원에서부터 도쿄의 시부야 교차로까지 포켓몬을 잡으러 나온 사람들로 가득했다. 여기에는 게임 플레이어라 하면 떠올리곤 하는 어두침침한 이미지가 전혀 없다. 포켓몬고 외에도 '캔디 크러쉬 사가', '로블록스', '리그 오브 레전드', '포트나이트 : 배틀로얄' 등 수천만, 수억 명이 즐기는 게임이 전 세계에 수두룩하다(도표 0-1 참조). 이는 곧 게임 산업이 거대한 글로벌 비즈니스가 되었음을 의미한다.

누구나 게임을 주목해야 하는 이유

게임 산업의 규모가 성장한 만큼 비즈니스의 성격도 크게 변화했다. 예전과 전혀 다른 방식으로 고객을 확보하기 시작하면서 새로운 경제적, 문화적 신드롬을 일으켰다.

2018년 3월 파란 머리의 트위치 스트리머 '닌자'가 세계에서 가장 유명한 래퍼 중 한 명인 드레이크와 몇 시간 동안 슈팅 게임 포트나이트를 플레이했다. 이 영상은 트위치 동시접속자 신기록을 세웠으며, 닌자는 그날로 누구나 아는 유명 인플루언서 반열에 올라 수많은 방송 및 SNS에 소개되었다. 포트나이트는 세계에서 가장 인기 있는 게임으로 발돋움해 2년 동안 40억 달러의 매출을 올렸으며, 제작사이자 배급사인 에픽게임즈는 12억 5000만 달러의 추가 투자를 유치했다. 열풍은 신드롬으로 이어져 게임 캐릭터들이 추는 기괴한 춤을 연예인과 운동선수 등 현실의 유명인들이 따라 추기 시작했다.

오늘날 게임이 거대한 비즈니스임은 분명하다. 하지만 이것이 누구나 게임 산업을 주목해야 하는 이유는 아니다. 게임 산업의 가장 흥미로운 지점은 생태계 내의 참여자들이 극도로 **빠르게 변화**하고 있다는 사실이다. 지난 15년간 게임은 콘텐츠 산업의 비주류에서 주류로, 그것도 가장 **빠르게 성장**하는 분야로 발돋움했다.

이는 물론 광대역 인터넷의 보급과 스마트폰의 대중화 덕이다. 오늘날 전 세계 10억 명 이상이 유선 초고속 인터넷 서비스에 가입했다. 무선인터넷 서비스 가입자는 60억 명이 넘는다. 인터넷 인프라의 성장은 게임이 생산되고 소비되는 방식에 중요한 변화를 가져왔다. 초고속 인터넷의 보급으로 지리적 한계, 재고관리의 어려움, 소매 유통에서 발생하는 물리적 제약이 사라졌다. 이는 콘텐츠를 개발하고 공급하는 환경의 변화, 다시 말해 강화된 고객과의 연결성connectivity을 의미한다.

무선통신 인프라를 통해 게임을 사고팔 수 있게 되면서 게임이 만들어지고 소비되는 방식 역시 근본적으로 변화했다. 수십억 명의 사람들이 주머니에 컴퓨터를 넣어 다닌다는 건 콘텐츠 제작자의 잠재고객이 그만큼 많아짐을 의미한다. 과거의 게임이 플로피 디스크나 CD롬에 담겨 오프라인 소매점에서 판매되었다면, 오늘날의 게임은 각자가 보유한 다양한 종류의 기기에 직접 다운로드하거나 그것도 생략하고 스트리밍 형태로 즐긴다. 애플 앱스토어 같은 플랫폼은 1인 개발자도 수백만 명의 잠재고객을 만날 수 있는 접점이 된다.

이에 따라 게임 산업의 권력구조가 재편되고 있다. 게임 배급사들은 게임스톱Game Stop 같은 소매업체를 통하지 않고 플레이어들이 직접 게임을 다운로드할 수 있도록 시스템을 변경했다. 이는 배급사의 효율성 증가와 이익률 상승으로 이어진다. 즉 글로벌기업은 규모의 경제를 추구한다는 점에서, 1인 개발자는 고객들과 직접적인 접점이 생겼다는 점에서 변화의 혜택을 누리게 되었다.

수요자들도 변화했다. 스마트폰을 손에 쥐면서 많은 이들이 자신도 게임 플레이어라는 사실을 깨달았다. 전 세계 지하철만 둘러봐도 알 수 있다. 각자가 저마다 스마트폰 게임을 하고 있지 않은가? 특히 '앵그리버드', '비쥬얼드', '캔디 크러쉬'처럼 단순한 캐주얼 게임일수록 더 많은 대중에게 쉽게 도달할 수 있다.

이처럼 광대역 인터넷과 스마트폰의 보급, 이 두 가지 기술적 변화가 결합한 덕에 게임의 진입장벽은 낮아지고, 접근성은 높아졌다. 그 결과 게임 시장은 몇 년 만에 몇 배의 성장을 구가했다.

게임의 인기가 높아짐에 따라 세계에서 가장 큰 기업들도 하나둘 게임을 사업의 주요 축으로 삼기 시작했다. 애플, 마이크로소프트, 소니, 텐센트가 대표적인 예다.

[도표 0-2] 상위 테크기업의 게임 부문 매출(2018년)

기업	총 매출 (US$)	게임 매출	전체 매출 중 게임 비중(%)	모바일	콘솔	PC
아마존	1414억	16억	1.1	−	−	+
페이스북	558억	7억	1.3	+	−	+
구글	1362억	19억	1.4	+	−	+
애플	2602억	110억	4.2	+	−	+
마이크로소프트	1104억	100억	9.1	−	+	+
소니	790억	210억	26.9	−	+	−
텐센트	454억	186억	41.0	+	+	+
합계	8274억	648억	7.8			

출처 : 각 기업의 리포트

    애플은 2018년 실적 가운데 게임 관련 매출이 대략 110억 달러라고 발표했다. 애플뮤직과 아이튠즈에서 발생하는 음악 관련 매출은 70억 달러를 약간 상회하는 수준이다(도표 0-2 참조). 대학 중퇴 후 아타리에서 개발자로 일하며 게임 산업에 대해 애매하게 맛만 본 스티브 잡스는 2010년 애플 이벤트에서 "휴대용 게임 시장에서 닌텐도와 소니의 경쟁자가 되는 건 더이상 애플의 목표가 아니다. 애플은 이미 이 시장의 중요한 플레이어다"라고 선언한 바 있다.[*] 그 후 모바일 게임은 매년 선보이는 신형 아이폰의 개선된 처리 속도 및 그래픽 성능을

---

[*] 당시 잡스는 애플이 휴대용 게임 시장의 절반을 점유한다고 발언했다. 그러나 사실 여부에 관해서는 논란이 많았던 발언으로, 닌텐도 또한 반발했다.

과시하는 콘텐츠로 활용되곤 했다.

그런가 하면 오랫동안 업계의 강자로 군림해온 소니는 같은 해 콘솔 판매, 네트워크 및 플랫폼 이용료 등으로 210억 달러의 매출을 올렸다. 2019년 플레이스테이션은 전 세계 9200만 대가량 팔렸으며, 이는 경쟁자 마이크로소프트의 2배, 닌텐도의 5배가 넘는 기록이다. 마이크로소프트는 2018년 PC 및 콘솔 게임 관련 매출이 약 100억 달러를 기록했으며, 이를 계기로 CEO 사티아 나델라는 더 많은 게임 타이틀을 확보하고 새로운 게임 플랫폼 및 클라우드 기술에 투자한다는 결단을 내렸다.

업계의 후발주자인 텐센트는 같은 해 게임 부문에서 190억 달러의 매출을 올렸다. 이 매출에는 2개의 축이 존재한다. 하나는 텐센트가 보유한 방대한 게임 콘텐츠에서 발생하는 매출이다. 대표적으로는 리그 오브 레전드로 유명한 자회사 라이엇게임즈Riot Games와 '클래시 오브 클랜', '클래시 로얄' 등을 개발한 슈퍼셀Supercell이 있다. 다른 한 축은 중국에 진출하는 글로벌 배급사로부터 받는 수수료다. 텐센트는 중국 최대 게임 제작사이자 배급사일 뿐 아니라 중국 최대 PC/모바일 게임 플랫폼 기업이기도 하다. 여기에 중국 정부의 자국보호주의 정책이 가세해 텐센트는 페이스북과 맞먹는 시가총액을 자랑하는 세계 최대 게임 배급사로 성장했다.

이 외에도 적지 않은 글로벌 테크기업이 게임 산업 진출을 호시탐탐 노리고 있다. 2019년 말 구글은 스테디아Stadia라는 클라우드 게임 플랫폼*을 론칭하며 게임 시장의 점유율과 영향력을 높이고자 했다. 페이스북 역시 클라우드 게임 플랫폼을 운영하는 스페인 스타트업 플레이기가PlayGiga, 세계 최대 VR기기 제조업체 오큘러스Oculus 및 VR게임 개발사 비트게임즈Beat Games 등을 인수함으로써 게임 비즈니스를 키워가고 있다. 아마존도 가만 있지 않았다. 아마존 게임 스튜디오를 설립하고 트위치를 인수했으며, 코드명 '프로젝트 템포Project Tempo'**라는 클라우드 게임 플랫폼을 조용히 론칭했다.

지금까지 언급한 기업들의 연매출을 합하면 약 8270억 달러인데, 그중 8%가 게임 관련 매출이다. 게임은 이들 기업에 어느덧 무시 못할 존재가 되었다. 간혹 게임 사업의 실적 및 전망에 따라 해당 기업의 주가가 출렁이기도 하는데, 이 또한 게임이 성장 가능성 높은 미래 사업임을 보여준다.

이 책에서는 빠르게 진행된 게임 산업의 변화와 그에 대응하는 기업들의 혁신에 대해 살펴볼 것이다. 지난 수십 년간 오프라인 소매점 중심으로 영위되어온 게임 산업은 최근 15년 사이에 급격히 진전된 디지털화와 기술 혁신의 확산으로 개발, 배급, 마케팅, 유통, 수익모델 등 비즈니스의 전 영역에서 변화를 겪었다. 이 모든 변화는 개별 기업들

---

* 게임을 다운로드하는 대신 클라우드에 올라와 있는 게임을 스트리밍으로 즐기는 게임 플랫폼으로, 월 구독 형태가 일반적이다.

** 이후 '루나'라는 정식 명칭으로 2020년 10월 20일 론칭했다.

에 위기이자 기회로 작용했으며, 각자의 전략에 따라 산업 내 경쟁구도도 요동쳤다.

　방대한 데이터 분석과 구체적인 사례연구를 조합함으로써 내가 얻은 결론은 분명했다. 작품성과 상업성에서 모두 성과를 거둔 게임들 대다수는 개발팀의 창의력뿐 아니라 혁신적인 비즈니스 전략이 있었기에 성공했다는 것이다. 제품 중심 비즈니스game-as-a-product에서 서비스 중심 비즈니스game-as-a-service로 게임 산업의 구조적 변화가 진행되는 과정에서 (개발사, 배급사, 오프라인 소매업체, 온라인/모바일 유통사 및 플랫폼 기업 등에 이르는) 게임 산업의 참여자들은 저마다 다양한 전략적 도전에 직면했다. 그들이 어떤 혁신전략으로 도전과제를 극복했는지 살펴볼 것이다.

　1부에서는 '게임은 제품'이라는 전통적 관점이 직면한 어려움을 다룬다. 1장에서는 제품 기반으로 콘텐츠를 배급하던 음악, 영화, 게임 회사가 맞닥뜨린 위기와 그들의 대응방식 그리고 결과를 짚어본다. 2장은 전통적인 게임 비즈니스가 지난 30년간 어떻게 작동해왔는지 소개한다. 이는 책의 뒷부분에서 다룰 게임 비즈니스의 최근 변화를 이해하기 위한 기초 작업이기도 하다.

　다음으로는 다운로드 콘텐츠DLC, downloadable contents 및 디지털 콘텐츠 유통의 대중화가 게임 소매업체에 미친 영향에 관해 다룬다. 게임스톱은 세계 최대 게임 전문 소매업체로 도약하는 과정에서 스스로를 재창조하고자 부단한 시도를 했다. 고객 교육, 프로모션, 중고 게임 판매 등 게임스톱의 핵심역량이 시장의 새로운 니즈에 부응하고자 어떻게 재설정되었는지 3장에서 확인할 수 있다.

2부에서는 모바일, 콘솔 그리고 PC 게임 회사들이 산업의 경제 환경 변화에 어떻게 대응했는지를 집중적으로 살펴본다. 근간은 '서비스로서의 게임' 모델이다. 4장에서는 게임이 엔터테인먼트 콘텐츠의 주류로 부상한 과정을 돌아볼 것이다. 물론 이 과정이 순탄하지는 않았다. 기획과 마케팅 측면에서 고객을 재정의하며 겪은 진통에 대해서도 살펴볼 것이다.

5장에서는 모바일 게임의 성장을 집중 조명한다. 슈퍼셀 같은 회사는 어떻게 매출 수십억 달러의 게임을 하나도 아닌 4개나 만들 수 있었을까? 이와 함께 상대적으로 제작이 용이한 모바일 게임의 수요가 증가함에도 개발 및 마케팅 비용이 줄어들기는커녕 오히려 증가하는 아이러니도 짚어보았다.

6장에서는 모바일 게임이 득세하면서 콘솔 게임은 퇴출될 거라는 세간의 믿음이 잘못되었음을 보여줄 것이다. 마이크로소프트, 닌텐도, 소니와 같은 콘솔 게임 기업들은 상호 경쟁하는 과정에서 다운로드 콘텐츠와 스트리밍 콘텐츠 시스템을 적극 차용했다. 이는 콘솔 업체의 새로운 경쟁력으로 이어졌다.

7장은 여전히 건재한 PC 게임에 대해 다룬다. 한 명의 혁신적인 천재가 이끈 밸브Valve의 성공사례를 비롯해 블리자드가 어떻게 온라인 롤플레잉 장르의 강자가 되었는지, 한국의 넥슨이 미국 시장에 어떤 전략으로 진출했는지 등을 확인할 수 있다.

디지털화는 게임 기업들에 다양한 기회를 주었지만 한편으로는 도전과제이기도 했다. 디지털화로 사람들은 더 많은 게임에 접근할 수 있게 되었다. 즉 경쟁이 심화된 것이다. 3부에서는 게임 산업의 최신 트렌드인 '미디어로서의 게임game-as-a-media'이라는 이슈를 다룬다. 이는 디지털 플랫폼에서 게임을 유통하며 새롭게 대두된 수익화 전략으로 이어진다.

8장에서는 IP(지적재산권)의 중요성에 대해 다룬다. 게임 개발 및 배급에서 재무적 리스크를 최소화하기 위해 유명 IP를 활용하는 건 이미 검증된 전략이다. 앵그리버드, 매든NFL, 포켓몬고가 대표적인 사례다. 기존 팬들을 유지하면서 새로운 혁신을 추구하는 데 IP가 담당하는 역할을 설명한다.

9장은 게임 방송과 트위치 및 유튜브 스트리머들에 관해 다룬다. 다른 사람의 플레이를 시청하고 품평하는 놀이문화는 최근의 현상이지만 게임 산업, 그중에서도 마케팅과 새로운 수요를 발견하는 측면에 이미 적지 않은 영향을 미치고 있다. 단적인 예가 e스포츠의 도약이다. 지난 20년간 차근차근 성장해온 e스포츠는 최근 주류 미디어의 폭발적인 관심을 받고 있다.

마지막으로 10장은 광고와 구독모델을 비롯한 새로운 수익모델에 관해 다룬다. 게임 내 광고를 도입하려는 몇 차례의 시도는 실패로 돌아갔지만, 게임 인구가 다양화되면서 저변이 확대되는 것을 고려하면 앞으로 광고의 입지가 커질 여지는 충분해 보인다. 나아가 클라우드 등 새로운 기술이 현재의 산업 환경을 또 한 차례 와해시킬 가능성도 있는데, 이때의 재정 압박이나 운영능력이 게임 개발에 절대적으로 요구되는 창의성에 어떠한 영향을 미칠지도 생각해볼 문제다.

이 책에는 다양한 데이터가 소개된다. 복잡해 보이지만 가급적 누구나 접근할 수 있는 공개 데이터를 사용하고 보편적인 연구방법론을 채택함으로써 게임 산업에 해박하지 않더라도 쉽게 이해할 수 있도록 하고자 노력했다. 비즈니스의 성장과정을 차례차례 살펴보면서 각 단계마다 기업들이 산업에서 일어난 변화를 어떻게 성장의 기회로 활용했는지 확인할 수 있을 것이다.

기술 발달과 고객 니즈의 변화에 대응하는 것은 비단 게임 산업만이 아닌 모든 비즈니스의 공통된 화두다. 이 도전을 가장 앞서 헤쳐가며 트렌드를 이끌고 있는 게임 업계의 혁신을 살펴보면서 다른 업에 종사하는 이들도 곧 직면하게 될 미래의 변화를 미리 목격하고 대응 방안의 힌트를 얻을 수 있을 것이다. 게임을 좋아하든 그렇지 않든, 오늘날 모든 산업이 게임 비즈니스를 주목해야 하는 이유다.

1부

제품으로서의 게임

game-as-a-product

오랫동안 게임은 '제품'이었다. 대부분의 게임은 콘솔에서 작동했으며, 배급사는 게임 디스크와 카트리지를 소매업체를 통해 판매했다. 마케팅 방식은 장난감 산업의 계절성을 차용했다. 그 결과 계절별 매출 편차가 심해지고 개발비마저 계속 오름에 따라, 게임 산업은 대규모 자본을 투입해 한 방을 노리는 흥행산업의 성격을 띠기 시작했다.

그렇다면 이 30여 년 동안 게임 산업의 혁신은 없었는가? 그렇지 않다. 1980년대 중반 '아타리 쇼크'로 업계가 침체에 빠지자 닌텐도는 강력한 콘텐츠를 기반으로 소프트웨어와 하드웨어를 수직계열화한 플랫폼 전략으로 업계를 위기에서 구해냈다. 이외에도 게임 스튜디오들의 인재확보 방식, 일렉트로닉 아츠의 블록버스터 전략 등, 이 시기 게임 산업은 비즈니스 모델을 끊임없이 혁신해온 발자취를 남겼다.

1장

게임, 디지털이 되다 :
디지털화가 창의 기업을 재정의하는 방식

#디지털화 #포트나이트

1900억 달러에 이르는 기업가치, 정교한 추천 알고리즘. 넷플릭스를 단적으로 설명하는 수식어다. 경쟁력 있는 콘텐츠를 확보하기 위해 2015년 50억 달러 수준이던 투자규모를 5년도 안 돼 150억 달러까지 끌어올린 공격적인 전략은 미디어 산업 애널리스트와 기자들의 흥미를 끌기에 충분하다. 실제로 분기 실적발표 때마다 넷플릭스 가입자가 얼마나 늘었고 몇 개국에 새롭게 진출했는지가 시시콜콜 기사화되곤 한다.

동영상 스트리밍 시장을 넷플릭스가 선도한다면 음악 스트리밍 플랫폼에는 스포티파이가 있다. 스웨덴의 이 별난 스타트업은 음악 산업의 기존 강자들뿐 아니라 자본력 두둑한 애플, 구글 등 거대 테크기업보다도 한발 앞서 디지털 음악 스트리밍 서비스를 론칭했다. 이들 덕분에 사람들이 음악에 지출하는 비용이 15년 만에 증가했으니, 스포티파이야말로 음악 소비의 미래라 일컬어질 만하다.

이 두 기업에 쏟아지는 관심은 기존 비즈니스 모델을 재정의한 혁신전략 덕이라 보아도 무방하다. DVD와 CD롬이 연상되는 전통의 콘텐츠 기업을 디지털 미디어 기업으로 재창조하면서 도약에 성공했으니 말이다.

그에 비해 디지털화에 성공한 게임 회사 이야기는 별로 알려지지 않았다. 가령 밸브는 일찍이 2003년에 온라인 기반 PC 게임 유통 플랫폼인 '스팀Steam'을 론칭했다. 오늘날 스팀은 1억 2500만 개의 계정이 활동하고, 매년 4000개 이상의 신작 게임이 첫선을 보이며, 연 50억 달러의 매출을 올리는 거대한 플랫폼으로 성장했다. 심지어 PC 게임의 디지털 유통을 독점하는 터라 넷플릭스처럼 콘텐츠를 확보하기 위해 수십억 달러를 쏟아부을 필요도 없다. 어떤 면으로 견주어도 밸브는 디지털화에서 넷플릭스나 스포티파이에 뒤지지 않는 미디어 기업이다. 그런데도 밸브가 세간의 관심을 거의 받지 못한 이유는 무엇일까?

물론 밸브가 넷플릭스나 스포티파이와 달리 외부의 간섭을 피하고자 비상장 기업으로 남는 선택을 했기 때문일 수도 있다. 은둔의 리더로 알려진 창업자 게이브 뉴웰Gabe Newell의 성향과 언론의 관심을 꺼리는 밸브의 경영방식도 한몫했다. 무엇보다 사업 초기부터 현금흐름이 좋았던 터라 투자금을 유치하거나 은행 대출을 받을 필요가 없었기에 회사 인지도를 높일 유인이 딱히 없었다.

밸브는 그렇다 치고, 디지털화에 성공한 그 많은 게임 회사들은 왜 조명되지 못했을까? 라이엇게임즈는 프리-투-플레이 기반의 게임 리그 오브 레전드로 수십억 달러를 벌었다. 인기 절정일 때는 전 세계 1억 명이 플레이했던 게임이다. 애플은 모바일 게임 개발 시스템을 통합하고 아이폰을 출시함으로써 수백만 명의 게임 개발자와 수십억 명의 사용자를 연결했다. 아마존의 트위치 인수는 게임 마케팅 방식, 게임을 즐기는 방식, 게임으로 돈을 버는 패러다임 자체를 바꿔버렸다. 페이스북은 수많은 이들을 캐주얼 게임의 세계로 끌어들였다. 액티비전 블리자드, 일렉트로닉 아츠, 테이크투 인터랙티브Take-Two Interactive, 유비소프트Ubisoft 같은 서구권의 대표적 게임 배급사들은 자체 웹사이트를 통해 소비자들과 직접 연결되었다.

그런가 하면 중국의 테크기업 텐센트와 넷이즈NetEase는 신규 게임을 출시할 때 그들이 확보한 플랫폼 유저들의 트래픽을 해당 게임에 몰아주는 전략을 창조했다. 시장의 흐름과 좋은 인수합병 기회를 놓치지 않기 위해 다수의 게임 회사에 소규모 투자를 뿌려놓는 전략도 만들어냈다. 이처럼 지난 20년간 게임 산업에는 다양한 혁신전략이 등장했으나 영화, 방송, 음악 산업의 혁신과 달리 사람들의 관심을 거의 받지 못했다. 전 세계 수십억 명이 게임을 즐기게 되었음에도 업계 외부에서 e스포츠, 대규모 온라인 멀티플레이 게임, 프리-투-플레이 과금방식 등 게임 산업에서 파생된 엄청난 사회적 영향력을 예견한 이는 많지 않았다.

아무도 모르게 성장한 다크호스

그저 장난감 산업의 부산물 정도로 여겨지던 게임 산업은 세상의 무관심 속에 창의력과 혁신으로 가득한 거대산업으로 조용히 성장했다. 이제 전 세계 어디에서나 포트나이트, 마인크래프트, 리그 오브 레전드, 캔디 크러쉬, 포켓몬고 같은 게임을 플레이한다. 게임은 축제의 여흥 같은 존재에서 축제의 꽃으로 진화했다. 넷플릭스의 창업자 리드 헤이스팅스는 케이블 산업의 강자 HBO가 스트리밍 서비스를 시작하는 데 위기감을 느끼느냐는 질문에 이렇게 답했다. "넷플릭스의 최대 라이벌은 HBO가 아니라 포트나이트입니다."

게임의 위상 변화를 웅변하는 답변이 아닐 수 없다. 그렇다, 이제 게임은 엔터테인먼트 산업의 다크호스가 되었다.

숫자로 얘기해보자. 1998년을 기점으로 미국 소비자들의 디지털 콘텐츠 소비가 급증하기 시작했다. 디지털 음원, 게임, 영상 수요는 1998년 8억 8100만 달러에서 2018년 460억 달러 규모로 증가했다. 반대로 물성이 있는 콘텐츠 판매는 460억 달러에서 150억 달러로 감소했다. 1998년 미국 홈엔터테인먼트 관련 소비 중 디지털 콘텐츠가 차지하는 비중은 2%에 불과했으나 2018년에는 76%나 되었다.

이 성장을 누가 견인했을까? 음악 산업은 지난 20년 중 대부분이 침체기였다. 디지털화가 점진적으로 이루어지고 LP와 카세트테이프가 CD로 대체되는 와중에도 앨범 단위 판매를 고수하던 업계 관행은 결국 개별 곡 판매로 대체되었다. 싱글과 앨범 다운로드 판매로 음반 판매량의 감소분을 만회했던 시기도 있었지만 이 또한 오래가지 못했다. 애플 뮤직, 판도라, 스포티파이 같은 음악 스트리밍 서비스의 구독료가 의미 있는 수준으로 성장한 것은 불과 몇 년 전이다.

영상은 가정용 플레이어 덕분에 DVD라는 물성 있는 콘텐츠가 상대적으로 오래 버틸 수 있었다. 2004년 DVD 판매가 280억 달러로 정점을 찍을 당시 디지털 판매는 10억 달러 안팎에 머물렀다. 이 관계가 역전된 것은 아이튠즈, 넷플릭스, 훌루가 경쟁력을 갖춘 2016년 이후의 일이다.

게임은 초기만 하더라도 셋 가운데 규모가 가장 작았다. 그러나 디지털화, 즉 모바일 게임의 성장은 셋 가운데 가장 극적이다. 아이폰이 출시된 후 2008년부터 디지털 형태로 게임을 즐기는 사람이 늘기 시작하더니, 2018년에는 210억 달러의 시장으로 커져 음악(70억 달러)과 영상(180억 달러)을 추월했다(도표 1-1 참조).

게임이 수익구조 면에서 음악 및 영상 콘텐츠와 차이점보다는 유사점이 많다는 사실을 감안하면 이러한 성과 차이는 더욱 놀랍다. 이들뿐 아니라 출판, 잡지, 케이블TV 등 콘텐츠 산업 전반이 지속적인 제작 및 마케팅 비용 증가를 겪고 있고, 제작 주기가 길며, 계절별 매출 편차도 큰 흥행산업의 특성을 띤다. 그 가운데 유독 게임만 번성한 이유를 이해하려면 게임 산업을 두 시기로 나누어 살펴볼 필요가 있다. 이 두 시기는 혁신적인 소비자 친화적 기술의 등장으로 구분된다.

[도표 1-1] 콘텐츠 영역(게임/음악/영상)의 유통 형태별 미국 홈엔터테인먼트 시장규모

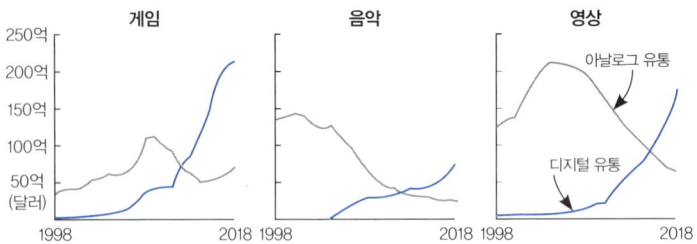

음악의 경우 공연 수입은 불포함.
영상의 경우 박스오피스 판매액 불포함.
출처 : Motion Picture Association of America, Recording Industry Association, NPD, 슈퍼데이터 리서치

첫 번째 시기는 1984~2008년으로, 제품 기반 매출이 게임사의 주요 수입원이었다. 대부분의 게임은 콘솔에서 작동했으며, 배급사는 게임 디스크와 카트리지를 소매업자를 통해 판매했다. 게임 산업이 탄생하고부터 30년간 이어진 주된 수익모델이다. 마케팅 방식은 장난감 산업의 계절성을 차용했다. 그 결과 계절별 매출 편차가 심해지고 개발비마저 계속 오름에 따라, 게임 산업은 대규모 자본을 투입해 한 방을 노리는 흥행산업의 면모를 띠기 시작했다. 동시에 업체 간 통합이 이뤄져 덩치 있는 몇몇 배급사, 소매업체, 플랫폼 업체가 시장을 독점하게 되었다.

두 번째 시기는 대략 2009년부터로, 온라인 연결성과 콘텐츠의 디

지털화라는 엔터테인먼트 산업 전반의 트렌드가 게임 업계에도 적용된 시기다. 나는 이때를 '서비스로서의 게임'의 시기라 부른다. 게임 업체가 시장에 접근하는 방식은 이전과 확연히 달라졌다. 사용자들은 자신의 기기(모바일, 콘솔, PC)에 게임을 직접 다운로드하고, 콘텐츠나 게임 아이템을 구매하기 위해 추가 비용을 지불하는 데 익숙해졌다. 아주 저렴한 가격 혹은 공짜로 게임을 제공한 뒤 소액결제로 수익을 내는 비즈니스 모델도 이때 만들어졌다. 오랜 기간에 걸쳐 서서히 수익을 내는 대신 접근성을 높이는 전략이다.

게임의 높은 접근성은 여러 측면에서 관찰할 수 있다. 우선 많은 게임이 공짜다. 설치도 빠르고 쉽다. 게임이 돌아가는 데 필요한 기기의 최소사양도 그리 높지 않다. 리그 오브 레전드와 포트나이트는 접근성을 높여 성공을 거둔 대표적인 예다. 단지 제품사양만이 아니다. 두 게임의 제작사들은 플레이어들과 끈끈한 관계를 맺고자 커뮤니티를 만들고, 그들의 의견을 십분 반영해 소셜 네트워크 효과를 일으키고, 게임 대회 및 이벤트 같은 오프라인 마케팅 활동을 이어갔다.

이는 제조업이 아닌 소프트웨어 산업의 방식이라는 점에서 기존의 비즈니스 모델과 대비된다. 수십 년간 존재했던 물리적 제약과 유통 문제에서 자유로워진 덕분에 게임은 일회성이 아닌 지속적이고 반복적인 수익구조를 만들 수 있게 됐다. 물론 반복적인 수익을 창출하려면 서버를 유지하고, 고객 서비스 팀을 운영하고, 정기적인 마케팅 및 영업 등 배급사의 노력이 뒤따라야 한다. 이처럼 서비스로서의 게임 비즈니스가 대중화되면서 공급과 수요 양측에서 신규 플레이어들이 활발히 진입하기 시작했다.

그러나 모든 기업이 서비스 모델의 장점을 포착한 것은 아니다. 여전히 많은 게임사는 디지털 판매를 부수적인 매출로 여겼다. 게임 산업이 생겨난 후 꽤 오랫동안 게임 타이틀이 몇 장 판매되었는지로 성과가 판가름 났다. 특히 초기 몇 주간의 판매량이 중요했다. 이 관점에서 바라본다면 디지털화는 이미 확립된 수익모델의 지엽적인 변화에 불과하다. 실제로도 다운로드 콘텐츠 비중이 꾸준히 증가했지만 2018년에도 CD롬 판매량을 역전하지는 못했다.

게임 배급사들은 각자의 방식으로 기술변화에 대응했으며, 네트워크 연결과 소비자 행태의 변화가 어떤 영향을 미칠지 이해하고자 애썼다. 2000년대 초반 주요 배급사들은 신기술과 함께 등장한 모바일 게임과 멀티플레이 온라인 게임이라는 카테고리를 어렴풋하게나마 파악하고, 각자 기대치만큼 투자했다. 게임사가 온라인 게임에 투입한 자본 규모와 그들의 재무보고서에 사용되는 용어를 통해 이를 확인할 수 있다. 테이크투는 2008년 연례보고서에서 자사의 인기 시리즈인 'GTA4'의 독점적 유통권을 엑스박스에 주기로 합의했다고 발표하면서 '디지털'이라는 단어를 딱 3번 사용했다. 그 뒤 2014년 보고서에는? 28번 쓰였다.

2015년에는 또 달라졌다. 이때는 디지털 대신 '소비자들의 반복결제'라는 용어를 선호하기 시작한 게 보인다. 여기에서 우리는 테이크투가 기존 사업방식에 디지털이라는 신기술을 추가한다는 관점에서 벗어나, 완전히 새로운 비즈니스 모델로의 전환이라는 관점으로 변화했음을 유추할 수 있다. 확장팩 구매 및 소액결제 매출이 꾸준히 증가한다는 것은 디지털 전환이 단순히 게임 실행방식을 개선하는 정도를 넘어 그 자체로 회사의 전략적 목표가 될 만큼 규모가 커졌음을 의미한다.

대중의 소비가 디지털 다운로드 및 새로운 기기 구매로 전환되고 신기술의 경쟁력이 명확해지자, 주요 게임 제작사들도 비로소 혁신을 택하기 시작했다. 소비자들에게 개별 게임 타이틀을 판매하는 대신 서비스 기반 모델을 채택한 이들의 결정으로 게임 산업은 급격한 성장을 맞았다. 〈도표 1-2〉를 보면 지난 10년간 게임 산업의 경제적 가치가

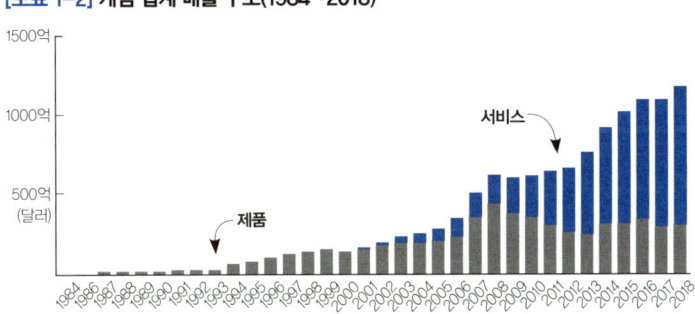

[도표 1-2] 게임 업계 매출 구조(1984~2018)

출처 : 슈퍼데이터 리서치

상당 부분 디지털화에서 비롯되었음을 확인할 수 있다.

디지털화의 장점은 분명하다. 우선 공간적 제약 없이 다양한 시장에 침투해 더 많은 고객을 모을 수 있다. 제품 기반으로 사업할 때에는 다양한 지역의 고객에게 도달하는 비용이 너무 높았고, 제품의 유통을 관리하는 것 자체가 까다로웠다. 디지털 형태로 유통하는 데에는 이런 비용이 전혀 들지 않는다. 배급 과정에서 발생하는 가장 큰 경제적 리스크가 사라지는 것이다.

디지털화의 또 다른 이점은 가격차별화price differentiation 전략을 구사하기 쉽다는 것이다. 가령 물가가 낮은 동유럽 시장에 게임을 배급하면 그만큼 고객이 많아지는 장점이 있지만, 물가 차이 때문에 북미나 서유럽 지역과 동일한 가격에 판매할 수 없다는 난점이 있다. 하지만 디지털화로 게임 배급사들의 산업 지배력이 커진 덕에 그 주도권을 가지고 더 정밀한 가격정책을 실행할 수 있게 되었다. 과거에는 접근하지 못했던 시장에서 유의미한 매출 증대를 이끌어낼 수 있게 된 것이다.

디지털화가 게임 산업에 일으킨 변화는 이처럼 방대하다. 그런데 이 모든 변화만큼이나 중요하게 보아야 할 변화가 있다. 바로 네트워크 효과다. 과거에는 게임 회사가 모든 고객가치를 창출해야 했지만, 이제는 사용자들이 직접 고객을 창출한다. 제품 기반 사업을 전개할 때에는 얼마나 차별화된 게임 경험을 제공할 것인지를 놓고 경쟁했다. 반

[도표 1-3] 전통적인 게임 배급과 네트워크 기반 게임의 배급 구조

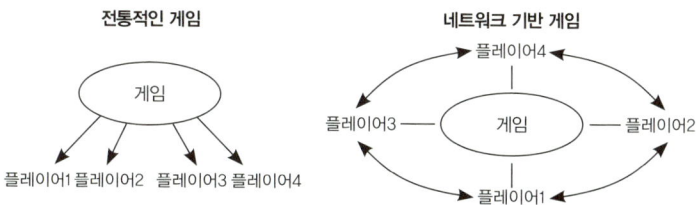

출처 : Bharat Anand, 《The Content Trap: A Strategist's Guide to Digital Change》

면 서비스 기반 모델하에서는 플레이어들이 NPC_{non-player character}*가 아닌 실제 플레이어들과 게임하게 만들어 결과적으로 더 많은 이들이 게임에 유입된다. 이로써 제작비 절감과 네트워크 효과를 동시에 꾀할 수 있다(도표 1-3 참조).

물론 디지털화된 비즈니스 모델에도 문제점은 있다. 표절, 불법복제, 현지화 비용 등이 대표적이다.

이미 수백만 종의 게임이 존재하는 게임 시장에서는 독창성 경쟁이 생각만큼 격렬하지 않다. 많은 기업이 그럴 시간에 인기 게임을 빠르게 베끼는 쪽을 택한다. 베트남의 1인 개발자가 만든 '플래피 버드'가 큰 인기를 얻자 수백 개의 아류작이 즉각 출시되었다. 앱스토어에 들어가 보면 성공한 게임마다 수십 개의 표절 게임이 존재한다는 사

---

* 게임 내에서 사람이 조작하지 않는 캐릭터.

실을 확인할 수 있다. 진입장벽이 낮고 차별화 비용이 높은 업계에서 흔히 볼 수 있는 악습이다.

경쟁자의 표절만이 문제가 아니다. 유통하기 쉽다는 디지털 콘텐츠의 특성이 불법복제라는 또 다른 문제를 낳는다. PC 게임이 특히 심해서, 인터넷을 샅샅이 뒤져 대작 게임의 크랙 버전을 찾아내는 사용자들이 적지 않다(크랙 버전은 온라인 플레이가 불가능한데도 말이다). 불법복제에 따른 경제적 피해는 실로 막대하다.

마지막으로 디지털화의 이점을 극대화하고 글로벌 소비자들에게 온전히 도달하기 위해서는 게임의 현지화 작업이 필수다. 현지화를 그저 번역 정도로만 여겨서는 안 된다. 충분한 서버 인프라를 구축해 버퍼링 없이 안정적으로 게임을 즐길 수 있도록 지원해야 한다. 각국에 고객 서비스 센터도 있어야 한다. 즉 제대로 현지화하려면 상당한 비용과 노력이 소요된다. 이 때문에 현지화 작업을 도외시하는 기업도 있지만, 리그 오브 레전드나 월드 오브 워크래프트 같은 게임의 성공에서 현지화 작업의 전략적 가치를 확인할 수 있다.

이러한 문제점에도 불구하고 디지털에 집중한 게임사들은 2014년을 기점으로 산업의 헤게모니를 장악하기 시작했다. 2005년에는 디지털 기반 게임사들의 매출 총합이 10억 달러에 불과했지만 2018년에는 670억 달러로 성장했다. 이들은 적극적으로 투자금을 유치하고, 발 빠르게 차별화 전략을 구사해 글로벌 시장에 어필했다. 특히 텐센트, 밸브, 넥슨, 나이언틱Niantic, NC소프트, 넷이즈 같은 기업들은 디지털화를 포착해 효과적으로 이용함으로써 글로벌 시장에서 높은 점유율을 차지했다. 기존의 강자였던 소니, 액티비전 블리자드, 마이크로소프트, 일렉트로닉 아츠, 반다이 남코Bandai Namco, 테이크투 등도 소기의 성과를 거두기는 했으나 도전자들만큼 시장점유율을 차지하지는 못했다.

창의 비즈니스에 필요한 심성 모델

디지털 시대의 성공은 혁신적인 비즈니스 모델을 만드는 역량에 달려 있다고 해도 과언이 아니다. 아이러니하게도 창의성이 핵심인 산업일수록 더욱 그렇다. 뛰어난 콘텐츠만으로는 작품성과 상업성에서 큰 성공을 거두기 어려운 시대가 도래한 것이다. 인재 확보, 효과적인 마케팅, 안정적인 투자 유치, 산업 내 다른 기업들과의 협업, 고객 데이터 및 시장정보 관리, 효율적인 유통망 구축, 그리고 이 모든 요소를 유기적으로 연결하는 역량이 필요하다. 이것이 재미있는 게임을 만드는 것 못지않게 중요하다.

  그중에서도 중요한 것은 결국 사람이다. 최근 들어 창의 산업에서 기술의 중요성이 강조되고 있지만, 기업은 기본적으로 사람들로 구성된 조직이다. 프로듀서, 기획자, 애널리스트, 개발자, 마케터, 엔지니어 등이 저마다 창의적인 비전을 구현하기 위해 협업하지 않으면 그 무엇도 이루어질 수 없다.

특히 조직의 의사결정자가 새로운 환경에 대한 이해가 없거나, 심지어 새로운 환경을 불신한다면 어떤 전략도 의미가 없다. 그런 면에서 조직 내 협업을 시장과 연결하여 사고하는 의사결정권자의 안목이 중요하다. 이는 회사가 어떻게 가치를 창출하고 전달하고 획득하는지에 관한, 비즈니스 모델의 인지적 측면인 심성 모델mental model[*]을 구축하는 역량이라고도 할 수 있다.

경영의 맥락에서 심성 모델은 적어도 다음의 두 가지 믿음으로 구성되어 있다. 회사의 정체성 및 경영환경에 대한 해석과 관련된 모든 믿음이 그 첫 번째다. 예를 들어 테이크투는 소매업자와 투자자들의 압박에도 개의치 않고 대작 타이틀 출시를 미룰 때가 종종 있다. 예술적인 결과물을 내기 위해서다. 주주들의 분노와 매출 하락 위험을 감수할 만큼 테이크투에는 게임의 창의성이 무엇보다 중요한 가치인 셈이다.

반면 일렉트로닉 아츠는 그렇지 않다. 그들은 몇 년에 한 번 대작을 내놓는 것보다는 매년 안정적인 성과를 내는 전략을 구사한다. 이들은 매든NFL과 피파의 새 버전을 매년 출시하는데, 둘 다 워낙 인기 있는 게임이니 새 버전의 성공 가능성은 어느 정도 보장된다. 이러한 일

---

[*] 사람들이 자신과 타인, 주변 환경, 자신이 상호작용하는 사물 및 상황 등을 묘사하는 마음의 표상.

관성과 예측 가능성이 일렉트로닉 아츠의 기획에서 핵심가치가 된다. 목표가 무엇인지, 파트너사들과 어떻게 관계의 균형을 찾는지를 보면 그 기업이 스스로 어떻게 인식하고 포지셔닝하는지 엿볼 수 있다.

두 번째로, 심성 모델은 기업들이 각자 어떻게 해야 경쟁에서 성공할 수 있다고 믿는지 보여준다. 시장 전반에 대한 이해를 비롯해 구체적인 경쟁 환경, 조직 특성, 결코 합리적이지 않은 소비자 행동 및 선호, IR의 본성, 기술변화 등이 합쳐지면 그 게임사가 창조하는 엔터테인먼트 경험의 유형이 도출된다. 큰 기업이든 작은 독립 스튜디오든, 매출에 목을 매든 그렇지 않든 예외는 없다. 작은 집단을 고집하는 창의적인 팀도 결국 게임을 만드는 데 돈이 든다는 현실을 받아들일 수밖에 없다.

과시하기 좋아하는 게임사 임원들은 그 성향 때문에 산업에서 중요한 역할을 한다. 회사의 재무성과를 경영진의 화려한 리더십 스타일과 연결하는 엔터테인먼트 산업의 관행은 게임사들이 경영환경을 지나치게 주관적으로 해석하는 결과를 낳았다. 이들은 의사결정에 반드시 필요한 재무분석을 하는 대신 게임 산업은 특별해서 다른 산업과는 사업방식이 다르다고 주장한다. 이 허황된 믿음은 여러 게임사에 막대한 경제적 손실을 끼쳤다. 혁신과 효율에 매진하는 대신 인수합병으로 덩치를 키우겠다는 고집으로 수십억 달러를 날린 기업도 적지 않다. 게임은 위험한 사업이라는 통념이 생긴 이유 중 하나다.

비단 개인의 성향과 기업문화만이 아니라 게임 산업 자체가 검증되지 않은 무수히 많은 관습에 의존한다. 프리-투-플레이 게임의 등장을 예로 들어보자. 테이크투나 일렉트로닉 아츠 같은 주요 배급사들은 공개적으로 프리-투-플레이 방식의 지속가능성에 의문을 표했다. 특히 그들이 장악하고 있던 콘솔 시장에서 말이다. 테이크투의 CEO 스트라우스 젤닉Strauss Zelnick은 다음과 같이 말하기도 했다. "대부분의 프리-투-플레이 게임은 완성도가 높지 않습니다." 그들은 한국이나 중국 등에서 프리-투-플레이 게임이 빠르게 성장해도 자신의 사업에 위협이 되지 않을 거라 판단했다.

그러나 프리-투-플레이 슈팅 게임인 포트나이트는 몇 년 만에 콘솔뿐 아니라 PC, 모바일 등 모든 플랫폼에서 가장 높은 매출을 올리는 게임이 되었다. 이제 기존의 게임사 임원들은 새롭게 등장한 포트나이트 배틀로얄 모드가 새로운 '콜 오브 듀티', '레드 데드 리뎀션2', '배틀필드5'의 출시에 어떤 영향을 미칠지 묻는 주주들의 질문에 답해야 했다. 프리-투-플레이 게임은 업계 이단아에서 일약 업계 표준이 되어 전통적인 게임사의 수익을 갉아먹기 시작했다.

오판한 것은 게임사 경영진만이 아니었다. 저명한 게임 기획자들 또한 프리-투-플레이 방식을 비난했다. '매직 : 더 개더링' 게임의 아버지이자 게임 업계의 아이콘인 리처드 가필드Richard Garfield는 모든 면에서 전통적인 게임 기획자의 전형이다. 그의 발언은 프리-투-플레이에 대한 전통적인 게임 업계의 의견을 대변했다. "플레이어들을 착취함으로써 작동하는 이 시스템에 게임 기획자들과 배급사들이 휘둘리고 있습니다. 게임에는 의도적이든 그렇지 않든 중독적 요소가 있습니다. 이 때문에 플레이어들은 게임에 종속되고 착취당하게 됩니다."

그러나 경영진과 기획자들의 비난에도 불구하고 대다수 유저들은 프리-투-플레이 방식을 선택했다. 나아가 이 새로운 비즈니스 모델은 게임의 접근성을 높여 더 많은 이들을 게임의 세계로 끌어들였다. 워게이밍Wargaming, 킹 디지털, 라이엇게임즈 같은 신생 회사들은 프리-투-플레이 방식으로 큰 이익을 거뒀다. 그들의 성공은 곧 게임 산업의 변화를 의미했다.

지난 10년간 진행된 디지털화로 게임 산업의 지형은 완전히 바뀌었다. 막대한 마케팅 예산을 앞세워 협상우위를 점하던 전통적인 배급사들은 어느새 자신이 후발주자들과 동등한 조건에서 경쟁하고 있음을 깨달았다. 후발주자들에게는 매달 들어오는 안정적인 수입과 벤처 투자자들의 두둑한 투자금이 있었다. 디지털 게임 유통 플랫폼은 온라인상에서 고객접점을 독점했다. 게임 유통의 축이 온라인으로 이동했음을 전통적인 오프라인 소매업자들은 너무 늦게 깨달았다. 소수의 인원으로 구성된 개발팀이 매년 수백만 달러의 수익을 올리거나, 수십억 달러의 기업가치로 글로벌기업에 인수되는 경우도 흔해졌다.

이러한 전환은 산업의 원칙 변화를 불렀다. 포트나이트, 마인크래프트, 포켓몬고 같은 게임이 돈을 버는 방식은 기존의 게임과는 딴판이었다. 최신 게임에는 과거에는 불가능한 기술적 특징들이 갖춰져 있다. 오늘날 가장 잘 팔리는 게임들은 오픈월드 경험을 제공한다. 플레이어들은 게임 내에서 자유롭게 돌아다니거나 정교한 상호작용을 할 수 있다. 높아진 온라인 연결성 덕분에 서로 다른 기기와 플랫폼에서도 멀티플레이가 가능하다.

지금까지 살펴보았듯, 디지털화는 게임 산업을 모든 면에서 재정의했다. 그리고 창의적인 기업들의 혁신은 변화 속에서 폭발적인 성장을 가능케 했다. 오늘날 이 변화는 게임을 넘어 모든 산업에 불어닥치고 있다. 이 변화에 게임 개발자, 배급사, 플랫폼 기업, 유통업자들은 어떻게 성공적으로 혹은 그렇지 않게 대응했는가? 이를 구체적으로 파악하려면 우선 게임 산업의 경제 원칙을 이해할 필요가 있다. 2장에서 살펴보자.

Summary

- 영화계의 넷플릭스, 음악계의 스포티파이에 못지않은 혁신이 게임 산업에서 일어났지만 그 영향력은 30년 넘게 간과되어 왔다.
- 콘텐츠 산업 전반에서 제작비 및 마케팅 비용은 지속적으로 증가하는 반면 수익성은 갈수록 약화되고 있다. 이 중 유독 게임만 번성한 것은, 게임이 제품이 아니라 서비스로 스스로를 재정의하면서부터다. 이 의식변화를 이끈 기폭제는 2000년대 초반의 디지털 혁명이다.
- 디지털화된 게임은 접근성(무료), 수익모델(프리-투-플레이), 연결성(글로벌 배급, 디바이스 간 호환 등) 등 모든 면에서 획기적인 혁신을 일구어냈다.
- 네트워크 효과는 기업뿐 아니라 고객이 직접 고객가치를 창출하도록 했다. 이로써 더 많은 이들이 게임을 즐기게 되었고, 그 결과 네트워크 효과는 더 강화되었다.
- 프리-투-플레이 방식에 대한 업계 강자들의 냉소는 기존의 관행을 깨는 비즈니스 모델의 혁신이 얼마나 어려운지를 단적으로 보여준다.
- 디지털화된 비즈니스 모델에도 문제점은 있다. 표절, 불법복제, 현지화 비용 등이 대표적이다.

2장

위대한 게임만으로는 부족하다 :
게임 산업이 위기를 헤쳐온 방식

#아타리쇼크 #닌텐도 #플랫폼 #일렉트로닉아츠 #배급사 #블록버스터전략

하이 리스크, 하이 리턴 : 게임 비즈니스의 5가지 리스크

게임 산업에 대한 사람들의 인식은 대개 다음과 같다. 게임 제작은 쉽지 않고, 예측도 어려우며, 성공하더라도 일회성이어서 반복하는 건 불가능에 가깝다.

우선 게임 개발은 돈이 많이 든다. 이것이 게임 비즈니스의 첫 번째 리스크다. 대작 게임은 개발에만 수천 명의 인력과 수년이라는 시간이 투입되는데, 그걸로 끝이 아니다. 마케팅 및 유통에 또 그만큼의 비용이 들어간다. 테이크투는 GTA5 개발에 6년이라는 시간과 2억 6000만 달러를 투자했다. 이 정도 규모의 프로젝트 제작비가 대개 5000만~1억 5000만 달러임을 고려하면 테이크투가 얼마나 대대적인 투자를 감행했는지 알 수 있다. 웬만한 담력으로는 감당할 수 없다. 테이크투의 CEO 스트라우스 젤닉은 한 인터뷰에서 게임 산업을 다음과 같이 정의한 바 있다. "게임 개발의 높은 리스크는 곧 이것이 몹시 값비싼 사업임을 의미합니다."

그렇다면 소규모 인디 개발팀은 좀 사정이 나을까? 그렇지도 않다. 상대적으로 제작비는 훨씬 적게 들지 몰라도, 돈은 비용의 일부에 불과하다. 인디 게임 기획자들은 인생의 몇 년과 가용 가능한 자신의 모든 자원을 게임 개발에 투자한다. '슈퍼 미트 보이', '스타듀 밸리', '셔블 나이트', '브레이드', '페즈'를 비롯한 최고의 인디 게임이 그렇게 탄생했다.

가장 큰 희생은 커리어 단절이다. 여기에 소원해지는 인간관계같이 덜 부각되는 희생도 추가된다. 그리고 극소수만이 큰 보상을 받는다. 아무리 인디 게임을 만드는 목표가 돈이 아니라지만 사무실 임대료 등 현실에서는 돈이 필요하다. 인디 개발팀이 쏟아붓는 제작비는 대형 개발사의 그것과 비교할 수 없지만, 그들의 희생을 감안하면 어떤 의미에서는 오히려 더 비싸다고도 할 수 있다.

게임 비즈니스의 두 번째 리스크는 극단적인 흥행산업이라는 점이다. 인기 게임 한두 개가 장르에 흘러드는 돈을 독식하다시피 한다. 피파18의 2018년 매출은 7억 2300만 달러였다. 당시 콘솔 스포츠 게임 상위 10개 게임의 총매출이 20억 달러였으니, 그중 28%를 피파18이 가져간 셈이다. 레이싱 카테고리에서는 '더 크루2'가 1억 1400만 달러 (22%), 대전 장르에서는 '슈퍼 스매시 브라더스 얼티밋'이 1억 9000만 달러(57%), RPG 장르에서는 '몬스터 헌터 월드'가 2억 6400만 달러(45%)의 매출을 각각 올렸다. 해당 장르의 10위 게임은 점유율이 2%도 되지 않으니, 1위 게임의 독식이 얼마나 심한지 알 수 있다. 이 말은 곧 하나의 게임이 큰 성공을 거두는 동안 나머지 게임은 기대 이하의 성적표를 받았음을 의미한다. 승자독식 구조하에서 게임 회사는 초대박이 나거나 망하거나 둘 중 하나다.

큰 기업이라고 실패에서 안전한 것이 아니다. 2007년 10억 달러 이상의 매출을 올린 THQ는 일렉트로닉 아츠, 액티비전 블리자드, 테이크투, 유비소프트와 더불어 최고의 게임 배급사 중 하나였다. 하지만 2013년에 상장폐지되어 분할 매각되는 신세로 전락했다. 지난 몇 년간 게임 산업은 성장을 구가했지만, 정기적인 구조조정을 단행하거나 부도가 나는 기업도 적지 않았다. 라이언헤드 스튜디오Lionhead Studios, 루카스 아츠Lucas Arts, 세가Sega 등 일류 게임 회사도 비켜가지 못했다.

게임 산업의 세 번째 리스크는 계절성이다. 대대로 게임 매출은 1년의 마지막 두 달에 집중되곤 했다. 미국의 시장조사 기관 NPD의 2006~18년 데이터에 따르면 11~12월의 게임 판매량이 연간 판매량의 41%를 차지했다. 즉 게임사는 두 달 동안에 고객 및 투자자와의 약속을 지켜야 한다. 이는 죽기 아니면 살기식 게임 비즈니스를 더욱 심화시키는 요인이자, 마케팅 예산 경쟁을 피할 수 없는 이유이기도 하다. 크리스마스와 연말이 다가올수록 소비자들의 관심을 끌려는 경쟁은 치열해지고, 필연적으로 마케팅 비용이 늘어난다. 그 비용을 충당하고 수익을 내려면 더 많은 게임 타이틀을 판매해야 한다.

게임 비즈니스의 리스크를 높이는 네 번째 요인은 이 많은 노력에도 불구하고 해당 게임이 실제로 잘 팔릴지 예측하기 어렵다는 사실이다. 즉 수요의 불확실성이다. 배급사, 플랫폼 기업, 소매업체들은 대작 게임을 출시하기에 앞서 프로모션과 유통에 상당한 자금을 투입한다. 하지만 게임의 어떤 요소가 사람들을 열광시킬지, 게임이 출시될 시점에 시장의 경쟁구도가 어떨지 예측하기란 불가능에 가깝다.

마지막 리스크는 게임은 본질적으로 플랫폼 비즈니스라는 점이다. 단순하게 표현하면 면도기 모델과 유사하다. 면도기가 아닌 면도날로 수익을 내듯, 하드웨어인 게임기는 손해 보고 팔고 보완재인 게임 소프트웨어에서 수익을 발생시키는 구조다. 플랫폼 기업에 해당하는 게임기 제조업체는 개발사들이 매력을 느낄 만큼 많은 기기를 빠르게 판매해 플랫폼을 구축해야 한다.

마이크로소프트는 2001년 엑스박스 콘솔을 출시할 당시 한 대당 250달러의 손실을 감수하면서 공격적으로 판매를 확대했다. 그와 동시에 엑스박스용 게임을 개발하도록 배급사들을 설득했다. 이렇게 해서 시장에 단번에 안착할 수 있었지만, 이런 경우는 손에 꼽는다. 엄청난 초기 비용을 감당해야 하기 때문이다. 마이크로소프트는 향후 막대한 게임 판매 수익을 예상하고 초기 투자를 단행한 것이다. 콘솔 제조업체들은 5~7년에 한 번씩 새로운 콘솔을 출시하는 것이 관례인데,

이는 곧 거대한 매출을 의미한다. 그때마다 게임 산업의 지형도 재편되곤 한다.

하드웨어에서 소프트웨어 산업으로

이 모든 요소를 고려했을 때 게임 산업은 많은 투자, 높은 리스크, 커다란 보상을 특징으로 하는 산업임이 분명하다. 이러한 역동성은 자연스레 진입장벽이 되어 신규 진입을 제한했고, 게임을 엔터테인먼트 산업의 주변부에 머물 수밖에 없도록 만들었다.

실제로 산업 초창기만 하더라도 게임은 제조업의 부산물처럼 여겨졌다. 애널리스트들은 게임을 장난감의 일종으로 보고, 일시적 유행으로 치부했다. 이런 평가를 받은 데에는 게임 업계의 책임도 적지 않다. 마케터들조차 자기네 제품을 업소용 게임기의 대안이 아니라 그저 거실의 즐길거리 정도로 포지셔닝했다. 대형 유통업체들은 게임을 장난감 코너에 진열했고, 게임기의 기술력과 화려한 볼거리를 강조했다. 할 보겔Hal Vogel 같은 애널리스트에게 게임은 그저 "게임 기획자들이 적은 비용으로 평범한 TV 화면을 특수기능을 갖춘 기기로 전환해주는 반도체 기술"에 불과했다.

기술력과 화려한 볼거리를 소구점으로 잡은 가정용 게임기의 마케팅 전략은 고사양 그래픽으로 고객을 유인하는 업소용 게임기의 전략을 그대로 답습한 것이다. 게임 회사들은 사람들이 오락실에서 하던 게임을 집에서도 할 수 있다는 사실에 매력을 느낄 거라 판단했다. 이런 식의 사고는 게임 산업, 심지어 아타리처럼 가장 혁신적인 게임을 만드는 기업조차 하드웨어를 소프트웨어보다 중요시하도록 만들었다.

이러니 소프트웨어 개발에 적극적으로 투자할 리 있겠는가? 초창기 개발팀은 월급쟁이 프로그래머들로 구성되었다. 그들은 게임기 사양에 맞는 게임을 기계적으로 만들었다. 아타리의 탁구 게임 '퐁'이 대박을 치자 순식간에 아류작이 75개 이상 출시되었다. 게임은 전략적 차별화 수단이 아니라 그저 하나의 상품commodity일 뿐이었다.

혁신은 하드웨어에서 먼저 시작되었다. 업계 선두 기업이던 아타리는 한 가지 게임만 하는 콘솔에 맞서 다양한 게임이 작동하는 콘솔을 선보였다. 이제 소비자들은 게임을 별도 카트리지로 구매해 자기 콘솔에 끼워서 즐기기 시작했다. 게임 산업에 제품 기반 비즈니스 모델의 근간이 마련된 것이다.

아타리는 이렇게 홍보했다. "그 어떤 회사도 아타리만큼 많은 게임을 제공할 수는 없습니다." 페어차일드Fairchild, RCA, 내셔널 세미컨덕터National Semiconductor, GE, 콜레코Coleco 같은 기업들도 유사한 전략을 펼쳤다. 업소용 게임기의 마케팅 전략을 모방하는 대신 자사의 콘솔로 다양한 게임을 즐길 수 있다는 점을 알리기 시작했다.

이들은 콘솔 하나로 여러 게임을 즐길 수 있으니 고객이 더 늘어나리라 기대했을 것이다. 그러나 결과는 정반대였다. 콘솔도 게임도 넘쳐나자 소비자들이 혼란을 느낀 것이다. 그나마 게임사들이 포화 시장에서 어찌어찌 버틸 수 있었던 것은 컴퓨터 산업의 폭발적인 성장 덕분이었다. 애초에 여러 기업이 게임 산업에 뛰어든 것도 가정용 컴퓨터의 보급이 증가한 것과 무관하지 않다. 애플 컴퓨터는 10억 달러의 판매고를 올린 최초의 가정용 컴퓨터 회사가 되었다. 애플의 라이벌 마이크로소프트는 3400만 달러 이상을 벌어들이며 200명 규모의 회사로 성장하고, 유럽 진출에도 성공했다. 콜레코 인더스트리, 선마이크로시스템즈Sun Microsystems, 오토데스크Autodesk, 컴팩Compaq, 일렉트로닉 아츠, 실리콘 그래픽스Silicon Graphics, 오리진 시스템즈Origin Systems, 루카스 아츠 등의 컴퓨터 및 테크기업들 또한 마찬가지였다.

포화시장, 개발자의 각성, 달라진 게임의 규칙

차별화된 콘텐츠 확보전, 그리고 아타리 쇼크

그러나 버티는 기간은 길지 않았다. 소비자들이 비슷한 게임들에 싫증을 내기 시작하면서 1970년대 후반, 피할 수 없는 업계 구조조정이 단행되었다. 이제 차별화된 독점 콘텐츠를 확보하는 것이 개발사의 핵심 경쟁력이 되었다. 업계 1위였던 아타리 또한 이 전략하에 그들의 베스트셀러인 '팩맨'과 '스페이스 인베이더'를 공격적으로 마케팅했다.

이 변화는 결과적으로 게임 제작방식 자체를 바꾸는 나비효과를 일으켰다. 그동안 일반 직원과 다를 바 없이 여겨졌던 게임 기획자들이 자신의 기여도를 자각하기 시작했다.

아타리에서 일했던 데이비드 크레인David Crane의 말을 들어보자. 아타리가 이례적인 성공을 거둔 해, 한 임원이 각각의 게임이 수익을 얼마나 올렸는지 적은 메모지를 직원들에게 돌렸다고 했다.

"그 메모는 게임 기획자 개개인의 가치를 보여줬어요. 당시의 게임 기획은 완전히 원맨쇼였거든요. 한 명이 기획을 하고, 스토리보드를 만들고, 아트를 비롯해 배경음악 및 효과음도 담당하고, 개발도 직접 했죠. 그런데 나 혼자 만든 게임으로 회사가 2000만 달러 넘게 벌었다는 메모를 보고 무슨 생각을 했겠어요? 저 역시 내가 왜 연봉 2만 달러를 받으면서 죽도록 일하고, 개발한 게임에 이름도 올리지 못하는지 의문을 갖게 되었습니다."

이윽고 아타리의 가장 뛰어난 개발자들부터 하나둘 짐을 싸기 시작했다. 여기에는 그 유명한 4인방, 즉 데이비드 크레인, 앨런 밀러Alan Miller, 밥 화이트헤드Bob Whitehead, 래리 카플란Larry Kaplan도 포함된다.

이들은 1979년 아타리를 떠나 액티비전을 설립했다. 액티비전은 콘솔 업체에 게임을 판매해 1년 만에 6600만 달러의 매출을 올렸다. 1982년에는 이 수치가 2배로 증가했다. 세 번째 해에는 3억 달러의 매출을 올리며 아타리를 능가하는 성장세를 기록했다. 이 비즈니스 모델이 압도적인 성공을 거두자 아타리를 비롯한 콘솔 제조업체들은 외부 개발사에 자사의 플랫폼을 개방하지 않을 도리가 없었다. 이를 계기로 게임 개발이 활성화돼 2년도 되지 않아 100개가 넘는 게임 스튜디오가 아타리 콘솔에 게임을 공급하기에 이르렀다.

이때 가장 치명적인 패착을 한 곳은 다름 아닌 아타리다. 게임 산업과 회사가 동시에 성장하자 조직에 낙관주의가 팽배해 시장의 수요를 과대평가한 것이다. 1982년, 가정용 게임 팩맨을 독점 구매하기로 한 아타리는 무려 1200만 장을 주문했다. 당시 시장에 풀려 있는 아타리 콘솔 기기가 1000만 대였으니, 아타리는 팩맨의 인기를 등에 업고 이참에 콘솔 판매도 끌어올릴 셈이었던 것으로 보인다. 하지만 팩맨의 판매량은 700만 장에 그쳤다. 이 실패는 아타리에 뼈아픈 교훈을 남겼다. 저급한 게임 콘텐츠와 그에 따른 저조한 판매는 단순히 게임 하나의 실패로 끝나지 않고 콘솔 플랫폼에 대한 인식까지 훼손시킬 수 있음을 알게 된 것이다.

이는 게임 제작의 리스크 및 수요 불확실성을 극단적으로 보여주는 사례다. 당시 게임 플랫폼 기업들은 인기 게임의 독점 판매권을 놓고 경쟁적으로 높은 가격을 불렀다. 시장을 지배하려는 욕망에 묻지도 따지지도 않고 타이틀 확보에만 열을 올린 것이다.

정밀한 수요 예측 부재와 폭발적인 비용 증가가 맞물려 1983년 게임 업계에 대공황이 들이닥쳤다. 아타리 쇼크로 게임 수요 자체가 폭락하는 바람에 다수의 콘솔 제조업체가 시장에서 퇴출되었다. 투자자들은 서둘러 발을 뺐고, 게임은 그저 한때의 유행일 뿐이라는 주장이 더욱 힘을 얻었다.

산업을 회생시킨 닌텐도의 플랫폼 전략

닌텐도가 미국 시장에 진출한 건 게임 산업의 위상이 땅에 떨어진 바로 이 시점이었다. 돌파구가 보이지 않던 상황에도 닌텐도는 혁신적인 비즈니스 모델을 만들어냈다. 서로 연관된 몇 가지 전략적 요소들로 이루어진 이 모델은 게임 산업 전체의 상황을 반전시켰다.

닌텐도는 수준 낮은 콘텐츠가 범람하던 업계에 극도로 차별화된 게임 경험을 제공하고자 노력했다. 이는 닌텐도가 3가지 주요 변수를 완벽하게 통제할 수 있었기에 가능했다. 그들의 가정용 콘솔인 NES의 퀄리티, 효율적인 유통채널 관리, 그리고 대규모 마케팅이 그것이다.

첫째, 닌텐도는 처음부터 최상의 품질을 추구했다. 1980년대 중반까지 게임 하드웨어와 소프트웨어 모두 시장점유율 경쟁이 도를 넘고 있었다. 표준도 규칙도 없는 마구잡이식 경쟁에 질린 소비자들은 게임을 외면하기 시작했다. 아타리에 타격을 주었던 과포화 문제를 겪지 않기 위해 닌텐도는 공급망의 매 단계에 정교한 품질관리를 실시했다. 닌텐도 아메리카의 전 회장이었던 아라카와 미노루Arakawa Minoru의 원칙은 단 하나, 바로 '양보다 질'이었다. 닌텐도 임원들 사이에는 거시적 전략을 표현하는 하나의 만트라가 떠돌았다. "게임 이름이 게임 그 자체다."

닌텐도는 소비자들의 마음을 얻기 위해 몇 가지 진귀한 특성을 창안했다. 우선 품질관리 범위를 플레이어의 게임 경험 전반으로 확장했다. 초기 출시된 콘솔의 불량률이 높아지자 수백만 달러의 피해를 감수하고 즉각 전수 리콜을 단행한 것이 단적인 예다. 다음으로 광고 없는 잡지 〈닌텐도 파워〉를 발행해 저렴한 가격에 판매했다. 잡지에는 닌텐도 게임들의 다양한 팁과 공략법이 소개되었다. 잡지 발행 목적이 닌텐도 플레이어들의 관심과 팬덤을 유지하는 데 있었기에 수익은 과감히 포기했다. 나아가 게임을 하다 막혔을 때 언제든 물어볼 수 있는 핫라인을 개통하기도 했다. (나도 열 살 때 '젤다의 전설'을 플레이하며 몇 차례 핫라인을 이용한 적 있다.) 자체 팬클럽도 운영했다. 제품 품질보증서에 있는 신청서를 보내면 닌텐도 팬클럽 뉴스레터를 보내주는 식이었다. 이처럼 닌텐도는 게임을 효과적으로 즐기는 것 외에도 고객들과 교감하기 위해 장기적 관점으로 접근했다. 기존 게임 회사들에서는 볼 수 없던 새로운 전략이었다.

둘째, 철저한 품질관리는 콘솔에 들어가는 게임에 대한 높은 지배력을 의미했다. 닌텐도는 자체적으로 수준 높은 게임을 제작할 역량이 있었기에 콘솔만 제작하는 다른 업체들과 달리 외부 게임 제작사에 끌려다닐 필요가 없었다. 닌텐도는 외부 개발사들과 협상할 때 엄격한 라이선스 원칙을 적용했다. 외부 개발사들은 제작비 부담은 물론이고 게임 타이틀당 독점 계약 2년, 10~20%의 수수료, 1년에 5개 이상 게임 발매 불가 등의 조항을 따라야 했다. 게임 개발사들이 최고의 게임만을 선보이도록 유도하기 위해 이처럼 가혹한 조건을 요구한 것이다.

    당연하게도 여기저기서 불만이 표출되었다. 배급사들은 닌텐도의 지나친 요구 때문에 돈을 충분히 벌지 못하고 있다고 불평했다. 일렉트로닉 아츠의 창업자 트립 호킨스는 당시 여론을 다음과 같이 정리했다. "게임 업계에 종사하는 대다수는 닌텐도가 성공하지 못할 거라 예상했어요. 아타리, 콜레코 등 시장에서 사라진 콘솔 회사들의 전철을 밟을 거라 보았죠."

    하지만 그들은 틀렸다. 개발사들과의 협상에서 우위를 점하는 전략 덕에 닌텐도는 아타리의 50배에 달하는 마케팅 비용을 쏟아부어 콘솔을 홍보하고, 수요를 창출할 수 있었다.

    닌텐도는 소매업체와의 관계도 재정립했다. 많은 소매업체가 게임 산업 붕괴의 여파로 힘들어할 때 닌텐도는 일단 제품부터 공급하고 실제 판매된 수만큼만 추후에 정산했다. 선불 리스크가 사라지자 대형 소매업체들은 몇몇 지점에서 시범적으로 게임을 소개한 후 반응이 있으면 전국 지점으로 확대해 판매를 키웠다.

    셋째, 닌텐도는 유통채널 관리에서 점한 우위를 기반으로 마케팅에서도 주도적인 전략을 펼쳤다. 게임 개발사들이 통제권을 포기한 상태에서 NES 콘솔의 인기가 높아지자 닌텐도는 재고 및 제품 공급을 직접 관리했다. 그들의 전략은 기존의 방식과 사뭇 달랐다. 제품이 시장에 넘쳐나게 하는 대신 보유한 재고의 절반 이하만 시장에 풀었다. 소매업체들이 아무리 요청해도 충분히 공급해주지 않았다. 한 정보통에 따르면 1988년 소매업체들은 4500만 장 정도를 팔 거라 예상하고 넉넉히 1억 1000만 장을 주문하는 게 관행이었다고 한다. 하지만 닌텐도는 소매업체들의 원성에도 굴하지 않고 3300만 장만 납품했다. 이전 세대에 아타리 등이 펼친 전략과는 정반대 방향이다. 이런 전략으로 닌텐도는 시장 포화를 방지했으며, (3장에서 다루겠지만) 게임 타이틀 평균 판매가의 급락을 피할 수 있었다.

개발사와 소매업체들의 반발이 없지 않았지만 닌텐도의 전략은 효과가 있었다. 세계시장에 진출할 즈음 닌텐도는 단 6개의 개발사와 계약을 맺었다. 초기였던 만큼 계약조건은 훨씬 관대했다. 그 후 3년 만에 닌텐도와 계약한 외부 개발사는 50곳에 달했다. 1989년 닌텐도가 계약조건을 바꿨을 때 초기 협력사였던 남코의 대표 나카무라 마샤야Nakamura Masaya는 불만을 표시하기도 했다. "게임 산업은 아직도 신생 업계예요. 난 이 산업이 건실하게 성장하기를 바랍니다. 닌텐도는 시장을 독점하고 있고 이는 산업의 미래에 좋지 않습니다. 닌텐도는 업계 리더로서 책임감을 가져야 합니다."

하지만 그 역시 새로운 계약조건을 따르지 않을 도리가 없었다. 일렉트로닉 아츠의 저항도 곧 수그러들었다. 이와 관련하여 호킨스는 다음과 같이 말했다. "미국의 어떤 게임 개발사도 8비트 닌텐도 콘솔에 게임을 공급하고 싶어 하지 않았어요. 그들의 방식을 경멸했죠. 그때만 해도 누구도 우리가 지불하는 수수료가 콘솔 기기의 가격과 마케팅 비용을 보전하고, 그 결과 닌텐도가 콘솔을 더 많이 판매해 플랫폼 자체를 키울 수 있다는 걸 알지 못했거든요."

이후 수십 년 동안 몇몇 기업은 닌텐도의 전략을 모방함으로써 게임 시장에서 유의미한 점유율을 차지했다. 전 세계에 1억 대가 깔릴 정도로 콘솔 게임 산업이 부흥하자, 나름의 전략으로 무장한 신규 경쟁자들이 시장에 유입되었다. 가령 소니는 방대한 유통 네트워크, 거대한 기업규모, 게임 저장매체인 CD 제조역량 등을 무기로 게임 산업에 뛰어들었다. 당시 CD롬은 레코드를 대체하며 음악 산업의 평균 매출을 신장시킨 데 이어 게임 산업의 저장매체인 카트리지를 퇴출시키고 제작비용을 빠르게 낮추고 있었다. 아울러 소니는 개발사에 닌텐도보다 관대한 조건을 제시했다. 최소제작 물량도 더 적었고, 대금 지불주기도 짧았으며, 무엇보다 생산단가가 닌텐도보다 낮았다. 이러한 요소들이 결합하여 소니는 게임 개발사들과 우호적인 관계를 형성하고, 일렉트로닉 아츠 같은 유력 개발사와 독점 계약을 맺어갔다.

마이크로소프트 역시 보조금과 마케팅을 기반으로 하는 닌텐도의 비즈니스 모델을 벤치마킹했다. 2001년 엑스박스를 론칭할 당시 5억 달러를 프로모션에 쏟아부어 콘솔 보급을 빠르게 늘려갔다. 그래야만 대형 개발사들이 엑스박스를 위한 게임 개발에 착수할 것이기 때문이었다.

2020년 전 세계에 보급된 콘솔은 2억 대에 이른다. 하드웨어와 소프트웨어를 모두 관장하는 닌텐도의 플랫폼 전략과 게임 콘텐츠의 품질, 유통, 마케팅을 강조하는 전략은 업계의 표준이 되었다. 호킨스의 평가대로 닌텐도가 게임 산업에 플랫폼 비즈니스 모델을 만들어낸 것이다.

게임 이면에서 벌어지는 개발자 확보전쟁

게임 산업의 중심에는 개발자, 또는 그들로 구성된 게임 스튜디오가 존재한다. 게임을 실제로 만드는 이들로 프로그래머, 아티스트, 애니메이터, 기획자, 프로듀서, 사운드 전문가, QA(quality assurance, 품질검수자) 등 창의력과 기술을 갖춘 사람들로 이뤄진 집단이다. 2017년경 미국에만 약 2500여 개의 게임 스튜디오가 활동했으며, 계속 증가하는 추세다.

앞서 게임 산업의 리스크를 다양하게 살펴보았는데, 사실 가장 큰 리스크는 특정 리스크의 확률을 예측할 수 없다는 것이다. 경영진의 의견 불일치, 자금 경색, 경제 환경 변화, 다크호스의 등장, 플랫폼 업체들의 니즈 변화, 신기술 등장에 따른 소비자들의 취향 변화, 또는 단순한 불운 등 실로 무수히 많은 이유로 개발사들의 노력이 휴지조각이 된다.

인디 게임 스튜디오가 가장 많이 겪는 어려움 중 하나는 프로젝트 계약이다. 게임 개발자들은 자금을 확보하기 위해 배급사와 프로젝트 계약을 맺는다. 자금이나 유통 등에서 자체 역량으로는 게임을 시장에 선보이기 어려운 인디 스튜디오가 으레 취하는 전략이다.

그러다 보니 다른 개발팀과 경쟁을 벌이기 일쑤다. 이런 역학관계는 음악 산업이나 영화 산업도 유사하다. 다수의 창작자가 먹이 피라미드의 밑바닥에서 서로 경쟁한다. 무엇으로 경쟁하는가? 거금이 드는 자체 개발툴을 개발하는 건 거의 불가능하므로 대부분 범용 개발툴을 사용한다. 그렇다면 남은 경쟁력은 오직 사람이다.

게임 기획은 고도의 창의적인 노력과 다양한 기술 간 조합의 산물이다. 게임 스튜디오가 성공하려면 최고의 기획자를 영입하고, 육성하고, 유지해야 한다. 컴퓨터, 서버, 기타 장비 등 기술 구현을 위한 각종 인프라는 어지간한 스튜디오라면 대부분 갖출 수 있다. 격차가 벌어지는 것은 십중팔구 사람에서다.

경쟁자와 차별화되는 가치를 만들기 위해 개발팀은 조직 차원의 혁신과 더불어 자기만의 HR전략을 추구한다. 가령 인디 게임 개발사라면 친한 친구들 몇 명이 모여 열정을 갖고 미친 듯이 프로젝트를 수행할 수 있을 것이다. 대신 충분한 자금, 적절한 작업공간, 근무시간 관리, 비용 처리, 세금 납부, 그리고 프로다운 개발력 등 경영적 측면은 다소 부족할지도 모른다. 반대로 상장한 대형 개발사라면 주주들에게 약속한 일정을 맞추기 위해 직원들에게 높은 업무강도를 요구할 수 있다. 창의적인 게임을 만들려는 열정과 사업역량을 갖추는 노력 사이에 균형을 찾는 건 규모와 관계없이 어려운 일이다.

회사가 조직을 꾸리고 인재를 대우하는 방식은 곧 인재전쟁의 핵심사안이다. 협업을 장려하는 업무환경을 만드는 것이 이상적이고, 더 일반적으로는 회사가 요구하는 개발자의 능력과 개발자가 원하는 권한이 등가교환되는 기업문화를 만든다.

실제로 게임사의 기업문화와 명성은 인재전쟁의 판도를 바꾸기도 한다. 일례로 프랑스 파리의 남서쪽 베르사유에 위치한 블리자드의 유럽 본부는 그 자체로 하나의 아름다운 아트리움이다. 이 대저택에는 블리자드 게임 캐릭터들의 동상이 도열해 이목을 끈다. 스타크래프트 시리즈의 검의 여왕 '사라 케리건'의 동상을 본 순간 당신이 블리자드 유럽 본부에 와 있음을 알 수 있다(미국 캘리포니아 어바인 사무실에는 오크 동상이 있다).

건물 외관이 전부가 아니다. 블리자드는 피트니스 센터와 상주 간호사 등 무수히 많은 복지혜택을 내세워 인재들을 유혹한다. 그런가 하면 러시아의 게임 개발사 워게이밍의 사무실에는 각기 다른 탱크 장식 및 수집품들이 가득하다. 뉴욕에 위치한 락스타게임즈Rockstar Games 사무실에는 구형 업소용 게임기가 줄지어 서 있다. 위저드 오브 더 코스트Wizard of the Coast 사무실은 '매직 : 더 개더링' 및 '던전 앤 드래곤'의 고해상 포스터로 꾸며져 있다.

아름다운 사무실은 단지 심미적 목적만이 아니라 인재를 영입하려는 노력의 일환이다. 최신 연구에 따르면, 개발팀의 인재 구성이야말로 게임의 성패를 좌우하는 핵심요소다. 다양한 경력을 갖춘 노련한 개발자와 프로듀서들이 팀에 소속감을 느낄수록 결과는 더 좋아진다. 개발은 표준화되거나 통일되어야 한다는 통념과 달리, 이른바 인지적 이종집단cognitively heterogeneous groups의 다양한 기술과 경험이 조합될 때 훨씬 성공적이다. 1만 2422개의 개발팀에 속했던 경력 30년 이상의 개발자 13만 9727명을 연구한 학자들은 팀이 인지적으로 이질적이되, 그 가운데 교차하는 요소가 있을 때 창의적 성과물을 낼 확률이 높음을 밝혀냈다. 연구결과는 외로운 천재에 대한 환상을 뒤집는다. "스타일과 기술이 게임 개발에 진정 의미 있는 요소로 작용하는 건 개인이 아닌 팀으로 작업할 때다."

그럼에도 모든 업무가 동일한 방식으로 평가되는 것은 아니다. 최근의 화두인 '워라밸', 출퇴근 편의성 등의 관점에서 볼 때 게임 업계의 업무관행은 여전히 문제가 많다. 일례로 어느 설문조사에 따르면 기획자들은 게임의 비전을 제시하는 이들인데도 프로젝트에서 가장 높은 연봉을 받지 않았다. 처우가 가장 좋은 이들은 프로듀서였다. 이는 필연적으로 인재의 쏠림에 영향을 미친다. 신참 기획자는 많지만 이 바닥에서 수년간 버텨내 베테랑이 되는 이들은 많지 않다. 현실이 이러하기에 게임 스튜디오들은 원하는 인재를 확보하기 위한 온갖 창의적인 방법을 강구할 수밖에 없다.

가령 '언차티드'나 '더 라스트 오브 어스' 같은 수억 달러짜리 게임을 제작한 노티독Naughty Dog은 명성 못지않게 크런치로도 악명 높다. 크런치crunch란 일정을 맞추기 위해 제작 막바지에 개발자들이 주당

100시간 넘게 일하고, 며칠씩 퇴근도 못한 채 사무실에서 쪽잠을 자는 게임 업계의 작업관행을 가리킨다. 완성도 높은 게임을 만들기 위해 게임 스튜디오들은 직원들에게 많은 걸 요구할 수밖에 없다. 그럴수록 회사는 연봉 이상의 보상을 제공해야 한다.

보상의 일환으로 개발자 중심의 조직을 꾸릴 수도 있다. 예컨대 노티독은 프로듀서를 없애고 조직구조를 수평화하는 실험을 단행했다. 중간관리자를 통하는 대신 개발자들이 총책임자인 디렉터와 직접 논의하게 해 주인의식을 일깨우는 것이다. 노티독에서는 높은 업무강도가 자신의 기여가 크다는 정신적 만족과 등가교환되는 셈이다.

스튜디오마다 게임을 개발하는 접근방식은 다를지언정, 지향점은 다르지 않다. 능력 있고 경험 많은 사람들과 다양한 생각을 기술 환경과 소비자 니즈의 변화를 고려해 결합하는 것이다. 이를 위해 게임 스튜디오는 채용에 온 힘을 쏟는 한편 스테이지-게이트 프로세스 stage-gate process로 감당할 수 없는 프로젝트를 걸러내는 작업을 게을리하지 않는다. 개발하는 도중에도 면밀한 평가를 통해 다음 단계로 넘어갈지 말지 판단하는 것이다. 추가 예산은 그 이후에 할당된다. 이런 식으로 수요의 불확실성에 일종의 안전망을 마련한다.

게임 개발에는 긴 시간이 소요되기에 그사이에도 시장 환경은 얼마든지 달라질 수 있다. 따라서 팀의 모든 노력을 게임 완성에만 집중하다 보면 환경 변화에 의사결정의 정확성이 희석될 수 있다. 소비자

[도표 2-1] 버티컬 슬라이스

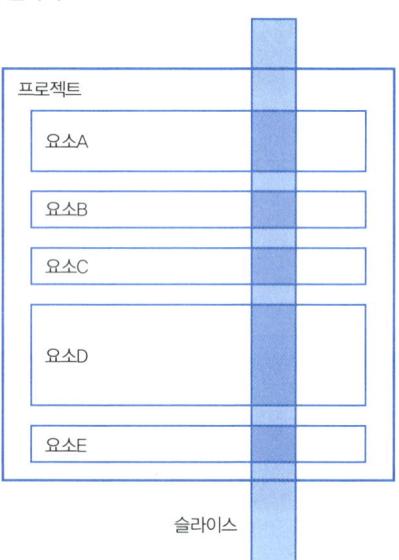

슬라이스

들의 관심사가 달라졌거나, 경쟁자가 비슷한 게임을 출시했거나, 개발 중인 게임의 핵심요소가 쓸모없어지거나, 기술적 변화가 발생했을 때는 어찌되겠는가.

팀이 무엇을 만들지, 그것이 만들 만한 가치가 있는지 밝히고 나면 이른바 버티컬 슬라이스vertical slice가 이어진다(도표 2-1 참조). 버티컬 슬라이스만 보면 게임의 전체 요소, 가령 게임 유저 데이터, 게임엔진, UI 등을 모두 평가할 수 있기에 이는 경영진, 주주 등 이해관계자들을 설득할 PoCproof of concept로 종종 사용된다. PoC를 통과해야 비로

[도표 2-2] 제품 기반 게임의 개발 예산 할당

단계	목적	투자 (누적 %)
고차원 콘셉트화	이 아이디어를 진행해야 할까?	2
콘셉트화	계속 지속해도 될까?	2~5
최초 시연	개발할 가치가 있을까?	10
버티컬 슬라이스	전체 사이클을 한번 살펴볼 필요가 있을까?	20~25
알파 버전	베타 버전을 만들기 위해서는 어떤 준비가 필요할까?	60~70
베타 버전	게임을 어떻게 포지셔닝하여 성공 가능성을 최적화할까?	> 80

소 남은 예산을 모두 쏟아부어 게임을 완성할 수 있다(도표 2-2 참조).

이 때문에 버티컬 슬라이스는 논쟁의 발단이 되기도 하는데, 작동 가능한 몇몇 요소만으로 종합예술과 같은 게임성을 평가할 수는 없다고 여기는 개발자들이 적지 않기 때문이다. 쉽게 말해 경영진은 버티컬 슬라이스를 보고 게임성이 없다고 판단했는데, 개발자들이 수긍하지 않는 경우가 생기는 것이다. 그럼에도 버티컬 슬라이스로 게임 전반에 대해 평가하는 절차는 게임 업계에 일반적이다. 이 절차를 생략하고 게임을 완성하기 위해 나머지 예산 80%를 쏟아붓는 경우가 오히려 드물다.

이처럼 개발팀이 빠질 수 있는 여러 함정을 피하고 예산 배분을 효과적으로 하는 작업은 반드시 필요하다. 아울러 이질적인 성향의 사람들이 한 팀에 모였을 때 발생할 수 있는 리스크를 줄이는 데에도 효과적이다.

배급사가 벌이는 돈과의 전쟁

게임 산업에서 배급사는 창작자와 소비자 사이의 중간자 역할을 한다. 이들이 담당하는 업무는 마케팅을 비롯해 재무 분석, 자본 투자, 회계, IR, 인사관리, 정보기술, 운영에 이르기까지 실로 다양하다. 대작 게임을 개발하는 비용이나 시간은 할리우드 블록버스터 영화 제작에 결코 뒤지지 않는다. 그렇기에 게임 개발 역시 자본집약적이고 장기투자가 반드시 필요하다. 이에 필연적으로 따르는 리스크를 낮추고, 동시에 대박을 칠 만한 게임 아이템을 발굴해 투자하는 것 모두 배급사의 역할이다.

이를 위해 배급사들은 규모의 경제와 비용 절감을 추구하는 다양한 전략을 고안해냈다. 가령 일렉트로닉 아츠는 주요 스포츠 리그와 구단들의 IP를 게임에 사용할 수 있는 권한을 획득했다. 이 전략은 게임 수요의 불확실성을 줄이고, 매출을 좀 더 정교하게 예측하는 데 기여했다. 반면 액티비전 블리자드는 정반대의 전략을 구사한다. 즉 자신이 보유하고 있는 IP로 다양한 장르의 게임을 만드는 것이다. 그럼으로써 접근 가능한 고객 수를 늘리고, 포트폴리오를 다양화해 운영의 리스크를 분산시킨다.

그럼에도 리스크는 언제나 있다. 하드웨어의 사양이 높아지면서 게임 개발비도 꾸준히 상승하고 있다. 물론 새 콘솔이 출시될 때마다 게임의 가격도 오르긴 하지만, 이것만으로는 개발비의 증가를 충당할 수 없다. 어디까지 오를까? 궁극적으로 외부에서 이 시장에 뛰어들 엄두를 내지 못하게 될 때까지 오를 것이다. 높아진 개발비가 일종의 진입장벽이 되어 기존 회사들을 보호한다니, 아이러니다.

개발 외에도 돈이 들어갈 곳은 많다. 우선 소매업체들과 계약을 맺는다. 매대의 좋은 자리를 확보하는 것은 물론 소매업체들과 우호적인 관계를 맺기 위해 만만치 않은 비용을 지출해야 한다. 이런 사전작업이 게임이 출시되기 몇 년 전에 이루어지기도 한다. 비용이 늘어날수록 배급사는 개발 일정을 빡빡하게 조이지만, 몇 년씩 걸리는 개발작업이 애초의 계획대로 마무리되는 건 불가능에 가깝다. 결국 개발 막바지에는 늘어난 기간에 따른 손실과, 일정을 조금이라도 당겨보고자 추가로 고용한 인력들 때문에 배급사의 비용부담이 더 커진다.

이 모든 비용 리스크 가운데 가장 큰 리스크는 높아진 비용만큼 제품 가격을 올릴 수 없다는 것 아닐까. 128비트 콘솔 시대에는 게임 개발비가 약 75만 달러였다. 다음 세대의 콘솔이 출시되었을 때 이 비용은 300만 달러로, 그다음 세대에는 2000만 달러로 증가했다. 하지만 사람들이 새 게임에 지불하려는 가격도 그만큼 올랐을까? 천만의 말씀이다. 결국 배급사들은 출시하는 게임을 줄여야만 했다. 시도가 줄어들면 큰 성공의 가능성도 줄어드는 법이다. 게임 같은 흥행산업에서 대작 시리즈를 만들려면 더 많은 돈을 소수의 게임 타이틀에 쏟아부어야 한다. 투자를 올인할수록 리스크는 커지고 비용을 회수할 수 있는 기간은 줄어든다.

단기간에 많이 판매하려면 출시 전부터 게임을 최대한 노출해 입소문을 만들어야 하므로, 자연히 마케팅 비용도 상승한다. 이러한 마케팅 활동이 과연 게임의 성공에 얼마나 기여하는가 하는 점은 업계의 오래된 난제다. 배급사들은 그저 다른 엔터테인먼트 업계의 전술을 차용할 따름이었다. 가령 출판사들은 의도적으로 많은 부수의 책을 찍어내 출고한다. 일종의 밀어내기 전술이다. 이렇게 밀어낸 책이 모두 독자에게 전해질까? 이러한 이유로 제조사가 유통채널에 판매하는 수량과 소비자들에게 실제 판매되는 수량에 차이가 생긴다.

제품 인지도를 높이는 데에는 언론 플레이도 한몫한다. 출시 전후로 언론에 관련 기사가 노출되면 게임이 실제보다 더 성공적이라는 인상을 줄 수 있다. '콜 오브 듀티 : 블랙 옵스2' 출시 일주일 후, 액티비전 블리자드는 출시 첫날 전 세계에서 5억 장 이상의 판매고를 올렸다고 언론에 발표했다. 그럼으로써 게임에 대한 소매업체들의 불안을 달래고 (상장사인 경우) 주주들 또한 달랜다.

때로는 배급사의 조직구조가 리스크를 완화하기도 한다. 게임의 성패는 인력 관리, 특허 확보, 자본 할당 등에 큰 영향을 받기에, 대형 게

[도표 2-3] 대형 배급사의 기업구조

게임	신규 IP	모바일 이식 팀 1	프렌차이즈 후속작 팀 9	신규 IP 팀 2	
스튜디오	스튜디오 A	스튜디오 B	스튜디오 C	스튜디오 D	스튜디오 E

스튜디오들은 개별 프로젝트를 독립적으로 진행하며, 내부 전문성을 갖춘다.

레이블	스포츠 게임	판타지/액션	인디 게임

각 레이블은 자체적으로 브랜드, QA, 마케팅, PR을 진행한다.

기업	지원 C레벨 법무 재무 세일즈 테크 회계 HR

각 기업 층위는 회사 전체에 공유되는 자원을 제공하고, 통일된 형태의 보고 시스템을 갖추고 있다.

출처: 데이비드 에드워즈(전 테이크투 인터랙티브 세일즈 전략 사업부 임원) 제공

임회사들은 〈도표 2-3〉에서 보듯 여러 층위의 조직구조를 만든다. 우선 스튜디오 층위를 보자. 대형 게임사들은 산하에 여러 스튜디오를 두고 각기 다른 프로젝트를 할당한다. 각 스튜디오가 독립적으로 작업하고 전문성을 쌓아갈수록 회사의 가용자원 범위도 넓어진다. 가령 한 스튜디오가 대작 게임을 개발하면, 이를 다른 스튜디오에 넘겨 모바일 게임으로 개발하는 것도 가능하다.

다음 층위는 콘텐츠 레이블이다. 음악 산업에서 흔히 볼 수 있는 방식으로, 대개 레이블마다 특정 장르나 콘텐츠 유형에 특화돼 있다. 이

렇게 전문화하면 해당 레이블이 시장의 관심과 반응을 얻는 데 한결 유리하다. 가령 스포츠 영역에 특화된 브랜드를 구축하면 유통업체, 마케터, 소매업체 및 기타 업계 관계자들과 더 긴밀한 협력관계를 구축할 수 있다. 예컨대 소매업자들은 해당 레이블이 어떤 게임을 주로 출시하는지 알기에 신작 게임의 총재고도 좀 더 정확히 예측할 수 있다. 배급사도 더 유리한 위치에서 가격 및 비금전적 혜택을 협상할 수 있다. 이 때문에 신작 게임을 이따금 한 번씩 출시하는 방식보다 레이블 방식이 훨씬 선호된다.

　마지막은 기업 층위다. 기업 층위의 핵심목표는 조직 전반의 효율성 유지, 자본 조달, 경영 역량 제고 등이다. 흔히 'C레벨'이라 불리는 최고경영진은 특정 프로젝트가 납기를 맞췄는지, 예산을 넘기지는 않았는지, 추가 자원이 필요한지 등을 판단한다. 기업 층위는 투자자들에게 더 높은 투명성을 제공한다.

　물론 이러한 구조가 만능은 아니다. 각 층위가 독립적으로 작동하도록 유지하는 게 항상 가능하지도 않고, 특정 층위와 전체 조직의 문화가 다를 수도 있다. 어느 스튜디오의 프로듀서는 이렇게 말했다. "우리 개발팀은 매일같이 야근하는데 본사 팀은 금요일 오후에 칼퇴근하더라고요." 이러한 갈등에도 불구하고 층위 방식은 대형 배급사들이 리스크를 줄이고, 품질관리 및 규모의 경제를 달성하는 데 필요한 통제력을 확보할 수 있게 해준다.

일렉트로닉 아츠의 블록버스터 전략

지금까지의 설명에서 보듯이 배급사는 게임 개발 외의 거의 모든 영역을 총괄한다고 볼 수 있다. 흥미로운 점은, 이렇게 다양한 일을 하는 배급사가 1980년대 초까지만 해도 '없는 존재'였다는 사실이다. 배급사라는 개념을 만들어낸 주인공은 바로 일렉트로닉 아츠다. 이들은 배급사를 토대로 제품 기반 배급 시스템을 만들어냈다.

트립 호킨스가 1982년 어메이징 소프트웨어Amazing Software를 설립했을 당시 그의 나이는 29세였다. 그가 200만 달러의 투자금을 유치한 후, 대학 친구 빙 고든Bing Gordon이 합류했다. 그들은 비전을 설정하면서 수십억 달러의 매출을 올리는 데 필요한 3가지 역할을 정의했다. 게임 기획자를 셀럽으로 만들기, 전담 영업조직 만들기, 규모의 경제 달성하기가 그것이다. 이는 곧 우리가 익히 아는 오늘날 배급사의 역할이기도 하다.

당시만 하더라도 소수의 개발자들이 차고에 모여 어설프게 게임을 만들고, 콘솔 제조업체와 직접 상대하는 것이 일반적이었다. 일단 게임이 완성되면 기획자들은 콘솔 업체를 찾아가 자신의 게임을 포함시켜 달라고 설득하곤 했다. 그때만 해도 게임 수요가 많고 업계 내 자본 유동성도 풍부했기에 이런 방식으로도 충분히 게임을 팔 수 있었다.

그러나 호킨스는 게임을 소설이나 영화와 같은 일종의 예술이라고 생각했으며, 결국에는 게임 또한 소설과 영화처럼 기획되고 마케팅될 거라 예측했다. 호킨스는 10대 때 이미 축구 보드게임 회사를 차렸다가 실패한 적 있는 사업가였다. 그 후 열정 넘치는 이 개발자는 애플에 합류해 마케팅 이사까지 승진했다. 하지만 애플은 게임에 대한 문화적 진지함을 완벽하게 인지하지 못했던 터라 호킨스의 좌절은 점점 커져만 갔다. 결국 그는 자신의 비전에 걸맞은 회사를 구상하기 시작했다.

그 구상의 근간에는 게임에도 적극적인 프로모션과 유통이 필요하다는 문제의식이 있었다. 차별성이 떨어지는 고만고만한 제품들로 포화된 산업은 품질기준이나 소비자들의 기대치가 낮다. 개발자들도 대부분 드러나지 않은 채 묵묵히 일만 할 뿐이었다. "음반 고객들은 레코드 가게에 들어서기 전에 이미 누가 참여한 음반을 살지 결정해요. 하지만 게임은 그렇지 않죠. 게임이 획기적인 마케팅에 의존할 수밖에 없는 이유예요."

하지만 호킨스는 대중이 유명 감독이나 작가의 작품을 찾아 보는 것처럼, 조만간 특정 개발자에 대한 팬덤이 생길 것이라 예측했다. 즉 유명 게임 기획자야말로 판매의 핵심요소라 본 것이다. 그가 발견한 변화는 근본적이었다. "이제 개발자 혼자서도 게임을 만들 수 있는 시대가 되었어요. 그들을 월급쟁이 직원이 아닌 작가나 록스타로 봐야 하는 이유입니다."

자신의 접근법을 강조하기 위해 호킨스는 회사 이름을 어메이징 소프트웨어에서 일렉트로닉 아츠로 변경했다. 할리우드 영화사 유나이티드 아티스트에서 영감을 얻은 이름이기도 하고, 소프트웨어라는 기술적 색채를 빼고 창의성art을 강조한다는 의도도 있었다.

게임 개발자를 셀럽으로 포장하는 것 외에 일렉트로닉 아츠는 영업조직 구축에도 적극적이었다. 1984년 이들은 전담 영업팀을 조직해 기존의 유통업체를 거치지 않고 소매업체에 직접 판매했다. 당시 유통업체들은 여러 회사에서 출시된 수많은 게임을 소매업체에 소개하는 역할을 할 뿐, 게임 프로모션에 어떤 권한도 가지지 못했다. 반면 일렉트로니 아츠의 영업팀은 곧 출시될 게임을 소매업체에 적극적으로 알리며 기대감을 고조시켰다.

나아가 그들은 자체 게임뿐 아니라 다른 개발사의 게임을 확보하는 데에도 공을 들였다. 일렉트로닉 아츠의 세 번째 전략, 즉 규모의 경제를 확보하기 위해서는 지극히 논리적인 판단이었다. 아울러 여러 레이블을 론칭함으로써 배급사로서 위상을 확고히 하고 다양한 큐레이션을 제안하며, 소매업체들과 관계를 다져 나갔다. 효율적인 유통관계야말로 배급사업의 핵심역량이다. 소매업체들은 신작 게임에 관한 입소문을 내는 데 중요한 역할을 하며, 기대감을 높이는 데에도 도움을 준다. 소매업체 입장에서도 다양한 게임을 보유한 배급사와 거래한다는 것은 매장이 늘 흥미로운 게임으로 가득하고, 고객들을 끌어모으는 새로운 소식이 끊이지 않음을 의미한다. 일렉트로닉 아츠는 소매점 방문객을 늘리기 위해 셀럽 행사 등 다양한 기획을 했으며, 이런 노력 덕에 단기간에 소매업체들과 우호적인 관계를 형성하고 판매 수수료를 낮추는 등 많은 호의를 이끌어낼 수 있었다.

자본집약적인 비즈니스 모델에서 규모의 경제를 갖추는 건 필수다. 1990년대 초, 일렉트로닉 아츠는 매년 100개의 게임을 출시하고도 적극적으로 경쟁사를 인수해갔다. 1991년에는 '테스트 드라이브', '피파 인터내셔널 사커' 등의 게임으로 유명한 디스팅티브 소프트웨어Distinctive Software를, 1992년에는 '울티마'로 알려진 오리진 시스템스를, 1995년에는 '테마파크'의 제작사 불프로그 프로덕션Bullfrog Production을, 1997년에는 유명 시리즈로 자리잡은 '심시티'와 '심즈'를 확보하기 위해 맥시스Maxis를, 1998년에는 'NCAA풋볼'과 '매든 NFL'을 개발한 티뷰론 엔터테인먼트Tiburon Entertainment를, 1998년에는 '커맨드 앤 컨커'를 만든 웨스트우드 스튜디오Westwood Studio를, 2000년 '메달 오브 아너'를 개발한 드림웍스 인터랙티브DreamWorks Interactive를 인수한 것 등이 대표적이다.

일렉트로닉 아츠의 성공 이후 많은 배급사가 그들의 모델을 차용했다. 이제 게임은 할리우드의 영화 제작 방식과 유사한 개발주기를 채택했고, 개발사 또한 자본집약적이고 장기적인 투자를 하게 되었다. 자금을 둘러싼 이런 리스크를 상쇄하기 위해 배급사는 게임 포트폴리오 전략을 취해 정기적인 게임 발매 일정을 계획해갔다. 그 결과 수입의 흐름이 일정하게 유지돼 개별 게임 타이틀의 상대적 성공을 분석할 수 있게 되었다. 후속작 출시 여부를 결정하는 데에도 물론 도움이 되었다.

일렉트로닉 아츠의 블록버스터 전략은 게임 산업을 여러 측면에서 바꿔놓았다.

첫째, 북미 지역을 게임 산업의 중심으로 굳건하게 재건했다. 1980년대 한 차례 무너진 게임 산업은 콘솔 제조나 게임 개발 할 것 없이 일본 기업들의 지배하에 들어갔다. 그러다 일렉트로닉 아츠가 세력을 키우고 뒤이어 액티비전 블리자드, THQ, 테이크투, 유비소프트 등 초대형 배급사가 등장하면서 게임 산업에서 북미 지역의 위상이 일본과 동등한 수준으로 올라섰다.

둘째, 게임 산업 내 권력구조를 재편했다. 앞에서 다뤘듯이 1980년대를 거치면서 닌텐도는 수직적 통합을 꾀함으로써 업계의 핵심 플레이어가 되었다. 콘솔 제조에 게임 개발 역량까지 확보한 닌텐도는 시장에서 가장 큰 파이를 차지했고, 콘솔 플랫폼이 없는 게임 개발사들은 닌텐도의 과도한 요구도 받아들일 수밖에 없었다. 닌텐도의 독점구조를 탈피하기 위해 일렉트로닉 아츠와 게임 개발사들은 세가의 지원하에 힘을 모았고, 플랫폼을 보유한 콘솔 제조업체들도 이에 가세했다.

결과적으로 힘의 재분배는 게임 산업이 한 단계 성장하는 원동력이 되었다. 1998년 콘솔 제조업체들의 자회사 스튜디오가 만든 게임의 총매출은 80억 달러 정도로, 시장점유율로 보면 약 62%다. 그런데 2018년에는 이들의 점유율이 44%까지 떨어졌다. 그 간극을 누가 차지했는가? 외부 게임 개발사들이다. 이들의 매출은 1990년대를 지나면서 10배가량 증가했다. 게임 생태계의 확장으로 더 많은 기업이 게임 개발에 참여했고, 배급사들은 더 많은 가치를 창출할 수 있었다. 게임 개발을 예술의 수준으로 승화시키고, 게임 기획자들을 개발자가 아닌 창작자로 대우함으로써 일렉트로닉 아츠는 게임을 제작하는 방식을 완전히 바꿔버린 것이다.

    게임 산업을 회생시킨 닌텐도의 독특한 플랫폼 전략, 게임 스튜디오들의 인재확보 방식, 일렉트로닉 아츠가 고안한 블록버스터 전략 등, 어느 면으로든 게임 산업의 역사는 비즈니스 모델을 끊임없이 혁신해 온 발자취를 남겼다. 다르게 표현하면 게임 업계에서 성공하려면 위대한 게임을 만드는 것만으로는 부족하다는 뜻이다. 창의적인 사업 전략이 반드시 필요하다. 이제는 사업상 우선순위를 정하는 역량이 콘텐츠 제작 능력과 비견될 정도로 중요해졌다.

    최초 10여 년 사이 게임 업계의 가장 중요한 사업 전략을 꼽으라면 단연 디지털 혁명을 둘러싼 것일 테다. 디지털화가 가져온 변화를 더 깊이 다루기 전에, 다음 장에서 게임 산업을 소매 측면에서 살펴볼까 한다. 물론 여기에도 디지털이라는 화두는 살아 있다.

Summary

- 제조업 패러다임의 게임 산업은 대규모 투자, 하이 리스크, 하이 리턴 등 전형적인 흥행산업의 면모를 보였다. 이는 신규 플레이어의 진입을 막는 요소가 되었고, 게임을 비주류 산업으로 만든 이유가 되었다. 고만고만한 게임들만 넘쳐나면서 게임은 점차 사양산업의 길로 접어들었다.

- 얼어붙은 북미 게임 시장을 되살린 건 일본의 닌텐도였다. 그들은 탁월한 품질과 강력한 유통장악력으로 콘솔 게임의 붐을 주도했다. 하드웨어(콘솔)와 소프트웨어(게임 콘텐츠)를 모두 관장하는 전략은 이후 게임 산업의 플랫폼 비즈니스 모델로 자리잡았다.

- 게임사마다 일하는 스타일에 차이가 있지만 게임을 만드는 크리에이터, 즉 개발자를 '갈아넣어' 일한다는 문제를 모두 안고 있다. 이들의 역량과 몰입이 게임의 완성도로 직결되기 때문이다. 그에 따라 역량 있는 개발자를 확보하려는 인재전쟁도 치열하다. 이는 기업들 간의 인센티브 경쟁은 물론 조직구조를 수평화하는 등 경영 전반을 쇄신하는 노력을 이끌어냈다.

- 자본집약적인 게임 산업의 특성상 규모의 경제를 갖추는 건 필수다. 이런 필요성이 배급사를 탄생시켰다. 이들은 마케팅, 영업, 재무, 투자, 운영 등 게임 개발 이외의 모든 일을 (때로는 개발까지) 담당한다. 배급사 모델을 만들어낸 일렉트로닉 아츠는 이후 할리우드 영화 제작 방식과 유사한 블록버스터 전략을 업계에 도입해 성공했다.

3장

촘촘한 매장만으로는 부족하다 :
디지털 시대 오프라인의 모험

#게임스톱 #오프라인 #매장 #로열티 #보상판매 #디지털화

전통적인 제품 기반 비즈니스를 구성하는 마지막 퍼즐은 소매업체가 아닐까? 여기서 소매업체란 박스 포장된 게임 타이틀, 콘솔 기기, 각종 액세서리 등을 판매하는 오프라인 매장을 의미한다. 역사적으로 소매업체들은 게임 마케팅과 유통에 중요한 역할을 담당해왔다. 하지만 소비자들이 게임을 직접 다운로드하는 방식에 익숙해지면서 오프라인 매장의 역할에도 변화가 생겼다. 게임 전문 소매업체인 게임스톱을 예로 들어 디지털 시대 소매유통의 혁신에 대해 살펴보자.

디지털화라는 거대한 변화에 적응해야 하는 오프라인 소매업체의 어려움은 비단 게임 산업에만 해당되는 게 아니다. 오랫동안 음악인들의 사랑을 받았던 타워레코드를 보라. 샌프란시스코에서 시작한 타워레코드는 다양한 음반을 저렴한 가격에 판매하고, 멋진 힙스터들을 직원으로 채용하고, 잘나가는 아티스트들과 친밀하게 어울리는 이미지를 구축하며 일찌감치 성공궤도에 올랐다. 이처럼 매력적인 브랜드 정체성 덕분에 레코드가 CD에 밀려나는 환경 변화에도 타워레코드 제국은 문제없이 적응했다.

그러나 디지털 유통 서비스 앞에서는 이들도 무너질 수밖에 없었다. 처음에는 불법적인 냅스터, 이후에는 합법적인 아이튠즈와 같은 음원 유통 서비스가 등장하면서 소비자들은 앨범 전체가 아닌 개별 곡 단위로 구매하는 방식에 익숙해졌다. 이러한 언번들링 unbundling은 음악 소매업체에 큰 충격을 주었다. 음원 배급사들이 인터넷으로 소비자에게 직접 판매하는 동안 타워레코드는 디지털화의 공세를 무력화할 전략도 적응할 방안도 찾지 못한 채 이익을 잠식당했고, 결국 40여 년의 성공을 뒤로한 채 2006년 파산했다.

장난감 전문 소매업체 토이저러스의 운명도 다르지 않았다. 장난감 산업의 성공 공식은 게임과 비슷하다. 해즈브로와 마텔 같은 대형 제조사들은 새로운 장난감을 기획하고 개발하고 테스트하는 데에만 몇 년의 공을 들인다. 그런 다음 출시하기 전 사전 마케팅을 실시한다. 게임과 마찬가지로 이들도 IP에 크게 의존하며, 특정 시즌에 판매가 집중되는 계절성 역시 강하다. 이 모든 특성이 결합돼 장난감 산업은 통합적이고 규모의 경제를 추구하는 산업이 되었다.

이런 환경하에서 토이저러스가 어떻게 도산에 이르렀는지는 2017

년 여름 피짓스피너(fidgetspinners, 일명 '손개비')의 예상치 못한 대성공 사례가 가장 잘 설명해준다. 전통적인 장난감 제조업체들과 소매업체들이 신경도 쓰지 않은 이 장난감이 해당 시즌의 머스트해브 아이템이 되면서 크게 유행했다. 피짓스피너는 제조원가도 낮은 데다 어떤 라이선스도 필요 없었고, 무엇보다 전례 없는 10~20대의 자발적 홍보라는 무료 프로모션이 더해져 대성공을 거두었다. 결과적으로 전통적인 장난감 소매업체들은 피짓스피너의 성공에 발을 담그는 데 실패했다. 이는 토이저러스의 주요 주주들이 등을 돌리는 계기가 되었으며, 결과적으로 토이저러스의 파산으로 이어졌다.

시간차만 있을 뿐, 실로 모든 산업에서 이러한 변화가 일어나고 있다. 넷플릭스를 필두로 온라인 영상 스트리밍 서비스가 등장해 블록버스터 같은 대형 비디오대여점 체인을 무너뜨렸고, 이커머스와 온라인 쇼핑의 성장은 라디오섁RadioShack 같은 오프라인 기반 전자제품 유통체인에 타격을 입혔다. 엔터테인먼트 관련 소매업체들도 고전을 피할 수 없었다.

그런데 이 와중에 게임스톱은 게임을 마케팅하고 판매하는 과정에서 변함없이 중요한 역할을 담당했다. 그들의 지속적인 성장은 호기심을 자아낸다. 온라인 유통채널의 파상공세 속에 게임스톱은 어떻게 그 자리를 유지했을까? 이 질문에 대답하려면 먼저 게임스톱이 어떻게 오프라인 게임 소매업체의 강자가 되었는지를 알아야 한다.

유통의 공룡들에 맞선 회심의 혁신전략

게임스톱은 14개국에 5500개 매장을 둔 게임 전문 유통업체로 매년 80억 달러의 매출을 올린다. 게임 산업이 무너진 1984년, 하버드 경영대학 졸업생 2명이 시작한 소프트웨어 판매점이 게임스톱의 시초다. 이후 서점체인 반스앤노블에 인수됐다 다시 분할되는 등의 과정을 거쳐 지금의 게임스톱이 되었다.

그사이 게임 수요는 완전히 회복돼 있었다. 2005년 마이크로소프트의 엑스박스360 출시, 2006년 닌텐도의 위Wii 출시에 힘입어 게임스톱의 매출은 분할 후 2년 만에 2배 가까이 증가한 30억 달러를 기록했다. 반스앤노블에서 분할돼 재량권을 확보한 데다 실탄까지 두둑해진 게임스톱 경영진은 사업을 확장하기 시작했다. 그들의 가장 강력한 경쟁자인 일렉트로닉스 부티크를 필두로 블록버스터로부터 라이노 비디오 게임즈 및 프랑스 게임 소매업체 마이크로마니아를 인수했다. 게임스톱 매장은 6년 만에 1038개에서 5264개로 늘었고, 2012년경에는 매장당 평균 수입도 반스앤노블 자회사였던 시기보다 37% 이상 증가했다.

그러나 봄날만 이어진 것은 아니다. 게임이 인기를 얻자 월마트, 타깃, 베스트바이 같은 대형 유통업체가 대거 시장에 진입했다. 1999~2013년 사이 월마트의 오프라인 게임 판매 점유율은 17%에서 25%로, 타깃은 6%에서 15%로 증가했으며, 베스트바이도 13% 수준을 꾸준히 유지했다. 이들이 규모의 경제를 통해 공격적으로 가격 및 유통 경쟁에 뛰어들자 작은 소매업체들은 어려움을 겪기 시작했다. 2위 게임 소매업체였던 무비갤러리와 그 자회사 할리우드, 게임크레이지가 이때 시장에서 퇴출되었다.

이러던 와중에 2007년 아마존마저 이 시장에 진출하며 경쟁의 정점을 찍었다. 2013년 아마존은 7% 수준까지 시장점유율을 끌어올렸다. 오프라인 게임 소매업의 1999년 허핀달-허쉬만지수(HHI, 시장집중도를 측정하는 지수)는 936으로 상대적으로 분산된 상태였지만, 2013년에는 1932로 상승해 점차 과점화되는 양상을 보였다.

대형 소매업체들과 경쟁하기 위해 게임스톱은 경쟁사들이 구사할 수 없는 게임 전문업체만의 전략을 꺼내 들었다. 우선 소비자와 매장의 접근성을 높였다. 어린 고객들이 게임스톱 매장이 있는 쇼핑몰에 오려면 부모나 어른들이 차로 태워줘야 한다. 이런 경우 순수하게 접근성을 높이는 것 자체가 차별화 요인이 되기도 한다. 하나의 쇼핑몰에 게임스톱 매장이 여러 군데 입점하는 경우도 빈번했다. 물론 이는 지나친 인수합병, 특히 일렉트로닉스 부티크 인수의 부산물이기도 하다. 하지만 결과적으로 매장이 늘어나면서 소비자들은 좀 더 쉽게 게임스톱을 찾을 수 있게 되었다.

그뿐 아니라 매장 내에 경사로를 두어 유모차를 미는 부모들을 배려했다. 게임을 실제로 하는 어린이가 아니라 게임을 사줄 부모의 라이프스타일(출산율이 높은 미국에서는 게임을 좋아하는 어린이에게 아직 걷지 못하는 어린 동생이 있는 경우가 많다-옮긴이)에 맞춰 매장 구조를 개편한 것이다.

직원 교육 프로그램은 게임스톱의 두 번째 전략적 혁신에 해당된다. 직원들은 게임 타이틀, 액세서리, 콘솔 기기와 관련된 고객들의 어떠한 질문에도 답하고 추천할 수 있도록 광범위한 교육을 받는다. 이는 여러 측면에서 가치를 창출한다. 첫째, 투명성을 제공한다. 대부분의 사용자들은 게임 콘솔을 하나만 보유하는데, 콘솔마다 다른 게임이 들어가니 자연히 어떤 콘솔을 구매할지 신중을 기하게 된다. 이때 매장 직원의 적절한 조언은 시장 효율성과 고객 충성도를 높이는 데 도움이 된다. 특히 누군가에게 줄 선물을 구매하는 경우 그 효과는 배가된다. 이런 면에서 게임스톱은 믿고 물어볼 만한 직원이 없는 월마트나 타깃과 극적으로 차별화된다.

전문성 있는 직원은 배급사 및 콘솔 업체와의 협상력을 높이는 중요한 요인이기도 하다. 매장 직원은 소비자 교육과 마케팅에 핵심적인 역할을 한다. 게임스톱은 직원으로 하여금 특정 콘솔을 추천하라고 지침을 줄 수도 있다. 게임스톱의 수천 개 매장은 타깃 고객에게 가는 마케팅 채널이나 다름없다. 그만큼 배급사들이 무시할 수 없는 큰 전략적 가치가 있다. 이러한 포지셔닝 전략으로 게임스톱은 자신의 여러 자원(매장, 웹사이트, 광고, 매장 직원 등)을 마케팅 채널로 재정의했고, 그에 합당한 가격을 책정해 추가적인 매출을 발생시켰다.

공격적인 로열티 프로그램은 그들의 세 번째 차별화 요소다. 게임스톱은 회원 카드를 발급하고, 회원에게 매년 10달러 할인과 함께 세일 품목을 먼저 예약할 수 있는 혜택을 제공한다. 덕분에 매장들은 좀 더 정교한 재고관리가 가능하다.

아울러 게임스톱은 최신 게임 타이틀을 소개하는 〈게임 인포머〉라는 월간지를 발행한다. 이 잡지는 유료 로열티 프로그램 회원들에게는 무료로 제공되는데, 이것이 의외로 중요한 역할을 했다. 한때 〈게임 인포머〉는 미국에서 네 번째로 발행부수가 많은 상업잡지에 오르기도 했다. 2013년 이후 미국과 영국에서 발행되는 거의 유일한 게임잡지이기도 하다.

이쯤에서 이렇게 되물을 수도 있다. 고객과 강한 유대관계를 형성하는 건 특정 분야에 특화된 전문 소매업체들이라면 으레 하는 방식 아닌가? 그들과 차별화되는 게임스톱만의 로열티 전략이 있는가? 물론 있다. 보상판매 프로그램이 그것이다.

게임스톱은 고객이 과거에 구매한 게임 타이틀을 매입하고, 매장에서 사용할 수 있는 고객 포인트를 제공한다. 고객은 언제든 게임을 되팔 수 있어 리스크가 줄고, 자연히 게임 구매에도 적극적이 된다. 게임스톱으로서는 그 자체로 거대한 신규 매출 요인이 되는 것이다. 그뿐인가. 일반적으로 소매업체들은 신규 게임의 판매 수수료로 20% 정도를 가져간다. 고객이 게임 타이틀을 60달러에 구매하면, 그중 12달러를 게임스톱이 갖고 배급사가 24달러를 가져가는 식이다. 소비자가 해당 게임을 충분히 즐긴 후 되팔면 게임스톱은 25달러에 해당하는 고객 포인트를 지불하고 매입할 것이다. 그 타이틀의 중고 판매가는 55달러 정도로 책정될 것이다. 즉 고객은 신규든 중고든 다른 매장보다 저렴하게 게임을 구매할 수 있다.

　게임스톱에도 물론 이익이다. 특히 중요한 사실은 중고판매의 경우 수입의 100%를 게임스톱이 갖는다는 점이다. 인기 게임은 평균 5회 정도 재판매된다고 하니, 신규 판매까지 감안하면 한 장의 게임 타이틀로 약 160달러의 순이익을 얻는다는 계산이 나온다. 동일한 게임 타이틀로 배급사가 고작 24달러를 가져가는 것과 비교되지 않는가? 이렇게 파생된 이익은 지난 10년간 30%에서 20%로 하락한 게임스톱의 이익률을 상쇄시켜 주었다. 결과적으로 보상판매 프로그램에 따른 수입은 연간 게임스톱 수입의 4분의 1을 차지하게 되었다.

　이런 노른자위 시장에 경쟁자가 뛰어드는 것을 막고자 게임스톱은 3가지 차별화된 영업역량을 개발했다. 첫째, 중고 게임 판매는 신품 판매와는 별개의 회계장부가 필요하다. 수천 개의 매장에서 이러한 장부 정리를 신속히 수행하기란 결코 간단하지 않다. 판매 가능한 중고품의 가격을 책정하고, 카탈로그를 관리할 전담 직원도 필요하다. 종합 소매업체에서 중고 게임만을 위해 별도의 회계 구조를 만드는 건 비효율적이다. 그들 매장에서 게임, 그것도 중고 게임 판매가 차지하는 비중은 미미할 것이기 때문이다.

　둘째, 중고 게임 타이틀 재고를 관리하는 것은 일반적인 재고관리와 다르다. 중고 게임 타이틀의 가치는 지속적으로 하락한다. 공급량을 통제하기도 어렵다. 소비자들이 어떤 게임을 되팔지, 어떤 중고 게임의 수요가 높을지 확신을 가지고 예측하기도 어렵다. 이 때문에 중고 게임 타이틀만을 위한 별도의 재고관리 시스템이 필요하다.

셋째, 이처럼 복잡한 중고 판매를 촉진하는 최고의 방법은 매장 직원과 되팔려는 소비자 모두에게 거래 자체를 단순하고 쉽게 구조화하는 것이다. 매장 직원은 여러 콘솔 기기에 들어가는 수천 개의 게임을 빠르게 살펴볼 수 있어야 하고, 소비자는 거래 절차와 게임 포인트를 받는 과정이 완벽히 투명하다고 느낄 수 있어야 한다. 이 목적을 달성하려면 무엇보다 충분한 중고 게임 재고를 확보하는 것이 먼저다. 게임스톱이 중고 게임 타이틀을 시가보다 높은 금액의 포인트에 재매입하는 이유다. 여기에 만족한 고객은 계속 게임스톱의 고객으로 남을 것이며, 그렇게 얻은 포인트를 다시 게임스톱에서 사용할 것이다. 이전에 그 어떤 업체도 이만큼 보상판매 프로그램에 투자하지 않았기에, 게임스톱의 중고 거래는 긍정적인 네트워크 효과를 누릴 수 있었다.

더 많은 이들이 게임 타이틀을 재판매할수록 중고 게임 재고가 늘어나고, 재고를 효과적으로 관리하는 능력 또한 향상되었다. 이 과정에서 게임스톱은 게임 플레이어뿐 아니라 그들의 부모들에게 중고 보상 프로그램을 어필하는 것이 중요하다는 사실을 인식했다. 가정의 경제권을 쥐고 있는 건 어찌됐든 부모들이기 때문이다. 전직 게임스톱 임원은 다음과 같이 설명했다. "부모들이 집에서 청소기를 돌리다 보면 아이들이 더이상 하지 않는 게임이 바닥에 굴러다니는 걸 보곤 하지요. 그때 언제든 게임스톱에 되팔 수 있다는 사실은 부모에게도 다른 곳이 아닌 게임스톱에서 게임을 사줄 인센티브로 작용합니다."

월마트와 베스트바이 같은 경쟁사들도 뒤늦게 자체 보상판매 프로그램을 만들고자 했지만, 이미 게임스톱이 시장을 선점해 굳건하게 자리잡은 터라 여의치 않았다.

경쟁력 있는 게임 타이틀을 확보하고 이를 사려는 고객 방문이 증가한다는 측면에서 보상판매 프로그램은 게임스톱에 엄청난 도움이 되었다. 그럴수록 게임스톱이 보상판매 프로그램을 공격적으로 진행한 것은 당연하다. 게임스톱에서는 출시된 지 며칠밖에 안 된 신작 게임을 중고로 살 수 있고, 매장도 신품과 중고품을 나란히 진열하는 것에 거리낌이 없다.

물론 지속적인 개발비 상승에 시달리는 배급사에게 이는 반가운 소식이 아니다. 저명한 게임 기획자 라프 코스터 Raph Koster가 지난 30년간 출시된 250개 이상의 게임 타이틀을 분석한 결과를 보면 2016년 콘솔 개발 비용은 2000년 대비 16배 상승했지만, 게임 타이틀 판매가는 평균 29달러에서 44달러로 고작 70% 상승했을 따름이다. 게임스톱의 보상판매 프로그램은 이 현상을 더욱 악화시켰다. 소비자들에게 더 낮은 가격의 대체재를 제공했으니 말이다.

중고 버전을 매장 전면에 눈에 띄게 진열할수록 게임이 정가에 판매될 수 있는 기간은 현저하게 줄어든다. 즉 배급사가 초기 투자비용을 회수하고 이익을 내는 데 부정적인 영향을 미친다. 그렇다고 배급사의 마케팅 비용이 줄어드는 것도 아니다. 보상판매 프로그램이 등장함에 따라 배급사는 전보다 더 짧은 기간 동안 최대한 많은 게이머들에게 신규 게임을 홍보해야 한다. 신규 게임을 판매할 기간이 줄어들수록 마케팅 경쟁은 과열되고, 배급사들의 비용과 리스크는 증가하며, 결과적으로 배급사의 이익률은 더욱 떨어진다. 이제 배급사들은 손익분기점을 맞추기 위해서라도 예전보다 더 많은 게임 타이틀을 판매해야 한다. 인기 게임으로 평가받고 상업적인 성공을 거두기 위해서는 수백만 장의 타이틀을 판매해야 하는 상황이 온 것이다.

    이로써 배급사와 게임스톱 간 이해관계는 명백히 충돌하게 되었다. 물론 게임스톱은 배급사와의 관계를 아예 도외시할 수 없기에 그들을 달래기 위해 예약판매 프로그램 등을 도입했다. 고객들은 인기 신규 게임을 발매 전에 예약 구매할 수 있으며, 배급사는 수요 예측이 가능해져 재정적 리스크를 완화할 수 있다. 예약판매 성적을 홍보에 활용하는 것은 물론이다. 예약판매의 흥행은 곧 게임의 성공을 의미하므로 배급사와 소매업체 모두 이 실적을 대대적으로 홍보한다. 이때 배급사들은 매장 공간을 사들여 게임을 진열하기 마련이니, 게임스톱으로서는 판매 외의 매대 광고 수입도 추가로 생기는 셈이다.

덩치를 키워 디지털화에 맞설 수 있을까?

게임스톱은 비즈니스 모델을 혁신해 가장 중요한 소매 협력업체로 굳건히 자리잡았다. 경쟁사들을 인수해 몸짓을 키운 것 외에도 전문성 있는 직원, 고객친화적 로열티 프로그램, 공격적인 보상판매 프로그램 등을 결합한 독창적인 전략을 개발했다.

물론 어떤 전략도 결점이 없을 수는 없다. 게임스톱 역시 지난 10년간 온라인 쇼핑 및 디지털 다운로드라는 새로운 도전에 직면해 있다. 디지털화는 블록버스터, 토이저러스, 타워레코드 등 엔터테인먼트 산업의 강력한 소매업체들을 차례차례 쓰러뜨렸다. 이제 그 시험대에 게임스톱이 올라 있다. 2019년 인수자를 찾지 못해 매각에 실패하고, 차세대 콘솔 및 클라우드 게이밍의 등장으로 게임 산업의 지각 변동이 일어나면서 게임스톱의 주가는 전성기 시절의 절반 이하로 하락한 상태다.

현재 게임스톱의 비즈니스 모델은 3가지 위협에 직면해 있다. 첫 번째는 아마존이다. 온라인 판매 역량이 크지 않은 게임스톱으로서는 아마존의 등장을 경계하지 않을 수 없다. 거대한 규모와 가공할 만한 유통 시스템을 앞세운 아마존은 게임스톱을 비롯해 전통적인 오프라인 기반 업체들을 손쉽게 시장에서 몰아낼 수 있을 것이다. 게임스톱도 물류 시스템을 최적화하기 위해 많은 투자를 했지만 아마존에 대적하기는 무리다. 게다가 소매업체들은 만성적으로 낮은 이익률에 시달린다. 이것이야말로 아마존의 노림수다. 제프 베이조스가 이렇게 호언장담하지 않던가. "당신들의 이익률 고민은 곧 아마존의 기회다." 매장의 고객 유입을 증가시키기 위해 이익률을 포기하는 전통적인 사업방식은 게임스톱의 재량권을 축소시킨다. 특히나 소비자들이 배송에 소요되는 하루이틀 정도는 기다릴 용의가 있을 경우에는 더욱 그렇다. 대체로 업계 전문가들은 게임스톱의 쇠퇴를 전망하는데, 이는 순수하게 온라인 비즈니스가 오프라인 비즈니스보다 더 효율적이기 때문이다. 더구나 그 상대가 아마존이라면 말이다.

둘째, 배급사에게도 디지털 판매가 점차 실물 게임 타이틀 판매보다 중요해지고 있다. 일렉트로닉 아츠, 액티비전 블리자드, 테이크투 인터랙티브 같은 배급사들과의 관계는 게임스톱에 가장 중요한 요소다. 그런데 배급사들의 사업방식이 직접 다운로드 및 소액거래 형태로 변화하기 시작한 것이다. 실적발표에 따르면 이들 3개사의 디지털 매출 비중은 2014년 23%에서 2019년 중반 77%까지 상승했다. 오프라인 매장의 중요도가 축소됨에 따라 게임스톱이 그동안 누려왔던 배급사와의 협상력도 힘을 잃게 되었다.

소비자의 변화는 더 뚜렷했다. 디지털로 직접 게임을 다운로드하는 사람들의 수는 지속적으로 증가하고 있다. 2012년 미국 소비자들은 콘솔 게임 다운로드에 6억 1500만 달러를 소비했는데, 6년 후인 2018년에는 6배 이상 증가한 40억 달러를 썼다. 그사이 실물 게임 타이틀 판매액은 70억 달러 수준에 정체되었다. 극성수기인 11~12월의 디지털 다운로드 비중은 2012년 4%에서 2018년 39%로 더 크게 증가했다.

    이것이 게임스톱의 세 번째 위협요소다. 소비자들이 온라인 유통 채널로 이동함에 따라 게임스톱은 더이상 과거의 시장점유율을 유지할 수 없고, 더 많은 경쟁자를 맞닥뜨리게 되었다. 애플, 페이스북, 밸브, 알파벳은 모바일, 콘솔, PC 할 것 없이 일종의 쇼핑 플랫폼이 되었으며, 누구든 이곳에서 어떤 게임이든 다운로드해 바로 즐길 수 있다. 2013년경에는 가장 규모가 큰 대형 배급사들도 온라인 유통의 매력과 무궁무진한 잠재력을 알아봤다. 일렉트로닉 아츠의 COO인 피터 무어Peter Moore는 2014년 1분기 실적발표에서 애플이 판매 기준으로 일렉트로닉 아츠의 가장 중요한 소매 협력사가 되었다고 천명했다. 반면 게임 산업 전체의 성장에도 불구하고 게임스톱의 몫은 커지지 않았다.

    산업의 디지털화가 명확해짐에 따라 게임스톱은 전략적 어려움에 직면하게 되었다. 하지만 게임스톱은 이성적으로 상황을 직시하지 못했다. 2006년 게임스톱의 CEO는 주주서한에서 다음과 같이 언급한 바 있다. "디지털 다운로드가 우리 사업에 위협이 된다고 생각하지 않습니다. 게임을 더욱 매력적으로 만드는 요인이라는 점에서 오히려 사업에 도움이 될 거라 봅니다. 배급사들은 현재 소액결제에 관한 실험을 하고 있는데, 소액결제는 일반적으로 '포인트'로 이뤄집니다. 그중 상당액은 우리가 매장에서 판매하는 포인트 카드로 결제됩니다."

하지만 온라인에서 사용할 포인트 카드를 오프라인 소매점에서 판매하는 건 게임 산업의 디지털화에 대한 근본적인 대응책이 될 수 없다. 이것으로 충분했다면 타워레코드도 아이튠즈 카드를 매장에서 판매해 살아남았을 것이다.

말하자면 게임스톱은 게임 업계의 본질적인 혁명을 단순히 결제 시스템의 변화 정도로 축소 해석한 것이다. 게임스톱은 소비자와 게임 제작사 간의 거래를 촉진하는 것만으로 변화에 적응할 수 있으리라 판단한 것일까? 하지만 그 생각은 틀렸다. 이제 배급사들은 디지털화를 통해 거대한 가치를 획득하게 되었다. 과거에는 불가능했던 고객 데이터 수집과 분석이 그것이다. 그들은 이 데이터를 게임 개발과 포트폴리오 관리에 활용한다. 게다가 게임스톱이 기대를 거는 포인트 카드 판매 역시 이제는 온라인에서 다 처리된다.

이 모든 위험신호에도 아랑곳없이 게임스톱은 2016년 디지털 판매 총액이 10억 달러에 달했다고 발표했다. 이 잘못된 수치를 인정한다 하더라도 이는 게임스톱 총매출, 그것도 하드웨어 판매액을 제외한 매출의 11%에 불과하다.

디지털 유통으로 전환되는 현실을 직시한다면 게임스톱은 기존의 접근방식을 수정하고 새로운 환경에 적응해야 했다. 물론 그들이 아무것도 하지 않은 것은 아니다. 게임스톱은 몇 가지 다른 전술을 사용했다. 과거에 효과를 본 인수합병 카드를 다시 꺼낸 것이다. 과거와 달리 이제 그들의 관심은 온라인 기업들로 옮겨 갔으며, 몇 건의 인수합병에 성공했다. 아일랜드의 웹브라우저 기반 게임 스튜디오 졸트게이밍 Jolt Gaming, 롤플레잉 장르에 특화된 소셜게임 플랫폼 콩그레게이트 Kongregate, 디지털 게임 유통 플랫폼 임펄스Impulse와 그 모기업 스타독Startdock, 온라인 스트리밍 서비스 스폰랩스SpawnLabs 등이 대표적이다. 인수합병 다음 단계의 전략은 온라인 유통으로의 확장이 될 것임을 쉽게 예측할 수 있다.

2012년경, 게임스톱은 자사의 온라인 게임 유통 역량에 만족했던 것으로 보인다. 그래서 이 역량을 키우는 대신 자신처럼 게임 판매에 강점인, 그러나 규모는 더 작은 소매업체 몇 곳을 추가로 인수했다. 애플 제품 판매권을 보유한 심플리 맥Simply Mac, 통신사 AT&T의 소매 계열사 스프링 모바일Spring Mobile, 컴퓨터 덕후들에 특화된 소매업체인 씽크긱Think Geek에다 507개의 AT&T 대리점을 추가로 인수했다. 크리켓 와이어리스Cricket Wireless와도 파트너십을 체결했다. 2016년 8월 게임스톱의 CEO 폴 레인즈Paul Raines는 일련의 인수합병이 "기술 브랜드 비즈니스technology brands business"로 거듭나려는 게임스톱의 "다각화 노력"의 일환이라는 보도자료를 발표했다.

물론 말은 된다. 전형적인 게임 플레이어들은 게임스톱에서 게임 액세서리와 주변기기를 구매해왔다. 품목을 확대함으로써 고객당 평균 수익을 증가시키고 경쟁사로 고객이 이탈하지 않게 막을 수 있을 것이다.

실제로 초기에는 인수합병을 통한 다각화 전략이 효과가 있는 것처럼 보였다. 포켓몬고가 인기 절정이던 2016년 여름, 게임스톱의 매출 역시 정점을 찍었다. 많은 이들이 포켓몬을 잡기 위해 여기저기 배회하며 시간을 보냈고, 당연하게도 배터리가 금방 방전되었다. 접근성 높은 게임스톱은 외장 배터리를 판매해 매출을 올리고, 인수한 AT&T의 대리점 또한 데이터 사용량이 증가해 수혜를 누렸다. CNBC와의 TV 인터뷰에서 레인즈는 이렇게 말했다. "462개의 게임스톱 매장이 포켓스톱 또는 체육관으로 설정돼 해당 매장들의 판매는 주말에만 100% 증가했으며, 포켓몬 관련 제품의 판매 역시 100% 이상의 성장세를 보였습니다."

여기에 더해 게임스톱은 게임트러스트Game Trust라는 배급사업부를 만들어 수직적 통합을 시도했다. '라쳇 앤 클랭크' 시리즈로 유명한 인섬니아 게임즈Insomniac Games와 협업한 게임스톱은 첫 번째 게임 타이틀 '송 오브 더 딥'을 발표했다. 2016년 8월, 게임스톱은 이 게임이 12만 장의 판매고를 올렸으며, 그 가운데 대략 80%가 게임스톱 매장에서 판매되었다고 발표했다.

그러나 이 중 어느 것도 쇠퇴하는 게임스톱을 회복시키지 못했다. 인접 제품군으로의 확장은 그들이 예측했던 결과를 가져오지 못했다. 그들의 디지털 전략의 핵심인 AT&T가 산하 대리점들과의 계약구조를 변경함에 따라 완전히 실패로 돌아선 것이다. 매장 방문객 수도 감소하기 시작했다. 일부 매장을 폐점하고 월 배당도 낮춰야 했다. 인수합병 이후 부채 압박에 시달려 배당이 중단되자 주주들은 주식을 던지기 시작했다. 설상가상으로 게임스톱은 CEO를 질병으로 잃었으며, 재정적으로 지원해줄 인수자를 찾는 데에도 실패했다.

오늘날 게임스톱의 부활은 쉽지 않아 보인다. 수년간 경쟁에서 승리해온 게임스톱이지만 산업의 디지털화에는 속수무책이었다. 게임스톱의 사례는 변화하는 환경에 맞춰 지속적으로 비즈니스 혁신에 성공한 기업이라도 잠시 변화에 적응을 멈추는 순간 도태될 수 있음을 보여준다.

닌텐도 스위치가 좋은 성적을 거두고 소니의 플레이스테이션5와 마이크로소프트의 엑스박스X 출시를 앞둔 2020년 초에도 게임스톱의 쇠퇴는 계속되었다. 새로운 콘솔의 출시는 게임스톱의 미래를 바꿀 수 있을까? 아니면 게임스톱의 영원한 '게임오버'가 될 것인가?

Summary

- 게임스톱은 어디에나 있는 매장, 게임에 해박한 직원들, 회원제 및 게임잡지 발행 등의 로열티 프로그램을 무기로 북미 최대의 게임 소매업체가 되었다. 여기에 중고판매를 내세워 일반적인 대형 소매체인은 흉내내기 어려운 경쟁우위를 확보했다.
- 디지털화에 따라 게임은 CD가 아닌 다운로드 콘텐츠로 판매되기 시작했다. 즉 실물 게임 타이틀을 판매하는 게임스톱이 구매과정에서 배제되는 것이다.
- 그러나 게임스톱은 업계의 근간을 뒤흔드는 디지털 혁명을 단순한 결제 시스템의 변화 정도로 축소 해석하는 우를 범한다. 그리고 사업 다각화와 수직계열화로 대응하고자 전통적인 인수합병 카드를 다시 꺼내들었지만 어느 것도 실효를 거두지 못했다. 과거의 기준으로 새로운 패러다임을 마주할 때 생기는 결과다.

2부

서비스로서의 게임

game-as-a-service

대략 2009년 즈음, 온라인 연결성과 콘텐츠의 디지털화라는 엔터테인먼트 산업 전반의 트렌드가 게임 업계에도 적용되었다. 변화에 먼저 적응한 쪽은 업계의 강자가 아닌 작은 신생 개발사와 신흥시장인 아시아였다. 경쟁이 극심해지자 아시아 지역의 배급사들은 PC방에 게임을 무료로 뿌리기 시작했다. 기존의 수익모델로는 이해할 수 없는 방식이었다. "게임을 무료로 제공하면 돈은 어떻게 벌겠다는 것인가?"

이제 게임은 CD나 콘솔 같은 제품을 파는 비즈니스가 아니라 디지털 콘텐츠와 게임 아이템을 판매하는 '서비스'가 되었다. 서비스로서의 게임 비즈니스가 대중화되면서 공급과 수요 양측에서 신규 플레이어들이 활발히 진입하기 시작했다.

4장

이제 누구나 게임을 한다 :
비주류 산업이 주류가 되는 방법

#닌텐도 #Wii #캐주얼게임 #징가 #프리-투-플레이
#리그오브레전드 #크로스플랫폼 #포트나이트

한때 서브컬처의 대표격이었던 게임은 최근 엔터테인먼트의 주류 장르로 부상했다. 이는 업계 안팎의 두 가지 중요한 변화 덕분에 가능했다.

내부의 변화는 경영진과 개발자들이 '놀이'야말로 인간의 본질적인 활동임을 드디어 인식했다는 점이다. 자신의 구시대적 발상 때문에 시장의 절반가량을 몇십 년간 무시해왔다는 통렬한 반성과 함께 말이다. 외부의 변화는? 단연 디지털화다. 디지털화는 지리적 제약을 제거하면서 기업들의 글로벌 진출을 촉진했다.

그리고 이 두 변화가 결합하면서 새로운 세대의 게임 개발자들이 등장하기 시작했다.

확산의 원동력 1. 고객 재정의

2006년 닌텐도 '위'의 출시는 게임에 대한 사람들의 인식을 바꿔놓았다. 이 콘솔은 왜 닌텐도라는 기업이 과소평가되어서는 안 되는지 당당히 입증했다. 1980년대 중반 NES 출시로 첫 성공을 거둔 뒤, 닌텐도는 그 이상의 콘솔을 내놓지 못했다. 판매량 감소는 주가에도 고스란히 반영되었다. 그중에서도 최악의 소식은 닌텐도의 명성에 금이 가면서 '누구나 게임을 즐길 수 있다'는 그들의 철학마저 빛이 바랬다는 것이다. 그러다 '위'의 성공 덕분에 닌텐도는 시장의 우려를 상당수 떨쳐내고, 주주들의 지지를 회복할 수 있었다.

무엇보다 이 성공은 '누가 게임을 즐기는가'에 대해 다시 생각해보는 계기가 되었다. 지난 20년간 게임 배급사 및 콘솔 업체들은 리스크를 완화한다는 이유로 '젊은 남성' 고객만을 겨냥해 게임을 기획해왔다. 반면 닌텐도의 지향은 전혀 달랐다. '위' 콘솔은 테니스와 볼링처럼 모두에게 친숙한 게임으로 채워졌으며, 남녀노소 누구나 쉽게 플레이할 수 있는 혁신적인 컨트롤러를 탑재했다.

그 결과 닌텐도 위는 1억 대 이상 팔려나가며 플레이스테이션2 다음으로 많이 팔린 콘솔이 되었다. '위'의 성공으로 게임에 대한 인간의 엄청난 욕구를 확인한 업계는 쉽게 플레이할 수 있는 게임을 앞다퉈 출시하기 시작했다. 바야흐로 캐주얼 게임의 시대가 도래한 것이다. 쉬운 작동방식, 낮은 가격, 디지털 접근성 등 캐주얼 게임은 모든 면에서

'쉽게, 쉽게'를 표방했다.

이러한 변화는 게임사 경영진과 애널리스트들의 사고방식에도 근본적인 전환을 가져왔다. 고해상도 그래픽 사양이나 정교한 스토리도 없고, 복잡한 온라인 멀티플레이 기능도 없는 게임에 사람들이 열광한다면, 기술력이 약간 부족해도 기획만 잘하면 되는 것 아닌가? 게임 기획자이자 덴마크 디자인스쿨 교수인 재스퍼 줄Jesper Juul은 캐주얼 게임의 부상을 일종의 '혁명'이라 표현했다. 게임에 대한 문화적 재발견이자 게임 플레이어에 관한 재정의가 이뤄졌다는 점에서 말이다.

오랫동안 게임 산업은 얼마든지 접근할 수 있는 시장을 체계적으로 무시해왔다. 업소용 게임이 가정의 거실로 들어올 무렵만 해도 게임은 가족 전체를 타깃으로 했다. 1980년 초반 아타리를 비롯한 게임사들이 경쟁적으로 내보낸 TV 광고에는 으레 3대가 함께 게임하는 장면이 등장하곤 했다.

그러다 시간이 흐르면서 점차 액션, 스포츠, 스피드, 화려한 볼거리 등을 내세운 게임에 주력했다. 향상된 콘솔 성능을 마음껏 뽐낼 만한 기획이 이어지면서 소수 장르에 국한한 게임만 만들기 시작한 것이다. 그럴수록 플레이 방식은 복잡해지고 가격도 올라, 결과적으로 18~34세 남성들만 '게임 플레이어'의 범주에 남게 되었다. 즉 게임의 대중화를 가로막은 가장 큰 장애물은 재스퍼 줄의 표현을 빌리자면 "기술이 아닌 게임 기획"이었던 것이다.

게임사 경영진과 기획자들은 완고할 정도로 기존 고객층에만 집중하며 다른 시장은 존재하지 않는다고 믿었다. 게임 업계의 많은 이들이 스마트폰의 대중화를 고객층의 저변을 넓힐 기회로 여기는 동안에도 정작 게임을 만드는 사람들은 이에 관심조차 두지 않았다. 북미 게임사들의 이익을 대변하는 엔터테인먼트 소프트웨어 협회 Entertainment Software Association가 공개한 고객 데이터에 따르면, 지난 15년간 게임 플레이어는 남성 60%, 여성 40%, 그리고 18~49세가 절반 이상으로 거의 변화가 없었다.

그러다 마침내 몇몇 경영자가 스마트폰에 관심을 보이기 시작했다. 업력도 짧고 인지도도 낮은 소규모 게임 개발사들이 페이스북에서 돈을 벌기 시작했다. 징가Zynga는 출시 4년 만에 10억 달러 매출을 올리는 기업으로 성장했다. 대다수의 기존 게임사들은 여전히 꾸물거렸지만, 누구나 게임 플레이어가 될 수 있다는 발상의 전환은 게임 개발방식과 수익모델에 관한 통념에 지대한 영향을 미쳤다. 그리고 이는 뿌리부터 새로운 게임 카테고리의 등장으로 이어졌다.

확산의 원동력 2. 디지털화가 촉발한 글로벌 경쟁

고객이 재정의되며 새로운 게임이 등장하던 그 시기, 디지털화는 게임의 글로벌화에 영향을 미쳤다. 온라인의 확장과 스마트폰의 대중화가 맞물리며 공급자 시장에 극적인 변화가 일어났다. 1980년대 이후 세계 게임 시장을 지배했던 일본 개발사들은 다른 나라의 개발사들과 시장을 나눠 가져야 했다.

소니, 닌텐도, 세가 등의 콘솔 기업을 비롯해 코나미, 캡콤, 스퀘어 에닉스 등 외부 개발사와 수직적 통합을 이룬 일본 기업들은 1980년대 이후 세계 게임 시장의 87%를 점유해왔다. 그러다 2001년 엑스박스의 출시를 기점으로 일본 기업들의 시장점유율이 조금씩 하락하기 시작했다. 엑스박스가 출시되면서 그동안 일본 기업들이 누려왔던 문화적 친밀감이라는 배타적 이점에 균열이 생긴 것이다. 아이폰이 세상에 나온 후 2008년, 일본 게임사들의 글로벌 매출은 약 250억 달러를 기록하며 시장점유율도 57% 수준으로 하락했다.

그러나 일본 기업이 산업의 혁신에 영영 떠밀려간 것은 아니다. 믹시Mixi, 데나DeNA, '퍼즐 앤 드래곤'으로 유명한 겅호GungHo 등 소셜 및 모바일 플랫폼 기반의 게임사들이 등장해 큰 수익을 창출했다. 덕분에 일본 게임 산업은 1997년 70억 달러에서 2018년 290억 달러 수준으로 성장했다.

디지털화와 글로벌화의 가장 큰 수혜국은 뭐니 뭐니 해도 중국일 것이다. 1990년 후반만 해도 세계 게임 산업에서 아무런 존재감이 없던 중국은 한순간에 업계의 강자로 떠올랐다.

이는 시장 기회market opportunity라는 키워드로 쉽게 이해할 수 있다. 해외 게임사가 중국 시장에 침투하기란 보통 어려운 게 아니다. 일단 북미, 유럽, 일본 등 전통적인 주요 게임 시장과 문화적 차이가 크다. 중국 정부는 오랫동안 게임 콘솔의 확산을 막았고, 사람들도 집보다는 PC방에서 게임을 즐겼다. 게다가 해외 배급사가 중국에 게임을 판매하려면 반드시 현지 기업과 파트너십을 체결해야 했다. 결과적으로 서구 게임사가 중국에 진출하려면 중국 정부의 규제는 물론 유통상의 난관과 문화적 차이를 극복해야 했다.

반면 정부의 보호무역 정책 덕에 산업의 후발주자인 텐센트, 넷이즈 같은 중국 기업들은 미국이나 일본 기업들과 경쟁하지 않고도 거대한 내수시장을 차지할 수 있었다. 덕분에 2018년 텐센트는 게임으로 190억 달러, 넷이즈는 60억 달러의 매출을 올리며 거대기업으로 성장했다. 그 밖에도 오늘날 중국에는 1억~6억 달러 정도의 연매출을 올리는 중견 게임사가 꽤 많다. 모두 2016년 이전에는 존재하지 않던 기업들이다.

이 외에도 디지털화 덕분에 신성으로 떠오른 나라들이 있다. 한국은 세계 게임 산업에서 네 번째로 큰 국가로, 2018년 총매출이 90억 달러에 달한다. 중국처럼 한국 역시 정부 정책의 지원을 받았으나 그 방식은 조금 달랐다. 한국 정부는 중국처럼 보호장벽을 치는 대신 정보통신 산업을 적극적으로 육성하는 방식으로 기업들을 도왔다. 가령 한국은 세계 어느 나라보다 빠른 인터넷 속도를 자랑한다. 덕분에 수요가 폭발적으로 늘어나 넥슨, NC소프트, 넷마블 등의 성장을 견인했다. 물론 부작용이 없었던 건 아니다. 급격한 성장 과정에서 가용자본의 높은 변동성, 독과점, 시장 포화 등의 문제점이 나타났다. 서구 게임 산업과 흡사한 하이 리스크 하이 리턴 모델이 고착된 것이다.

그렇다면 디지털화가 전통의 서구 기업에는 어떤 영향을 미쳤을까? 2007년 미국 게임사들의 매출은 130억 달러로, 전 세계 수익의 34%를 가져갔다. 자신들이 보유한 IP와 소비자들의 높은 소비 수준 덕에 가능한 성과였다. 세계 최고의 게임 시리즈, 소비자와의 강력한 관계를 무기로 2018년에는 330억 달러까지 매출을 끌어올렸다.

유럽의 게임 산업은 수억 달러 수준에서 2018년 100억 달러까지 성장했다. 특히 북유럽 국가들의 성장이 두드러져, 핀란드의 게임 산업은 30억 달러 규모로 덩치를 키웠다. 러시아, 스웨덴, 폴란드, 터키도 상장된 게임 배급사들의 시장가치 총액이 각각 5억~10억 달러에 달한다.

반면 영국은 주요 게임 소비시장임에도 자국 기업들이 큰 힘을 쓰지 못하는 실정이다. 연관 산업의 부재와 자본 시장의 지원 부족이 맞물려 소수만이 상장에 성공했다. 최근 한 연구에 따르면 영국의 게임 산업 플레이어들은 환경에 따라 각기 다른 전략을 취했다. 배급사들은 제너럴리스트를 지향해 자원을 최대한 확보함으로써 활로를 모색하는 동시에 경쟁사들의 진출을 막았다. 그럼에도 외부의 공세를 이겨내기에는 역부족이었다.

반대로 개발자들은 스페셜리스트가 되어 신기술 및 네트워크 자원을 기반으로 혁신적인 게임을 만드는 데 주력했다. 영국의 게임 산업은 소위 방구석 개발자bedroom coders라 불리는 아마추어들이 일구었다. 이들은 게임 개발을 완료하기 위해 외국 게임사의 문을 두드렸다. 국경의 한계를 지운 디지털화로 더 큰 창의력과 재정적 자립이 가능해진 것도 이들에게 기회가 되었을 것이다. 여기에 디지털화가 더해져 글로벌 기업들의 영국 시장 지배력은 점차 커져만 갔다.

디지털화는 게임 산업의 경제 지형 또한 변화시켰다. 기존의 게임은 산업의 속성상 문화적 근접성이 중요했다. 나라마다 인기 있는 게임이 달랐던 이유다. 가령 매든NFL은 미식축구가 인기 있는 미국에서, 피파는 축구를 사랑하는 영국에서 많이 판매된다. 그런데 디지털화가 전통적인 지리적 제약과 특색을 상당 부분 지워버렸다. 게임 개발사들은 적어도 개념상으로는 전 세계 어디에든 게임을 유통시킬 수 있게 되었다. 특히 모바일 게임의 부상은 세계 게임 산업의 구조 자체를 바꾸어놓았다.

우선 아시아, 유럽, 북미 등 지역 단위로 각 게임사들의 시장점유율을 집계하는 것이 가능해졌다. 2018년 아시아의 게임 개발사들은 총수입의 78%를 아시아 지역에서 벌어들였다. 북미 게임사들은 수입의 56%를 북미에서 벌어들였다. 유럽 회사들의 수입은 주로 북미(45%)와 유럽(42%) 지역에서 발생했다. 스마트폰의 대중화 이후 북미 기업들은 눈을 아시아로 돌려, 아시아 시장의 매출 비중을 1998년 6%에서 2018년 14%로 높였다. 유럽 기업들의 아시아 시장 비중도 2004년

4%에서 2018년 13%로 상승했다.

반대로 아시아 기업들은 해외 시장 의존도를 크게 낮췄다. 한때 소니나 닌텐도 같은 일본 기업들은 전체 매출의 절반을 서구 시장에서 올렸으나, 최근에는 가까운 시장에 집중하기 시작했다. 1998년 30억 달러였던 아시아 기업들의 아시아 시장 매출은 2018년 440억 달러로 상승했다. 물론 중국 기업의 대활약 덕분이고, 여기에는 앞서 말한 중국 정부의 통제 정책이 얽혀 있다.

이처럼 10년도 되지 않는 기간 동안 게임 산업은 일본과 미국이 독점하는 구조에서 글로벌 이전투구의 양상으로 변화했다(도표 4-1 참조). 기존 게임사가 좁디좁은 고객 개념에 사로잡혀 거대한 성장의 기

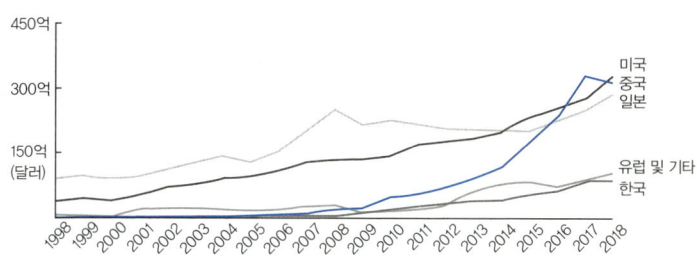

[도표 4-1] 국가별 글로벌 게임 시장 매출

모기업의 국적이 아닌 개별 게임사 국적 기준(가령 텐센트가 소유한 슈퍼셀은 중국이 아닌 핀란드 데이터에 포함)
출처 : 개발사 리포트

회를 놓쳤다는 점과 산업이 발 딛고 선 경제적 구조 자체의 변화가 맞물린 결과다.

확산의 원동력 3. SNS와 소셜게임의 전략적 동거

게임이 엔터테인먼트 비즈니스의 주변부에서 중심으로 올라서게 된 중요한 이정표로 캐주얼 게임의 부상을 꼽지 않을 수 없다. 소비자들이 온라인으로 넘어오면서 별도의 콘솔이 필요 없는 브라우저 기반 게임과 다운로드 가능한 게임의 수요가 동시에 증가했다. 게임 산업의 규모와 구조가 변화함에 따라 새로운 비즈니스 모델이 가능해진 것이다.

이는 실로 충격적인 시스템상의 변화를 의미한다. 소규모 게임 개발팀이 자체적으로 온라인에서 고객을 찾거나 야후, AOL 같은 포털 사이트와 제휴해 게임을 론칭하던 시기를 거쳐, 페이스북이 인기를 얻으면서 배급사들의 사업방식 또한 달라졌다. 이제 게임 판매보다는 게임 내 배너 광고와 게임머니 판매 수익에 의존하게 되었다. 이 말은 곧 소셜게임도 신문이나 방송과 마찬가지로 사람들을 광고 앞에 오래 붙잡아두어야 수익이 난다는 뜻이다. 이에 따라 개발자들은 과거와 전혀 다른 방식으로 게임을 기획하기 시작했으며, 특히 사람들의 관심을 사로잡고 이탈을 막는 방안에 집중하게 되었다. 배우기 쉬운데 숙달하기는 어려운 게임을 만들기 시작한 것이다.

그중에서 유독 돋보이는 회사가 바로 징가다. 업무용 소프트웨어 회사를 매각해 부자가 된 연쇄창업가 마크 핀커스Mark Pincus가 창업한 징가는 2007년 첫 번째 게임 '텍사스 홀덤 포커'를 페이스북을 통해 출시했다. 페이스북 인터페이스에 최적화된 소셜게임은 주로 3매치 퍼즐[*] 같은 가벼운 게임이 대부분이다. 소셜게임이 여타 캐주얼 게임과 다른 점은, 플레이어가 친구에게 초대 메시지를 보내면 게임에 사용하는 소소한 혜택을 받을 수 있다는 것이다. 가능한 많은 플레이어를 유입시켜 체류시간을 극대화하는 소셜게임의 목적을 소셜 네트워크의 속성으로 달성하는 영리한 전략이다.

광고수익을 위해 유저들을 자기 플랫폼에 오래 붙잡아둬야 하는 페이스북에도 소셜게임은 무척 유용하다. 오죽하면 징가가 최대 소셜게임 업체로 부상하자 페이스북은 할인된 가격으로 트래픽을 몰아주겠다는 제안을 했을 정도다. 두 기업은 징가의 게임상에 페이스북 크레딧[**]을 사용하는 조건으로 5년간의 파트너십을 체결했다. 2008~12년 사이 징가의 연매출은 1900만 달러에서 10억 달러를 훌쩍 넘을 정도로 증가했으며, 한때는 페이스북 전체 매출의 5분의 1이 징가에서 발생할 만큼 파괴력을 자랑하며 2011년 상장에 성공했다.

징가 같은 소셜게임 기업들은 대부분의 매출을 프리-투-플레이 방

---

[*] 똑같은 블록 3개를 맞춰 없애는 게임으로, 애니팡이 대표적이다.

[**] 페이스북 광고에 대한 일종의 결제 포인트.

식으로 발생시킨다. 게임에 들어온 이들 가운데 유료 플레이어로 전환하는 비율은 5%가 채 되지 않으므로, 수백만 명이 게임을 해야 수지타산을 맞출 수 있다. "게임으로 세상을 연결하자(징가)", "사람들이 플레이하고 함께하고 싶은 게임 및 게임 경험으로 세상을 풍요롭게 하자(게임하우스)", "모든 이들을 위한 쉽고 재미있는 게임을 만들자(킹 디지털)", "게임으로 전 세계를 단합시키자(스필게임즈)" 등의 원대한 슬로건이 만들어지는 이유가 실은 여기에 있지 않을까? 물론 이상과 현실 간에는 간극이 존재했다. 이상은 다수에게 즐거운 게임 경험을 제공하는 것이었지만, 현실에서는 그저 '클릭 노가다'를 유도할 뿐이었다. 광고 수익 극대화가 목적인 시스템 기획의 한계다.

그럼에도 페이스북의 인기 덕에 소셜게임의 성장은 지속되었고, 이에 따라 경쟁도 격화되었다. 온라인 게임에 진출해 고군분투하던 개발사들이 징가의 성공을 목격하고는 빠르게 페이스북 플랫폼에 합류했다. 게임 경험을 최적화하는 역할은 페이스북이 하고 있으니, 게임 개발사들은 이 생태계를 최대한 활용하기만 하면 되었다. 마침 페이스북도 징가에만 의존하는 데 피로감을 느끼던 터라 양쪽의 이해관계도 잘 맞았다.

징가 역시 페이스북 플랫폼에 안주하지 않았다. 대표작인 '팜빌'에 이어 팜빌2가 페이스북에서 폭발적인 인기를 얻은 후 징가는 다음 목표를 '모바일'로 설정했다. 2014년 5월 초, 징가는 팜빌 시리즈의 모바일 버전인 '팜빌 컨트리 이스케이프'를 출시했다. 비록 수입과 활성사용자가 페이스북에는 미치지 못했지만, 수익원을 다양화함으로써 페이스북에 대한 의존도를 낮추었다는 것만으로도 소기의 성과를 거뒀다고 볼 수 있었다.

캐주얼 게임에 대한 사람들의 선호는 곧 소규모 개발사들의 성장을 의미했다. 특히 스마트폰의 확산 덕에 게임 마케팅 비용이 획기적으로 감소했다. 사람들은 새로 장만한 스마트폰으로 뭐라도 해보고 싶어 했다. 게임 취향이 딱히 없던 이들에게는 제작과 브랜딩에 대대적으로 투자하는 전통적인 게임사의 방식이 그다지 먹히지 않았다. 그보다는 낮은 가격이, 아니 공짜가 더 주효했다. 초창기 아이폰의 유료 게임 가격은 높게는 20달러에서 낮게는 0.99달러 수준이었다. 무료 게임은 훨씬 더 많았다. 이는 캐주얼 게임의 수익모델에도 영향을 미쳤다. 낮은 제작비, 쉽게 모방할 수 있다는 점, 앱스토어의 존재 등이 맞물려 모바일 게임은 게임 산업 내 새로운 골드러시를 촉발했다.

그러나 기회는 곧 새로운 도전과제가 되었다. 모바일 게임은 초기에만 개발비용이 저렴했지, 경쟁이 과열됨에 따라 비용이 급격히 오르기 시작했다. 가령 글로벌 시장에 게임을 띄우려면 각 지역의 언어로 현지화해야 한다. 번역과 현지 결제 시스템 적용은 개발비 상승으로 직결되었다. 마케팅 비용도 빠르게 증가했다. 모방이 쉬운 만큼 자사 게임을 표절한 아류작과 차별화하기 위해 유저 확보와 광고에 비용을 늘려갔다.

아울러 데이터 관리비용도 이슈로 떠올랐다. 데이터는 게임 회사들의 새로운 경쟁력이 되었다. 수백만 플레이어들의 행태가 데이터로 남으면서 게임을 최적화하는 데 이 데이터가 사용되기 시작했다. 예를 들어 데이터를 추적하니 특정 레벨의 장애물을 제거했을 때 더 많은 돈을 쓴다는 사실을 알게 되었다면, 누가 이 데이터를 무시하겠는가? 데이터의 중요도가 높아짐에 따라 개발팀이 보유한 방대한 데이터를 관리하고 분석할 데이터 분석가도 필요했다.

캐주얼 게임이 모든 면에서 진화함에 따라 나름의 운영방식과 예산을 보유한 배급사도 등장했다. 페이스북의 수익화 전략과 애플의 아이폰 확산 전략의 보조적인 역할로 시작된 모바일 게임은 이제 독자적인 시장을 형성할 정도로 영향력이 커졌다. 이는 오랜 기간 게임 회사들이 고객으로 간주하지 않았던 다수 대중이 게임 산업의 성장을 이끄는 새로운 원동력이 되었음을 의미했다.

대작 게임도 캐주얼하게

리그 오브 레전드(이하 '롤')는 주류 게임으로 혜성같이 떠오른 또 다른 사례다. MOBA* 장르의 롤은 게임 역사상 가장 인기 있는 워크래프트 시리즈에서 영감을 얻고 여러 요소를 차용해 만들어졌다. 롤의 배급사 라이엇게임즈는 3가지 요소로 이뤄진 초기 전략을 마련했

---

* Multiplayer Online Battle Arena. 플레이어가 하나의 캐릭터를 선택해 강화하고, 해당 캐릭터로 상대 진영을 파괴하는 실시간 공성게임 장르. 국내에서는 MOBA 대신 AOS(Aeon Of Strife)라 부른다. 도타2, 리그 오브 레전드가 대표적인 게임이다.

다. 그것은 다운로드 용량이 작고, 탄탄한 튜토리얼을 제공하며, 프리-투-플레이 방식이라는 것이다.

첫째, 다운로드 용량이 작다는 것은 PC만 있으면 누구나 쉽게 롤을 플레이할 수 있음을 의미한다. 이는 오랫동안 고수된 PC 게임의 전형적인 전략과 정반대 접근법이었다. 기존의 PC 게임은 수월하게 게임을 내려받아 시작할 수 있도록 네트워크 환경을 개선하는 데 집중했다. 그럼에도 한계는 분명했다. 가령 넥슨의 메이플스토리를 다운로드하려면 15~20분 정도가 소요되었다. 많은 이들이 이 시간을 인내하지 못하고 다른 게임으로 옮겨갔다. 라이엇게임즈는 다른 게임들을 반면교사 삼아 다운로드 및 설치 용량을 최소화해야 한다는 사실을 배웠다.

둘째, 월드 오브 워크래프트가 그랬듯이 롤 또한 신규 플레이어들이 막 게임을 시작했을 때 헤매지 않도록 돕는 데 상당히 공을 들였다. 게임이 지나치게 어려우면 현금 결제를 하지 않은 신참들이 금방 빠져나갈뿐더러 오랫동안 플레이해온 이른바 '고인물'과의 격차도 커지는 문제가 생긴다.

셋째, 게임을 무료로 제공한다는 결정은 이 게임이 전 세계적인 인기를 얻는 중요한 요소로 작용했다. 물론 궁극적인 목표는 단기간에 유저층을 두텁게 형성하는 것이었다. 라이엇게임즈는 '현질'을 하는 플레이어가 압도적으로 유리한 페이-투-윈pay-to-win 방식은 게임의 재미를 반감시킨다고 보고, 대신 꾸미기 아이템을 유료로 판매했다. 게임을 할수록 플레이어들은 자신의 캐릭터에 애착을 갖기 마련이고, 멋

지게 꾸미고 싶어 한다. 라이엇게임즈는 이러한 심리를 넥슨과 텐센트의 게임에서 배웠다. 사람들이 멋진 아이템과 캐릭터의 외형에 기꺼이 돈을 쓴다는 사실을 말이다. 개성을 드러내는 수단일 뿐 능력치를 높이는 것과는 관계가 없는데도 개의치 않았다.

꾸미는 데 돈을 쓰는 것은 당시만 하더라도 새로운 접근법이었으나, 얼마 안 가 게임은 물론 IT 분야 전반으로 확산되었다. 이후 라이엇게임즈를 인수한 텐센트는 자사의 여러 SNS 서비스를 무료로 제공하되, 과시적 아이템을 판매함으로써 엄청난 매출을 올렸다. 사람들이 갈망하는 닉네임이나 개인화 가능한 콘텐츠가 주로 판매되는데, 그 자체가 서비스의 경험을 바꾸지는 않는다는 게 특징이다. 라이엇게임즈의 투자 유치 문건을 보면 이들이 초기부터 이러한 사업모델을 롤에 접목했음을 알 수 있다. 문건에는 주문 제작한 아바타, 액세서리 등 수집 가능한 디지털 콘텐츠 판매가 수익모델에 이미 포함돼 있다. 이 외에 매년 29.95달러에 확장팩을 판매하는 일종의 프리미엄 멤버십 전략으로도 수익을 내고자 했다.

라이엇게임즈의 3가지 전략은 그들의 장기적 목표가 매출 극대화가 아닌 플레이어의 게임 경험을 높이는 데 있다는 사실을 보여준다. 그들은 이후 롤 토너먼트를 개최하고 프로 리그를 창설하는 등 팬들과의 그리고 팬들 간의 교류를 확대할 방안을 다양하게 강구했다. 2016년 후반 롤의 인기가 정점을 찍을 당시 전 세계 활성사용자는 1억 명에 달했고 연매출은 30억 달러나 되었다.

이들이 큰 성공을 거두자 당연하게 MOBA 장르도 주목받기 시작했다. 경쟁을 피하기 위해 라이엇게임즈는 최대한 많은 유저를 확보하는 전략을 강화했다.

용량이 작다 해도 롤 역시 다운로드 지연 문제가 아예 없지는 않았다. 이유는 외부 인터넷망 때문이었다. 이에 라이엇은 자체 인터넷망을 구축한다는 야심 찬 결단을 내렸다. 그들은 미국 전역에 데이터 센터를 세워 접속 속도를 개선했다. 미국 마이애미의 데이터 센터를 통해 호스팅하던 브라질에도 독자적인 네트워크 인프라를 구축했다. 플레이어들의 게임 경험은 당연히 향상됐다.

지연 문제 해결은 유저 확대에 긍정적인 영향을 미쳤다. 무엇보다 거대한 자본 투자를 단행함으로써 라이엇게임즈는 일종의 '디지털 해자'를 설치한 효과를 누렸다. 초기 수익을 포기해야 하는 시장에서는 고객이 다른 서비스나 게임으로 옮겨갈 수 있다는 위험이 상존한다. 엄청난 규모의 투자를 통해 인프라를 구축함으로써 플레이어들의 접속성을 높인 라이엇게임즈는 경쟁사가 섣불리 모방할 수 없는 진입장벽을 구축함으로써 고객 유출 가능성을 차단했다.

확산의 원동력 4. 모든 기기에 침투하는 크로스 플랫폼 전략

게임이 엔터테인먼트 산업의 주류로 부상하면서 나타난 또 한 가지 흐름은 크로스 플랫폼화다. 어느 기기에서든 연동하여 플레이할 수 있는 기능은 게임의 가치를 획기적으로 높여주었다. 멀티플레이가 대세가 되어가는 최근 트렌드를 고려할 때 게임의 크로스 플랫폼화는 피할 수 없는 흐름이다.

하지만 마이크로소프트, 소니, 닌텐도가 오랫동안 지배해온 콘솔은 전혀 호환되지 않았다. 서로를 라이벌로 여기며 독점성을 강화하고자 수십억 달러를 투자해왔으니 콘솔 간 호환이라는 개념이 머릿속에 아예 없었던 게 어쩌면 당연한지도 모른다. 콘솔 시장은 많은 인기작을 독점적으로 확보해야 한다는 나름의 공식하에 성장했다. 특히 실물 게임 패키지가 주로 판매되었던 시기에는 더욱 그러했다. 게임을 더 많이 확보할수록, 특히 인기 게임이 많을수록 콘솔의 가치는 높아졌다.

하지만 디지털화와 그에 따른 크로스 플랫폼 게임의 등장은 이 오랜 사업방식에 변화를 일으켰다. 게임이 주류 콘텐츠로 부상할수록 콘솔 간 호환성은 당연한 조건이 되었다. 콘솔이 달라서 호환되지 않는다는 건 마치 통신사가 다르면 통화가 안 된다는 말처럼 이상한 일이다. 이로써 콘솔 업체 간의 장벽이 무너지기 시작했다.

콘솔만이 아니다. 게임 개발사 입장에서는 모바일과 PC에서도 게임 플레이가 가능해지면 그 자체로 월등한 경쟁우위가 된다.

첫째, 우선 교차 프로모션이 가능해진다. 마케팅 비용이 계속 상승하는 상황에서, 게임이 하나의 플랫폼에서 인기를 얻으면 자연스레 다른 플랫폼으로도 고객이 유입돼 전체 사용자를 늘리는 데 한결 유리하다. 가령 2009년 이후 페이스북은 게임 플레이어들이 유입되는 주요 모바일 게임 유통채널이 되었다. 즉 게임을 플레이하는 일종의 소셜게임 플랫폼에서 스마트폰 게임 설치를 유도하는 관문으로 역할이 전환된 것이다. 징가 같은 회사들은 페이스북 기반 소셜게임의 매출 감소를 모바일 게임에서 상쇄할 수 있었다.

둘째, 개발사들은 크로스 플랫폼 전략에 따라 점진적으로 게임을 출시하고, 그 과정에서 게임을 개선할 수 있다. 이제 모바일, 콘솔, PC 중 한 곳에만 게임을 출시하는 것은 개발사의 직무태만으로 여겨질 정도다. 각각의 플랫폼은 수백만 명의 잠재고객이 존재하는 거대한 시장이므로 어느 한 곳도 포기할 수 없다. 다만 동시에 출시하는 것은 개발이나 마케팅의 재정적 리스크가 크므로, 대개는 기기별로 시차를 두어 출시하곤 한다.

가령 액티비전 블리자드는 워크래프트 시리즈를 기반으로 '하스스톤'을 발매할 때 이러한 전략을 취했다. 2013년 3월 출시 계획을 발표한 하스스톤은 그해 8월에 100만 명을 대상으로 클로즈드 베타 테스트$_{CBT}$*를, 2014년 1월에 글로벌 오픈 베타 테스트$_{OBT}$**를 실시한 후 3월에 정식 버전을 윈도우즈와 맥 OS 기반으로 출시했다. 뒤이어 아

---

* Closed Beta Test. 회사가 선발한 소수를 대상으로 게임을 비공개 테스트하는 과정.

** Open Beta Test. 정식 공개 이전에 희망하는 누구나 참여하여 게임을 플레이해볼 수 있는 테스트 과정.

이패드 버전은 4월, 윈도우즈 기반 태블릿 버전은 8월에 출시되었다. 12월에는 정식 안드로이드 태블릿 버전, 그리고 2015년 4월에는 아이폰과 안드로이드 스마트폰 버전이 출시되었다.

이렇듯 점진적으로 출시하는 과정에서 배급사는 기술적 요소를 검증할 수 있고, 게임 내 퀘스트와 보상 등이 원활히 작동되는지 확인할 수 있으며, 글로벌 차원의 멀티플레이를 저해하는 인프라의 취약점을 발견할 수 있다. 물론 마케팅에도 유리하다. 이 모든 것이 게임 개발 및 마케팅의 리스크를 완화해준다.

셋째, 무엇보다 중요한 것은 강력한 네트워크 효과에서 오는 이익이다. 온라인 롤플레잉 게임의 경우 주류 플레이어들의 접근성을 높이는 것이 관건이다. 이는 해당 게임의 서버가 언제든 퀘스트에 합류할 수 있는 플레이어들로 가득함을 의미한다. 하스스톤도 워크래프트 시리즈의 세계관 덕분에 초기에 네트워크 효과를 톡톡히 보았다.

슈팅 게임도 멀티플레이가 강조되면서 많은 플레이어들을 꾸준히 유입시킬 수 있는지가 중요해졌다. 슈팅 게임에서는 총에 맞아 죽어도 곧바로 게임에서 나오지 않고 팀 동료들의 플레이를 관전하곤 한다. 전통적인 5대 5 게임은 금방 끝나는 편이라 구경하는 시간도 길지 않았다. 하지만 최근 유행하는 배틀로얄 스타일의 슈팅 게임은 100명 가운데 한 명만 남을 때까지 이어진다. 참여하는 인원이 많은 만큼 한 게임에 15분 정도 소요될 때도 있다. '카운터 스트라이크 : 글로벌 오펜시브'가 2분이면 끝나는 것에 비하면 꽤 긴 시간이다. 그 사이에 그 많은 '전사자'들이 게임을 떠나지 않도록 하려면 이들끼리 곧바로 새로운 한 판을 시작할 수 있도록 해주어야 한다. 슈팅 장르에서도 크로스 플랫폼이 옵션이 아닌 필수가 되는 이유다.

포트나이트, 전 세계 모든 플랫폼에서 즐긴다

크로스 플랫폼화로 성공한 대표적인 예가 바로 포트나이트다. 포트나이트는 에픽게임즈가 자사의 게임엔진 언리얼4의 뛰어난 성능을 외부 개발사들에 홍보하기 위해 개발한 게임이다.

본래 포트나이트는 플레이어들이 함께 건물을 짓고, 무기를 레벨업하고, 서로 협업하여 좀비의 공격에 맞서 싸우는 멀티플레이어 게임으로 기획되었다. 그런데 그 무렵 밀리터리 슈팅 게임 '배틀그라운드'가 큰 인기를 얻었다. 이 또한 100명 중 한 명이 남을 때까지 서로 죽고 죽이는 〈헝거 게임〉 스타일의 게임이다. 에픽게임즈도 이 시류에 편승해 포트나이트에 배틀로얄 모드를 추가했다.* 다만 여기에 중요한 차이가 있었으니, 배틀그라운드는 30달러에 구매하는 프리미엄 PC 게임인 반면 포트나이트는 프리-투-플레이 게임이라는 점이다. 덕분에 더 많은 이들이 포트나이트를 플레이했고, 에픽게임즈는 큰 마케팅

---

* 배틀로얄 모드가 추가되었을 때 배틀그라운드를 만든 크래프톤과 에픽게임즈 간에 표절 논란으로 갈등이 발생했다. 배틀그라운드도 언리얼4로 만들었는데, 이 때문에 에픽게임즈가 베틀그라운드의 메커니즘을 속속들이 파악할 수 있었다는 의혹이 일면서 논란이 가중되었다. 하지만 이 갈등은 결국 봉합되었는데, 이는 텐센트가 에픽게임즈의 최대주주이자 크래프톤의 2대주주인 영향도 있었다는 견해도 있다.

비용 없이 엄청난 화제를 불러일으킬 수 있었다.

여기에 더해 포트나이트는 독특한 룩앤필로 차별화했다. 경쟁이 치열한 온라인 롤플레잉 게임 장르에서 쉬운 게임 플레이와 친근한 색감을 앞세워 인기를 얻었던 월드 오브 워크래프트와 유사하게, 포트나이트도 전형적인 밀리터리 스타일을 벗어났다. 현실의 무기가 게임 아이템으로 사용되고 그 어떤 판타지 요소도 배제해 리얼리티를 극대화한 배틀그라운드와 달리 포트나이트는 만화스럽고 코믹한 경험을 제공해 큰 반향을 일으켰다. 이러한 특성은 트위치 스트리머들에게 특히 어필했는데, 이른바 '병맛' 재미를 선사하는 영상을 제작하는 데 적합했기 때문이다.

아울러 포트나이트는 철저한 크로스 플랫폼화 전략을 구사했다. 먼저 PC 버전으로 글로벌 출시를 단행한 에픽게임즈는 2대주주인 텐센트의 도움을 받아 중국에서 모바일 버전을 출시했다. 아시아 시장에서 배틀그라운드에 계속 앞서기 위해 포트나이트는 다양한 플랫폼에 게임을 이식하는 것은 물론 서로 다른 플랫폼에 접속한 사람과도 플레이할 수 있도록 시스템을 구축했다. 포트나이트가 닌텐도 스위치와 엑스박스 원에 이식되자, 소니 또한 어쩔 수 없이 포트나이트를 플레이스테이션에 이식하고 크로스 플랫폼 플레이를 승인했다. 이 합의로 포트나이트는 사실상 전 세계 모든 게임 플레이어들에게 도달할 수 있는 채널을 확보하게 되었다. 언론에서 포트나이트의 이러한 성공을 대서특필하기 시작하자 포트나이트의 인기는 더욱 치솟았다.

[도표 4-2] **포트나이트 vs. 배틀그라운드 월간 글로벌 매출 (플랫폼 통합 기준)**

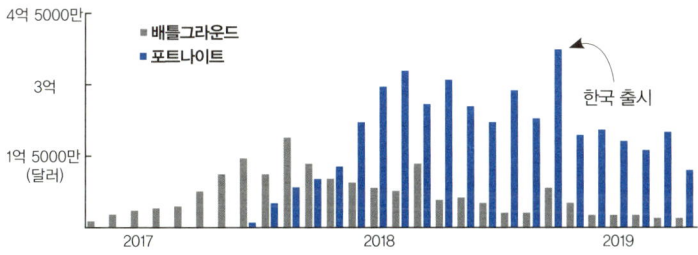

출처 : 슈퍼데이터 리서치

프리-투-플레이 수익모델 기반의 배틀로얄 게임, 형형색색의 친근한 아트, 크로스 플랫폼 전략 등이 결합돼 포트나이트는 시장점유율을 빠르게 높여갔으며, 세계에서 가장 인기 있는 게임으로 자리매김했다. 2017~18년의 매출도 대단했지만(도표 4-2 참조), 현존하는 모든 게임 플랫폼에 진정한 의미의 크로스 플랫폼을 실현했다는 부분이 어쩌면 에픽게임즈의 더 큰 성과인지도 모른다.

모두가 게이머인 시대에 반드시 물어야 할 질문

이처럼 게임 플레이어가 소수에서 다수로 확장되고 크로스 플랫폼화로 플랫폼 간의 벽도 허물어지고 있다. 그에 맞춰 게임 산업에 존재했던 크고 작은 벽도 허물어졌을까? 그렇지는 않은 것 같다. 단적인 예로 게임을 즐기는 이들은 다양해졌지만 개발자들은 여전히 높은 동질성을 자랑한다. 2016년 국제게임개발자협회IGDA는 직장 내 다양성 보고서에서 다음과 같이 밝혔다. "게임 개발자들은 대부분 부양가족이 없는 젊은 이성애자 남성이다."

지속적으로 커지는 게임의 영향력을 고려할 때 하나의 인구통계학적 집단이 산업을 이끌어간다는 것은 실로 끔찍한 일이 아닐 수 없다. 만약 〈뉴욕타임스〉 편집팀에 부양가족이 없는 젊은 이성애자 남성들로 가득했다면 진즉 망해버렸을 것이다. 과연 현재의 개발팀으로 다양하고 폭넓은 주제의 게임을 만들 수 있을까?

실로 오랫동안 게임사들은 동질성 높은 사람들을 고객으로 여겨왔다. 비용이 상승할수록 명확하게 정의된 특정 집단을 대상으로 게임을 개발하는 건 수요 불확실성을 줄이는 쉽고 유용한 방법이었다. 아울러 흥행산업 특유의 승자독식 구조 아래 배급사들은 기존 인기 시리즈의 후속작이나 유명 IP를 확보해 게임을 개발해왔다. 이 또한 안정적으로 수익을 예측할 수 있는 방식이다. 객단가도 동질성도 모두 높은 고객에게 판매한 덕에 게임 산업은 오랫동안 유지될 수 있었다. 물론 그럴수록 게임은 18~34세 남성의 전유물이라는 고정관념도 더욱 강해졌다.

그러다 게임 플레이어의 정체성이 조금씩 무너지면서, 기존 플레이어들의 저항이 일어났다. 이들은 새로운 플레이어들이 자신의 정체성을 훼손한다고 여겼다. 게임이 다양한 계층이 향유하는 놀이가 되자, 게임의 중요한 가치는 과연 무엇인지에 관한 격렬한 논쟁이 촉발되었다. 게임 커뮤니티에서는 새로운 플레이어들을 향한 혐오가 등장했다. MIT의 사회학자 T. L. 테일러T. L. Taylor는 다음과 같이 표현했다. "게임의 대중화는 게임 덕후만이 지닐 수 있었던 이미지를 약화시켰다. 그동안 게임 플레이어들은 게임을 좋아하는 것만으로 게임과 기술에 대한 높은 이해도를 지닌 사람이라는 이미지를 누릴 수 있었으며, 이는 그들의 소속감을 높이는 데 기여했다."

콘솔이 따라올 수 없는 스마트폰의 접근성과 굳이 게이머라 자각하지 않고도 즐길 수 있는 모바일 기반 소셜게임은 한결 단순한 즐거움을 사람들에게 선사했다. 앵그리버드나 캔디 크러쉬 같은 캐주얼 게임은 복잡도나 깊이는 없지만 더 많은 이들이 쉽게 게임을 접할 수 있도록 했다. 즉 진입장벽을 제거한 것이다.

그에 따라 특정 집단을 지칭하는 '게임 플레이어' 또한 사실상 그 위상을 상실해 독자reader 혹은 시청자viewer와 비슷한 표현이 되었다. 누구나 독자가 되고 누구나 시청자가 될 수 있듯이, 이제 누구나 게임 플레이어가 될 수 있다. 어느 업계 관계자의 표현을 빌리자면, "게임 플레이어 오버"인 셈이다.

이 맥락에서 최종적으로 고려해야 할 것은 규제다. 1980~90년대에는 반사회적 행위와 게임의 폭력성을 연결 지어 게임 산업을 규제하는 다양한 시도가 이뤄졌다. 이는 당시 게임 산업에 문화적 자산이 축적되지 않았고, 특정 인구집단만을 타깃으로 한 데서 생겨난 문제인지도 모른다. 배급사와 플랫폼 업체들도 자발적으로 규제함으로써 정부가 칼을 빼들지 않도록 스스로 조심했다. 그 후로도 게임에 대한 편견은 쉽게 사라지지 않았지만, 게임에 대한 우려는 차츰 진정되었다. 그러다 게임이 주류 대중문화로 부상하자 몇몇 정부는 새로운 규제 체계를 만들고 있다.

최근 게임 업계에 가장 이슈가 되는 규제는 수익모델과 관련된 것이다. 일렉트로닉 아츠는 2017년 말 '스타워즈 : 배틀프론트2'의 베타 버전에 랜덤박스를 포함시켰다가 영국, 스웨덴, 벨기에 등에서 게임 내 현금 구매 시스템에 관한 조사를 받았다. 스타워즈 배틀프론트2는 캐릭터 및 아바타를 업그레이드할 수 있는데, 주된 수단이 바로 랜덤박스다. 말 그대로 무작위로 구성된 확률형 아이템이나 재료, 캐릭터 꾸러미로, 게임을 플레이해 획득하거나 돈으로 구매할 수 있다. 초기 베타테스트 참가자들은 게임이 현금 결제하는 플레이어에게 훨씬 유리하게 설정돼 있다며 비판을 쏟아냈다. 이에 일렉트로닉 아츠는 즉각 게임 내 결제를 막았지만, 이미 이미지는 실추된 후였다. 이 사태가 곧 개봉할 영화 〈스타워즈〉의 흥행에 악영향을 미칠 것을 우려한 스타워즈 IP 소유 기업인 디즈니와의 갈등도 불거졌다. 급기야 랜덤 시스템이 포함되면 게임이 도박과 뭐가 다르냐는 주장에 불을 붙여, 결국 현금 구매 시스템에 관한 정부 조사를 받기에 이르렀다.

데이터 수집은 게임과 정부가 충돌하는 또 다른 지점이다. 특히 디지털 기반의 게임은 플레이어들의 데이터를 수집해 분석하는 데 크게 의존한다. 대다수 기업에 데이터는 그 자체가 경쟁력이다. 이 데이터들은 게임 회사에 어떤 아이템과 아바타가 가장 인기 있고 가장 비싸게 팔리는지 알려준다. 그러나 한편으로 데이터 수집은 모든 산업에서 고객 프라이버시 이슈로 번져가는 추세다. 페이스북이나 구글 같은 글로벌 테크기업은 정부로부터 철저한 조사를 받았으며, 사용자 데이터와 프라이버시 관리가 소홀하다며 점차 더 맹렬한 비난을 받는 실정이다.

이들과 유사한 기술 기반 산업인 게임 업계 역시 머지않아 비슷한 비난과 사법당국의 압박에 직면하게 될 것이다. 특히 EU의 GDPR(개인정보보호 규정)은 EU 및 EEA(유럽경제지역)에 속한 모든 시민의 데이터 보호와 프라이버시에 관한 규정으로, 게임 개발사에 어떤 데이터를 수집할 것인지 사전에 공개하고 사용자들의 동의를 구하도록 강제한다. 즉 사람들이 게임을 설치하고 플레이하는 과정에 추가적인 동의 절차가 생긴 것이다. 사소하다면 사소한 이 추가 절차가 전체 게임 플레이어의 수를 감소시키거나 비용 상승을 초래할 수도 있다. 특히 프리-투-플레이 게임이 더 큰 영향을 받을 것이다.

세계 최대 게임 시장인 중국의 규제도 만만찮다. 이미 중국 정부는 글로벌 게임 기업들의 최고의 후원자도, 최악의 적도 될 수도 있음을 보여준 바 있다. 게임을 의심의 눈초리로 바라보던 중국 정부는 게임의 인기가 급격히 커지는 것을 확인하자 신속하게 게임 승인 절차를 개정하고 국무원 산하에 신문출판광전총국을 설치해 관리책임을 맡겼다.

중국의 플레이어들이 게임에 쓰는 돈은 연간 약 300억 달러에 달한다. 이 때문에 중국 현지 배급사나 글로벌 배급사 모두에게 중국은 가장 매력적인 시장으로 통했다. 그러나 게임 인구가 급격히 증가하면서 중국에서는 게임의 폭력성, 게임 중독, 아이들의 시력 악화 등의 우려가 폭발했다. 신문출판광전총국의 주된 임무는 중국이 소중히 하는 사회적 가치를 게임이 따르도록 하는 데 있다. 이들이 게임 승인 절차를 개정하면서 판호(중국 내에서 게임을 서비스할 수 있는 권한) 발급을 8개월간 중단하는 바람에 배틀그라운드나 포트나이트 같은 글로벌 대작이 중국 진출 시기를 놓치기도 했다. 이러한 보호조치로 가장 큰 피해를 입은 건 아이러니하게도 중국의 텐센트였다. 텐센트는 배틀그라운드를 개발한 크래프톤과 포트나이트를 개발한 에픽게임즈의 대주주이기 때문이다. 텐센트가 게임 사업 초기 중국 정부의 시장보호주의로 큰 수혜를 입은 것과 정반대 결과가 발생한 것이다.

게임 산업의 큰 성공은 세계 모든 정부의 이목을 집중시켰다. 게임은 어떻게 돈을 버는지, 게임 회사들이 어떤 데이터를 수집하는지, 어떤 게임이 어떤 인구집단에 적합한지, 모두 중요하고 반드시 물어야 하는 질문들이다. 특히 게임처럼 문화적 관련성이 높은 산업에서는 규제가 필연적이다. 어찌 보면 게임사들이 넘어야 할 법적 이슈들은 성공의 산물이자 기획 단계에서 당연히 고려해야 할 요소이기도 하다.

절반의 고객을 오랜 기간 무시하던 게임 개발사들은 10여 년 전에야 비로소 전략을 수정해 일반 소비자에게 다가가는 방법을 고민하기 시작했다. 그사이 새롭게 등장한 개발사들이 출시한 접근성 높은 게임은 새롭게 발견된 소비자들을 사로잡았다. 새로운 플레이어들은 단순한 게임을 선호하지만, 기존 게이머들 못지않게 많은 시간을 게임에 할애하며 신규 게임사들의 든든한 수익창구가 되었다.

게임 산업의 지형은 여러 측면에서 변화했다. 기업들은 기존의 동질성 높은 게임 플레이어가 아닌 다양하고 훨씬 거대한 소비자를 타깃으로 게임을 만들기 시작했다. 게임이 대중화됨에 따라 게임에 대한 사회적 수용성이 높아진 것은 물론이다. 그 영향으로 사회화, 문화적 관련성, 디지털 리터러시digital literacy에 게임이 수행하는 역할도 재조명되기 시작했다. 포켓몬고와 포트나이트의 성공은 이 쉽지 않은 논의에 사람들의 관심을 모으는 데 기여했다. 게임 기획자에게도 플레이어에게도 긍정적인 현상이다.

한편으로 캐주얼 게임의 부상은 새로운 기회를 인지하지 못하고 기회를 잡지 못했을 때 어떤 대가를 치러야 하는지 시사하기도 한다. 기존의 게임사들은 고객에 대한 고정관념을 버리지 못하고, 개발자들을 어떻게 조합시킬지 판단하지 못하는 바람에 후발주자들에게 시장의 상당 부분을 넘겨줘야 했다.

게임이 일반 여가활동으로 자리잡으면서 게임 산업은 더 다양한 범주의 아이디어를 수용하고 구태의연한 전략의 한계에서도 벗어나기 시작했다. 이렇게 마련된 새로운 기회는 누가 차지할 것인가? 당장 눈에 띄는 수혜자는 모바일 게임이다. 모바일 게임의 폭발적인 인기는 누구도 거부할 수 없는 매혹적인 현상이었다. 5장에서는 불과 10년 사이에 게임 시장의 판도를 바꾼 모바일 게임의 흐름을 짚어볼 것이다.

Summary

- 그동안 게임 업계의 고객은 18~34세 남성으로 국한돼 있었다. 다른 누구도 아닌 업계 스스로 그렇게 생각했다. 그러다 '놀이야말로 인간의 본능'임을 뒤늦게 인식하면서 생각의 장벽이 허물어지고, 남녀노소 모든 이들이 게임의 고객이 되었다. 오늘날 게임을 엔터테인먼트의 주류 장르로 만든 것은 새롭게 고객으로 정의된 다수 대중이다.
- 디지털화는 게임의 글로벌화를 촉진하여 시장을 확대했다. 북미, 유럽, 일본 등 전통적인 산업 플레이어 외에 중국과 한국이 업계의 신성으로 떠올랐다. 디지털화로 게임 산업의 경제적 구조 자체가 변화함에 따라 산업의 경쟁도 글로벌 이전투구의 양상을 띠기 시작했다.
- 게임을 주류 엔터테인먼트로 끌어올린 일등공신은 캐주얼 게임, 그중에서도 소셜게임이다. 공짜로 간단하게 할 수 있는 소셜게임은 페이스북 등 SNS 플랫폼을 타고 급속히 퍼져나갔다.

- 캐주얼 게임이 대세가 되면서 대작 게임도 캐주얼 게임의 전략을 차용하기 시작했다. 다운로드 용량을 줄이고, 초심자도 쉽게 익힐 수 있도록 튜토리얼을 강화하며, 무료로 제공하되 액세서리 등 디지털 콘텐츠 판매로 수익을 올리는 것. '리그 오브 레전드'는 이 전략으로 1억 명이 즐기는 게임이 되었다.
- 폐쇄적인 플랫폼 정책을 고수해온 게임 업계도 시대의 흐름에 따라 크로스 플랫폼을 도입했다. 이제 게임사는 모바일, 콘솔, PC에 순차적으로 게임을 출시해 리스크를 줄이고 문제점을 개선하는 전략을 취한다. 에픽게임즈가 개발한 '포트나이트'가 대표적인 예다.
- 누구나 게임을 즐기게 되면서 각국의 규제도 강화되고 있다. 특히 돈을 쓰는 만큼 유리한 '페이-투-윈' 방식에 대한 비난과 데이터 수집에 대한 우려가 크다. 한편 게임 플레이어가 다양화된 만큼 게임 산업 종사자도 젊은 남성 위주라는 한계를 극복해야 하는 과제를 안게 되었다. 투명한 수익모델, 문화적 다양성, 디지털 리터러시라는 사회적 화두는 게임 업계에도 예외가 아니다.

5장

현대판 골드러시, 모바일 게임 :
반짝인다고 모두 금이 아니듯, 사용자가 모두 고객은 아니다

#모바일 #앱스토어 #freemium #슈퍼셀 #텐센트 #넷이즈

2018년 모바일 게임 시장은 450억 달러 수준으로 전체 게임 시장의 절반가량을 차지한다. 애플이 아이폰을 출시한 이후 10년 만에 완전히 새로운 영역이 탄생해 이만큼 성장한 것이다. 초기에는 낮은 진입장벽 덕에 다수의 신생 개발사들이 대거 들어와 기존 배급사들이 늑장 부리는 틈에 시장점유율을 높여갈 수 있었다. 로비오Rovio나 슈퍼셀 등은 기존의 강자들과 비슷한 수익을 올리며 스마트폰의 인기를 상징하게 되었다.

그 후 게임 산업의 판도가 대폭 변화해 이제는 텐센트, 넷이즈, 액티비전 블리자드 같은 거대기업이 모바일 게임 시장을 지배하고 있지만, 태동기의 열기는 지금도 여전하다. 작은 회사들의 초창기 반란은 여전히 비현실적인 기대감을 낳고 있다. 접근성도 여전히 높다. 좋은 아이디어만 있으면 누구나 성공할 수 있다. 이것이 바로 모바일 백만장자 신화. 그런데 모바일 게임으로 누구나 성공할 수 있다는 신화는 과연 시장이 성숙한 지금도 유효한 것일까?

거물들이 놓친 신세계, 앱스토어

활기 넘치는 시장을 외면하기란 여간 어려운 일이 아니다. 초기 모바일 게임 시장은 개발사에는 실로 흥미로운 영역이었다. 애플이 모바일 게임 개발의 진입장벽을 낮춘 핵심적인 이유는 아이폰을 더 많이 팔기 위해서였다. 게임을 비롯한 다양한 콘텐츠는 애플 기기의 가치를 높여주는 일종의 보완재가 된다. 이는 기기는 손해 보며 팔고, 그 손실을 게임 판매로 충당하는 콘솔 업체들과 정반대 전략이다. 풍부한 앱의 존재는 스마트폰의 사용가치를 크게 높인다. 앱이 존재함으로써 스마트폰의 용도가 통화하고, 문자를 보내고, 이메일을 확인하는 데 머무르지 않을 수 있다. 이를 파악한 애플은 개발사들의 진입장벽을 최대한 낮추어 누구나 100달러만 내면 애플 앱스토어에 게임을 출시할 수 있게 했다. 이 또한 콘솔과 대조적인 정책이다.

 PC 게임과 비교해도 개발자를 괴롭히는 각종 장애물이 상당 부분 제거되었다. 애플은 유통, 프로모션, 결제 등의 업무를 대신해주고 대신 앱 매출의 30%를 수수료로 가져갔다. 애플의 이러한 전략 덕분에 앱스토어에서 다운로드할 수 있는 게임의 수가 급격히 증가했다. 2016년경 애플은 자사 앱스토어에 총 200만 개 이상의 앱이 있으며, 머지않아 그 수는 2배가 될 것이라 발표했다. 2018년 연례보고서에 따르면 당해 애플의 앱스토어 매출은 130억 달러에 달했다. 같은 해 애플이 음악과 영상으로 벌어들인 돈의 2배가 넘는 액수다.

게다가 초기 모바일 시장에는 압도적인 강자가 존재하지 않았다. PC와 콘솔 게임 시장을 지배하던 대형 배급사들이 뛰어들지 않았기 때문이다. 리스크를 회피하려는 기업들의 성향상, 기존의 강자들이 아직 미성숙한 이 카테고리에 대한 투자를 망설인 건 당연했다. 게다가 이들에게는 좋지 않은 기억도 있었다. 스마트폰이 등장하기 이전에 모바일 게임을 출시하면서 온갖 번거로움을 겪었던 것이다. 통신사들은 모바일 콘텐츠의 가치를 인식하지 못했고, 따라서 휴대폰용 게임 출시도 한참 후에나 이루어졌다. 그나마 휴대폰의 기술적 한계로 게임 조작이 어려워, 모바일 게임이 주는 즐거움은 PC나 콘솔 게임보다 현격히 떨어졌다. 최악의 번거로움은 다양한 휴대폰 단말기에서 게임이 작동하도록 지원해야 한다는 것이었다. 하나의 게임을 액정 사이즈도 속도도 모두 다른 수백 종의 휴대폰 각각에 최적화하여 이식해야 한다는 뜻이다.

그밖에도 기존 대형 배급사들이 스마트폰의 등장 이후에도 모바일 게임 시장에 뛰어들기를 주저한 이유가 있다. 가령 액티비전 블리자드는 특정 게임 장르가 대규모 투자를 할 만큼 커지기를 기다렸다가 진입하는 전략을 선호한다. 다른 배급사에게도 모바일 게임 시장에 진입하는 것은 상대적으로 소소한 투자로 여겨졌다. 그 후 스마트폰의 인기가 높아지고 가격은 하락했지만, 모바일 콘텐츠 수요는 대형 배급사들이 관심을 가질 만큼 빠르게 성장하지 않았다. 초기 애플 앱스토어는 유료 게임 위주였기 때문이다. 유료 게임 판매로 얻을 수 있는 수익이 2010년 부상한 프리-투-플레이 기반 게임보다 저조하다는 사실은 한참 후에야 밝혀졌다.

이러한 여러 이유로 기존 배급사들의 모바일 게임 진출이 늦어졌고, 자연스럽게 신생 개발사들에게 그 기회가 돌아갔다.

아이디어 하나로 백만장자

기존 게임 회사들의 진입 지체와 유료 게임 중심의 앱스토어 구성은 모바일 게임이 더디게 성장한 주요 원인이 되었다. 2007~10년 사이 모바일 게임은 연간 20억 달러 규모의 시장으로 성장했으며, 기존 배급사들과 신생 업체들이 시장을 절반씩 나눠 갖는 구조였다. 그러다 2009년 애플이 게임을 무료로 제공하고 앱 내 결제로 수익을 내는 프리미엄freemium 정책을 채택하면서 이 균형이 깨졌다.

프리미엄 모델은 기존 배급사, 특히 북미와 유럽의 배급사로서는 말도 안 되는 전략이었다. 반면 배너 광고가 주 수익원인 웹 브라우저 기반 게임에 익숙한 신생 개발사에는 너무나도 말이 되는 전략이었다. 프리미엄 전략을 채택하고 1년도 안 되어 신생 개발사들의 매출은 2배

[도표 5-1] 전통적인 개발사 vs. 신생 개발사 모바일 게임 매출

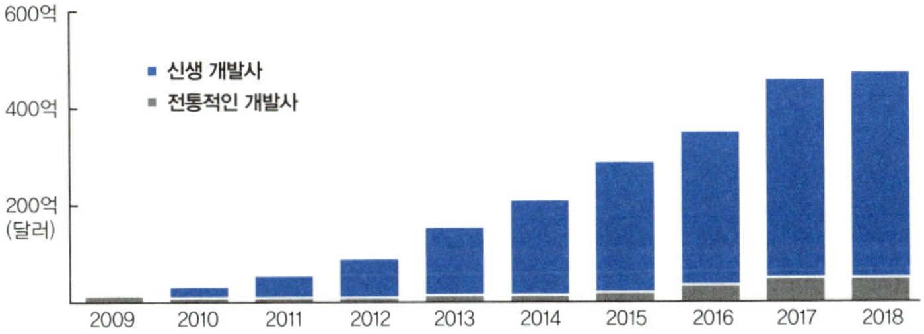

- 신생 개발사
- 전통적인 개발사

출처 : 개발사 리포트

이상 상승한 반면, 전통적인 배급사들의 매출은 정체되어 있었다. 킹 디지털이나 로비오 등 작지만 적극적인 회사들은 기회를 놓치지 않았다. 모바일 게임 시장에 진입하는 작은 개발사들과 아이폰을 구매하는 소비자의 수가 동시에 증가했다. 아이폰 판매량이 2008년 1100만 대에서 10년 만에 2억 1800만 대로 증가함에 따라 모바일 게임 수요도 급증했다. 이처럼 빠르게 성장하는 시장에서 고객을 찾는 건 그리 어렵지 않았다. 데이터에 따르면 2018년 신생 개발사들은 모바일 게임으로 400억 달러의 매출을 올렸다. 전통적인 배급사들의 8배에 달하는 금액이다(도표 5-1 참조).

수년간 모바일 게임은 이익률이 박한 사업이었다. 하지만 아이폰의 성공을 기점으로 모바일 게임은 수많은 성공사례, 그중에서도 특히 소규모 개발팀의 성공사례로 가득 차기 시작했다. 100명이 넘기 마련

인 콘솔 및 PC 게임 개발팀과 달리 모바일 게임은 프로그래밍 지식이 없어도 앱을 출시하는 게 가능하며, 이론상으로는 그렇게 출시한 게임으로 수백만 달러를 벌 수도 있다. 2007년 글로벌 금융위기로 직장을 잃은 게임 개발자와 기획자들 상당수가 어쩌다 모바일 게임 개발에 참여했으며, 백만장자가 되는 성공을 맛보기도 했다.

언론에서도 아이디어 하나로 백만장자가 된 사람들이 증가하는 사회적 현상을 조명하기 시작했다. 그들은 예외 없이 앱스토어에서 해답을 찾았다. 이곳에서 개발자들은 수백만 명의 스마트폰 사용자들에게 접근할 수 있었다. 높은 진입장벽, 플랫폼 기업들의 과도한 게임 퀄리티 요구, 값비싼 개발 소프트웨어 등 게임 개발과 관련된 장애물도 존재하지 않았다. 출시 한 달 만에 100만 다운로드를 달성한 게임 '두들 점프'로 유명한 리마 스카이 Lima Sky 같은 성공사례는 모바일 게임에 대한 사람들의 관심에 불을 지폈다. 모바일 플랫폼에는 PC 및 콘솔과 전혀 다른 경제 법칙이 작동한다는 인식이 퍼져가기 시작했다.

낮은 진입장벽이 낳은 아류작 그리고 '공짜' 프레임

모든 가치에는 양면성이 있다. 모바일 게임 개발의 진입장벽이 낮아졌다는 것은 영국 및 북미의 아마추어 개발자들과 주로 개발도상국에 있는 노동집약적인 개발팀 간의 경쟁이 가능해졌음을 의미했다. 또한 앱스토어의 높은 접근성은 오리지널 게임의 아이디어가 보호되기 어렵다는 사실을 뜻하기도 했다.

가령 '쓰리즈'라는 퍼즐 게임을 살펴보자. 숫자가 적힌 타일의 위치를 바꾸는 일종의 수학 퍼즐 게임으로, 누구나 쉽게 플레이할 수 있다는 것이 강점이다. 2014년 애플 디자인 어워드를 비롯해 몇 개의 상을 받기도 했다. 업계의 평가도 좋았고 사용자들의 관심도 컸다. 그러나 이 모든 영광은 채 일주일을 가지 못했다. 2명의 개발자가 14개월에 걸쳐 완성한 이 게임을 베낀 아류작이 6일 만에 앱스토어에 올라온 것이다. 심지어 유료 게임인 쓰리즈와 달리 아류작들은 대부분 프리-투-플레이 기반의 무료 게임이었다. 그 즉시 아류작들이 쓰리즈를 밀어내고 앱스토어 차트 상단을 차지해버렸다. 잘 만든 게임의 주요 시스템을 훔쳐서 무료로 제공하는 것만으로 아류작이 오리지널 게임보다 훨씬 큰 수익을 올렸다. 이는 쓰리즈만의 불행이 아니었다. '리디큘러스 피싱', '플래피 버드' 또한 아류작 때문에 매출이 박살난 대표적 인디 게임들이다.

스마트폰 이전 시대에는 모바일 게임의 이익률이 박했던 터라 많은 개발사들이 개발 외주를 주곤 했다. 이 외주팀이 스마트폰의 대중화를 타고 빠르고 효율적으로 모바일 게임을 내놓기 시작했는데, 상당수는 독창적인 아이디어 대신 기존 게임을 재빨리 모방하는 전략으로 승부했다.

콘텐츠 창작자들의 이익에 무관심하다는 악명을 쌓아온 애플은 앱스토어에 그 어떤 콘텐츠 큐레이션도 하지 않았다. 그저 순위 차트만 존재했을 따름이다. 즉 가장 매출이 높은 게임이 차트 상위권을 유지하면서 계속해서 유저들에게 노출돼, 그 자체로 소규모 업체들보다 높은 홍보 효과를 누렸다.

아류작 문제 외에도 모바일 게임의 낮은 수익률은 개발사들이 고질적으로 겪는 문제였다. 성장세가 지속된다는 것은 매일 새로운 소비자가 유입된다는 뜻이다. 그들의 목적은 오직 새 스마트폰에서 즐길 콘텐츠를 찾는 것일 뿐, 돈을 쓸 준비는 전혀 되어 있지 않았다. 일반적으로 2~5% 정도만 게임 도중에 현금 결제를 한다. 게임 개발팀은 수백만 명의 플레이어가 아니라 실제로는 돈을 지불할 용의가 있는 훨씬 적은 고객층을 놓고 경쟁해야 했다. 가격차별화 정책의 극단적 사례인 셈이다.

새로운 고객이 지속적으로 유입되는 모바일 게임 초기에는 이것이 전혀 문제 되지 않았다. 사람들은 새 스마트폰을 열어 앱스토어 여기저기를 열정적으로 탐색하곤 했다. 덕분에 배급사는 게임을 노출시키고 플레이하도록 만드느라 크게 애쓰지 않아도 되었다. 개발사들은 VC로부터 투자받은 자본력을 바탕으로 출시 초기에는 일단 플레이어를 늘리는 데 집중하고, 수익 고민은 뒤로 미뤘다. 매일 수백만 명씩 앱스토어에 유입되기만 한다면 소규모 개발팀에도 대규모 개발사에도 기회는 충분할 테니 말이다.

하지만 이상적인 상황이 영원할 수는 없는 법이다. 이런 비즈니스 모델이 모바일 게임의 대세가 됨에 따라 '모바일 게임은 공짜'라는 인식이 고착화됐다. 그럴수록 사람들은 게임에 돈을 쓰는 것 자체를 낯설어하게 되었다. 결과적으로 소수만이 유료 고객으로 전환했으며, 게임 개발사들은 무료 게임과 경쟁하거나 남의 게임을 모방할 수밖에 없게 되었다. 이런 환경에서는 이미 큰 성공을 거뒀거나, 거금을 투자받은 개발팀만이 경쟁을 이어갈 수 있다.

물론 성공은 어디까지나 상대적인 개념이다. 수천 개의 작은 개발팀이 활동하는 업계에서는 아주 작은 성공도 의미 있을 수 있다. '모뉴먼트 밸리'를 출시한 어스투 게임즈Ustwo Games의 개발팀은 고작 8명이었다. 이들은 55주 동안 총 85만 2000달러를 들여 개발한 게임으로 2년 동안 1400만 달러 이상을 벌어들였다. 모뉴먼트 밸리의 세련되고 혁신적인 게임 플레이는 앱스토어에 있는 대다수 게임과 차별화될 뿐 아니라 애플이 추구하는 디자인 철학에도 부합된다. 그래서인지 애플은 앱스토어에 이 게임을 유독 자주 노출시켰고, 덕분에 더 빨리 사람들에게 알려졌다. 그들 스스로 쟁취한 성공 덕에 모뉴먼트 밸리의 개발자들은 다가올 몇 년을 대비하고 사업을 확장할 수 있었다. 하지만 수십억 달러의 연매출을 발생시키는 글로벌 개발사에는 이 정도의 성공이 큰 의미가 없을뿐더러 반복하기도 쉽지 않다.

결과적으로 모바일 게임 초창기의 '좋았던 한때'는 오래가지 않았다. 스마트폰이라는 신문물에서 흥미로운 경험을 갈구하는 사람이 매일같이 유입되던 시기는 막을 내렸고, 새로운 경험에 대한 소비자들의 열망 또한 점차 가라앉았다. 반대급부로 기대수준은 높아졌다. 대부분의 가정에서 수백 개의 TV 채널 가운데 몇 개만 고정적으로 시청하는 것처럼, 앱스토어에 온갖 게임이 넘쳐나도 사람들이 매일 플레이하는 게임의 수는 한정돼 있다. 이러한 흐름은 중요한 시장 변화를 낳았다. 생존의 관건은 고객, 특히 돈을 내는 소수의 유료 고객을 붙잡는 데 있었다. 게임 수백만 개가 몇몇 고객의 관심을 놓고 경쟁하느라 마케팅 비용이 눈에 띄게 상승하기 시작했다. 더 심각한 문제는, 그럼에도 소비자들의 평균 지출액은 상승하지 않았다는 점이다.

낮은 유료 고객 전환율, 비용 증가, 마케팅의 복잡성 및 비용 상승, 높은 대체가능성 등이 맞물리면서 모바일 게임은 출시는 쉽지만 손익분기점을 넘기기는 어려운 영역이 되었다. 이는 게임 기획에도 큰 영향을 미쳤다. 이미 확보한 고객에게서 더 공격적으로 수익을 끌어낼 방법을 강구해야 했다.

〈도표 5-2〉는 모바일 게임 수익모델의 필수 요소들을 보여준다. 예시로 든 다운로드당 비용과 손익분기점을 고려했을 때, A와 B 플레이어의 수익화 속도는 서로 다르다. 플레이어B가 손익분기점에 도달하기까지는 플레이어A보다 더 오랜 시간이 걸린다. 이 점을 확인한 개발자들은 수익화를 위해 온갖 방법을 동원하기 시작했다. 플레이어들이 돈을 쓸 때까지 게임 내에 머무르도록 콘텐츠를 업데이트하고, 지속적으로 마케팅 알람을 보냈다. 자칫 게임 경험을 저해할 수도 있는 행위

[도표 5-2] 게임 기획에 따른 프리-투-플레이 기반 게임 플레이어 생애주기 차이

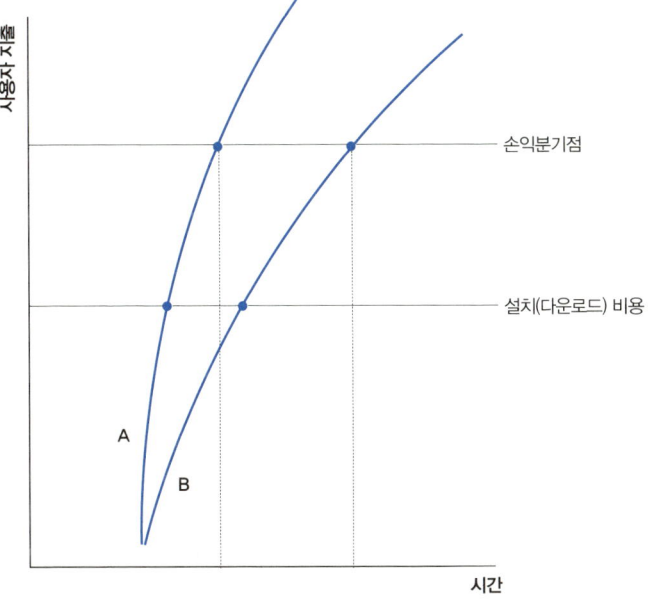

다. 이는 프리-투-플레이 게임과 관련된 핵심쟁점이기도 하다. 전통적인 게임 기획자들은 이러한 방식을 돈에 눈이 먼 개발자들의 탐욕이라고 비판한다. 그 말이 맞을지도 모른다. 하지만 한편으로는 경쟁 압박이 증가함에 따라 불가피하게 나타나는 현상일 수도 있다. 실제로 다수의 개발팀에는 이것이 유일한 생존법이다. 먼저 돈을 지불하고 게임을 즐기는 제품 기반 비즈니스 모델과 달리, 스마트폰이 촉발한 프리-투-플레이 모델하에서는 이러한 문제가 등장한다.

슈퍼셀과 텐센트의 서로 다른 대안

모바일 게임사들이 어떻게 해야 손익분기점을 넘길 만큼의 고객을 유지하면서 동시에 경쟁을 피할 수 있을까?

한 가지 대안은 네트워크 효과를 높이는 것이다. 일례로 플레이어들이 서로를 상대로 플레이하고, 교류를 통해 팀을 구성하고, 토너먼트까지 실시할 수 있는 멀티플레이 기반 게임을 개발하는 것이다. 네트워크 효과는 플레이어들의 커뮤니티를 활성화한다. 그리고 이는 플레이어들이 유사한 게임으로 이탈하지 않도록 차단막이 되어준다.

그러려면 우선 게임이 재미있어야 하고, 이를 위해서는 뛰어난 개발자들을 모아야 한다. 다행히 아이폰의 등장 이후 성공에 대한 열망으로 가득한 인재가 부족했던 적은 없었다. 그러한 인재들을 효과적으로 조직하는 것이 곧 비즈니스 모델의 혁신 아닐까? 이것을 보여주는 사례가 바로 핀란드의 게임 개발사 슈퍼셀이다.

일카 파나넨Ilkka Paananen과 미코 코디소야Mikko Kodisoja는 2004년 자신들의 게임 개발 스튜디오를 매각한 후, 한동안 그 회사에 계속 일하다 2010년에 슈퍼셀을 창업했다. 두 사람이 회사를 운영하는 철학은 다음과 같다. "최고의 게임을 만드는 최고의 사람들을 모으고, 그들이 일할 수 있는 최고의 환경을 제공한다."

그들은 1200만 달러의 투자금을 유치해 세계 최고 인재들을 영입하기 시작했다. 슈퍼셀의 비전은 상업적으로 성공하면서도 게임 역사에 한 획을 그을 수 있는 작품성 또한 갖춘 게임을 만드는 것이었다. 그리고 이 어려운 비전을 실제로 달성했다.

그들이 처음부터 승승장구했던 것은 아니다. 2016년 텐센트가 86억 달러에 인수하기 전까지 슈퍼셀은 실패를 거듭했다. 그들의 첫 작품인 온라인 멀티플레이 RPG '건샤인'은 최고의 인재와 자본력을 갖춘 팀이 만들어낸 결과로 보이지는 않는다. 건샤인은 월드 오브 워크래프트의 인기 요소들을 차용해 만든 페이스북 기반의 PC 게임으로, 한때 월간 활성사용자가 40만 명에 달하기도 했다.

그러나 이 기획에는 치명적인 판단 착오가 있었다. 소셜 플랫폼 기반의 게임 역시 콘솔 게임과 다를 바 없다고 생각한 것이다. 슈퍼셀은 페이스북 같은 소셜미디어에서는 단순하고 가벼운 게임이 선호된다는 사실을 뒤늦게 인지했다. 건샤인의 멀티플레이 롤플레잉과는 전혀 다른 방식이다. 실제로 건샤인 플레이어들은 금방 싫증을 느끼고 다른 게임으로 옮겨갔다. 슈퍼셀은 뒤늦게 고객을 유입시키는 데 노력을 집중했지만 비용만 많이 들고 효과는 크지 않았다. 무엇보다 모바일 최적화가 여의치 않다는 게 문제였다. 애초에 PC용으로 개발되었기 때문이다. 전략의 실수를 만회하고자 18개월간 고군분투했지만 성과는 보잘것없었고, 결국 슈퍼셀은 이 게임의 서비스를 종료했다.

첫 게임의 실패를 통해 슈퍼셀은 몇 가지 소중한 교훈을 얻었다. 첫째는 소셜미디어 유저들은 캐주얼 게임 같은 가벼운 게임을 선호한다는 사실이다. 이는 슈퍼셀의 전략을 재정비하는 계기가 되었다.

둘째, 슈퍼셀의 조직구조를 다시 생각해보게 되었다. "우리는 투자금을 유치하고 인재를 채용하는 데 최고의 역량을 지닌 팀이었어요. 하지만 그럼에도 우리 게임은 시장에서 좋은 평가를 받지 못했죠." 최고의 팀과 충분한 자원만으로 성공이 보장되지는 않았던 것이다.

그들은 이성적으로 사고했다. 성공하기 위해서는 다양한 시도를 하고, 그중 무엇이 효과적이고 무엇이 그렇지 않은지 판단하며, 그 경험을 통해 학습해야 했다. 이를 위해 슈퍼셀은 새로운 시도를 했다. 하나의 프로젝트를 끝까지 완수하는 대신 조직을 여러 개의 작은 '셀' 단위로 분할한 뒤, 각각의 셀이 독자적으로 운영되는 방식을 채택한 것이다.

이때의 경험은 실패를 통해 배우는 슈퍼셀 고유의 기업문화로 자리잡았다. 이제 각각의 팀은 자신의 게임을 비평적으로 보고, 기대한 성과를 내지 못한다고 판단되면 언제든 프로젝트를 중단했다. 이는 오늘날 빠지지 않고 거론되는 슈퍼셀의 성공비결이기도 하다. 즉 조직에 '실패할 자유'가 주어진 것이다. 특정 비전에 집착하거나 사내정치의 압박에 굴복하는 대신, 슈퍼셀은 실패를 수용함으로써 사업 리스크를 완화했다.

이러한 사고방식을 조직에 확실하게 주입하기 위해 슈퍼셀은 프로젝트를 중단할 때면 늘 축하 파티를 열었다. 팀의 노력과 그 과정에서 그들이 획득한 경험을 회사 차원에서 인정해주는 것이다. "우리가 실패를 즐기는 척하는 건 아닙니다. 실패를 좋아하는 사람이 어디 있겠어요. 실패 그 자체를 축하하는 게 아니라, 그 실패에서 무언가를 배웠다는 사실을 기념하는 거죠."

실패에서 배운다는 슈퍼셀의 철학은 몇 가지 중요한 문화를 낳았다. 첫째, 의사결정권을 개발팀에 이양해 개발에 관한 한 완벽한 자유를 누리도록 했다. 슈퍼셀의 팀들은 정기적으로 프로젝트 진척사항을 다른 팀과 공유하고 피드백을 모았다. 이 과정에서 쌓인 신뢰 덕분에 구성원들은 경영진을 만족시키는 데 시간을 허비하는 대신 프로젝트 성공에 집중할 수 있었다. 슈퍼셀의 창업자 일카 파나넨은 농담처럼 자신을 "세상에서 가장 힘없는 CEO"라 말하기도 한다.

둘째, 팀뿐 아니라 회사 차원에서도 전반적인 성과를 투명하게 공개해 구성원들의 신뢰를 강화했다. 슈퍼셀은 일 단위로 개별 게임 및 회사의 핵심성과 관련 수치를 공유했다. 덕분에 구성원들은 자신뿐 아니라 동료들의 경험과 실패에서 배우고, 그날그날의 의사결정에 반영할 수 있다.

셋째, 슈퍼셀은 팀 간 협업을 적극적으로 장려한다. 1년에 한 번, 슈퍼셀은 전사 차원의 단합시간을 갖는다. 모든 구성원이 참여해 서로 친밀감과 우정을 형성하는 시간이다.

넷째, 조직에 새롭게 합류한 이들에게 광범위한 신규 입사자 교육을 실시한다. 그들의 기업문화가 일반적이지는 않으니 이러한 방침은 일견 당연하다. 이 과정에는 상급자와 1대 1 미팅도 포함되며, 물론 솔직함을 기본 원칙으로 한다.

게임 개발을 작은 단위의 공정iteration으로 쪼개고, 실패를 내재화하는 문화는 천천히 그러나 확실한 성과를 보였다. 건샤인의 실망스러운 결과 이후 붐비치, 클래시 오브 클랜, 클래시 로얄, 헤이데이 등 수십억 달러짜리 게임을 한 개도 아니고 4개나 개발했으니 말이다.

또 다른 대안은 덜 혁신적인 대신 많은 자본을 필요로 한다. 바로 인수합병을 통해 시장점유율을 높이는 것이다. 이 전략의 고수로 텐센트와 넷이즈가 있다. 이들의 성공은 중국 정부의 규제에 힘입은 바 크지만, 정부에만 기댄 것은 아니다. 2010년 실적 보고서에서 텐센트 의장 마화텅은 다음과 같이 언급했다. "게임 산업의 강자가 되기 위해서는 압도적으로 다양한 앱과 콘텐츠를 확보해야 합니다."

텐센트는 자사의 플랫폼을 외부 개발사에 개방하는 것에 그치지 않고 게임 개발사를 비롯한 다양한 콘텐츠 기업에 투자를 단행했다. 그들은 어마어마한 자금력을 바탕으로 소규모 투자를 수없이 집행했다. 다양하게 투자를 분산함으로써 리스크를 완화하고, 투자 기업의 크고 작은 노하우를 자사에 이식하는 효과를 노렸다. 일례로 사람들이 게임과 자신의 SNS 계정을 연동하는 시스템 또한 투자 과정에서 얻은 노하우다.[*] 투자사의 사업 운영을 통해 소셜 요소가 수익화 전략

---

[*] 카카오의 대주주였던 텐센트는 카카오가 소셜게임을 카카오톡에 연동함으로써 큰 성과를 거둔 것을 확인하고 이를 자사 모바일 메신저인 위챗에 그대로 이식하여 카카오를 훨씬 뛰어넘는 수익을 올렸다.

의 핵심임을 초기에 간파한 것이다.

아울러 다수의 회사에 투자하는 과정에서 데이터 확보도 소홀히 하지 않았다. 외부에 공개되지 않은 자료도 주주 신분으로 확인하면서 시장의 변화를 예측하고 기회를 잡는 데 참조했다.

넷이즈 또한 비슷한 전략을 사용하되 여기에 경쟁 요소를 강화했다. 그들은 전 세계 50개 이상의 모바일 게임 스튜디오를 인수해 거대한 글로벌 네트워크를 형성했다. 각각의 스튜디오들은 독립적으로 운영되며, 정기적으로 내부 발표 세션을 갖는다. 이 자리에서 어떤 게임에 투자를 계속할지가 결정된다. 말하자면 자회사 사이에 현실 배틀로얄이 벌어지는 셈이다.

텐센트와 넷이즈의 전략은 두 회사가 엄청난 자본을 보유하고 있기에 가능한 것이다. 특히 텐센트는 투자 시 어떤 경쟁자보다 투자금을 높게 불러 상대를 압도하곤 한다. 실로 텐센트가 투자 관련 돈싸움에서 지는 경우는 거의 없다.

게다가 수십억 중국 소비자에게 접근할 수 있는 플랫폼은 일반적인 투자 펀드가 갖지 못한 경쟁력이다. 작은 회사로서는 텐센트나 넷이즈 같은 전략적 파트너로부터 투자받는 편이 단순히 자금만 투자하는 재무적 파트너와 손잡는 것보다 당연히 유리하다. 독보적인 플랫폼의 존재가 다른 투자자의 접근을 막는 진입장벽이 되는 것이다.

아직은 유효한 성공신화, 그러나 언제까지?

지금까지 모바일 게임의 대중화 및 낮은 진입장벽에서 파생된 기회와 문제점을 살펴보았다. 그런데 여기서 짚어봐야 할 중요한 질문이 하나 있다. 과연 이 두 요소가 곧 시장의 개방성을 의미하는가?

데이터에 따르면 웹 기반 게임을 만들어본 회사들이 전통적인 게임사보다 모바일 시장에서 훨씬 큰 성공을 거두었음을 알 수 있다. 유료 게임에서 프리-투-플레이 기반으로 전환하면서 이른바 '고래whale'* 플레이어들이 사용할 수 있는 금액의 한계가 사라졌으며, 이는 신생 게임사가 등장하고 모바일 시장에서 점유율을 높이는 데 기여했다. 그에 따라 게임 개발 및 배급을 둘러싼 관행은 새로운 도전에 직면했다. 기존의 접근방식은 새로운 시장에서 더이상 효과적이지 않은 것으로 판명되었다.

이는 특히 기존 게임사에 무겁게 다가왔다. 2016년 닌텐도가 모바일 기반의 '슈퍼 마리오 런'을 출시하면서 10달러의 가격을 책정하자 소비자들은 실망을 감추지 않았다. 당연히 무료일 거라 기대했던 것이다. 하지만 애플과 닌텐도 간의 협업 방향성은 명백히 유료 게임에 맞춰져 있었다.

애플의 연례행사 때 '마리오의 아버지'라 불리는 닌텐도의 디렉터

---

* 현금 결제를 많이 한 게임 유저를 지칭하는 표현으로, 라스베이거스 카지노에서 처음 등장한 표현으로 알려져 있다.

미야모토 시게루Myamoto Shigeru가 무대에 올라 슈퍼 마리오 런의 출시 계획을 공개했다. 그 전 여름 포켓몬고의 놀라운 성공이 사람들의 머릿속에 생생할 때라 이번에는 닌텐도가 슈퍼 마리오로 큰 반향을 일으킬 것이라 믿어 의심치 않았다.

그 후 닌텐도는 발매일이 다가올수록 게임에 관한 상세 정보를 공개하며 마케팅 강도를 높여갔다. 2016년에 슈퍼셀과 머신존Machine Zone 등의 모바일 게임사가 미국에서 가장 광고비가 비싼 슈퍼볼 하프타임 광고를 내보내 화제가 되었는데, 닌텐도는 여기서 한발 더 나아가 아예 방송에 출연해 게임을 알렸다. 닌텐도 북아메리카 지사의 CEO가 미국의 인기 토크쇼 〈지미 팰런쇼〉에 출연해 생방송으로 슈퍼 마리오 런에 관한 대화를 나눈 것이다. 그 후로도 전통적인 대규모 출시 전략을 펼쳐 마침내 발매 일주일 후 5000만 다운로드 달성을 언론에 발표할 수 있었다. 하지만 몇 달 후의 실적 발표에서 닌텐도는 슈퍼 마리오 런이 7800만 다운로드를 달성했지만, 그중 유료 구매는 500만에 불과했다고 밝혔다. 닌텐도의 기대에 전혀 부응하지 못한 저조한 성적이었다.

이는 어쩌면 신생 업체와 전통적인 게임 업체 간의 관점 차이에서 생긴 이슈일 수도 있다. 어찌됐든 콘솔과 PC 게임 시장에서 지배적인 위치를 유지해온 전통적인 게임사는 이제 신생 업체들과 시장을 나눠 가져야 하는 현실에 정신이 번쩍 들었다.

모바일 게임 시장의 접근성은 총 다운로드의 분포로도 확인할 수 있다. 만약 이미 자리잡은 게임사들만 고객에게 쉽게 다가갈 수 있다면, 소규모 신생 게임사들은 고객을 만들어내는 데 더 큰 어려움을 겪을 것이다.

그러나 현실은 그렇지 않다. 다운로드 순위 상위 1000개 모바일 게임의 비중을 살펴보면 점진적인 변화를 확인할 수 있다. 2013년에는 총 다운로드 횟수 가운데 상위 20개 게임이 28%를 차지했는데, 2018년에는 18%로 줄어들었다. 상위 50위로 범위를 넓혀봐도 2013년 49%에서 2018년 37%로 축소되었다. 반면 같은 시기 51~1000위 게임의 점유율은 51%에서 62%로 증가했다. 이건 주목할 만한 변화다. 왜냐하면 일반적으로 모바일 게임 플레이어들은 다양한 게임을 두루 즐기기보다 몇몇 게임만 하는 경향이 있는데, 그럼에도 다양성이 증가했다는 것은 모바일 게임 시장이 접근성 측면에서 민주화되었고, 상위 게임의 독식 현상이 약화되었음을 의미한다(도표 5-3 참조).

물론 여기에는 다양한 설명과 해석이 가능하다. 가령 앞의 데이터는 재설치를 해야 하는 등 성가신 게임들은 포함되지 않았다. 얼마나 게임을 오래 플레이하고, 한 사람이 같은 게임을 몇 번이나 다운로드하는지 등도 고려되지 않았다. 2013년 다운로드 1위 게임인 캔디 크러쉬 사가는 약 4억 회의 다운로드를 기록하며 현재까지도 10위 안에 머물러 있다. 다운로드 횟수도 비슷하게 유지하면서 말이다. 반면 '서브웨이 서퍼'는 초기에는 비슷한 수준의 인기로 시작했지만 2018년에는 3분의 1로 떨어졌다. 2018년 1위 게임은 '왕자영요'로 10억 다운로

[도표 5-3] 글로벌 상위 1000위 모바일 게임의 다운로드 점유율

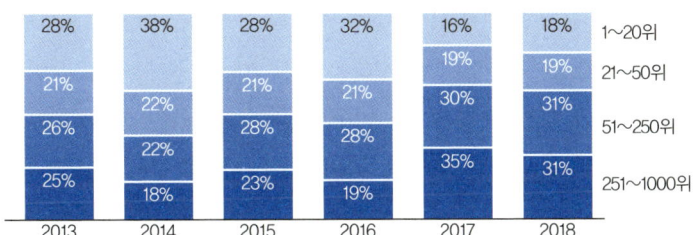

출처: 슈퍼데이터 리서치

드가 넘는다. 2013년 1위의 3배에 가까운 수치다. 그만큼 모바일 게임 시장이 계속 성장하고, 플랫폼에 들어와 게임을 찾는 신규 소비자도 여전히 많다는 뜻이다.

모바일 게임 시장의 지형은 짧은 기간 동안 상당히 드라마틱하게 변화했다. 극적인 성장은 변화의 중요한 요인이다. 모바일 게임의 총매출은 아이폰이 출시된 2007년 대략 20억 달러에서 2018년 450억 달러까지 상승했다. 이는 자연스럽게 많은 기업의 유입으로 이어졌다. 그러나 그들의 기대와 달리 재무적 성과는 고르게 분배되지 않았다. 성과가 좋았던 기업은 대개 디지털에만 집중했던 신생 업체들이었다. 2018년 전통적인 게임사들의 매출 총합이 전체 모바일 게임 매출의 11%인 50억 달러 수준이었다면, 2008년 이전에는 존재하지도 않았던 신생 게임사들의 2018년 매출 합계는 400억 달러에 달했다.

데이터를 좀 더 자세히 보면 작지만 중요한 변화도 확인할 수 있다. 첫째, 전체 모바일 게임 시장의 1% 이상을 점유하는 회사가 2007년 8개에서 2018년 25개로 증가했다는 사실이다. 이 중 21개는 2018년 모바일 게임으로 5억 달러 이상의 매출을 올렸으며, 그 덕에 다른 프로젝트에 투자할 자금을 확보할 수 있었다.

둘째, 전체 모바일 게임 시장의 집중도가 낮아졌다는 점이다. 2008년 산업 집중도를 진단하는 HHI 지수에서 모바일 게임은 '매우 높은 집중도'의 기준(2500)에 약간 못 미치는 2458을 기록했으나, 2018년에는 '낮은 집중도'에 해당하는 832로 하락했다. 글로벌 모바일 게임 산업이 전체적으로 성장하고 신생 게임사들이 대거 참여한 덕이다. 애초에 모바일 게임은 PC나 콘솔 게임보다 집중도가 낮은 분야이기도 하다. 그러나 우리가 한 가지 간과하면 안 되는 요인이 있다. 2018년 HHI의 급격한 하락은 텐센트가 입은 30억 달러 규모의 매출 손실 탓도 있기 때문이다. 당시 중국이 해외 게임에 대한 판호 발급을 중단한 탓에 텐센트는 그해 중국 내 배급 예정이었던 배틀그라운드와 포트나이트의 수혜를 입지 못했다. 해당 이슈가 없었더라면 아마도 텐센트의 수익은 훨씬 높아졌을 것이며 시장 집중도 또한 HHI 832보다는 높아졌을 것이 분명하다.

마지막으로 변화의 징조를 살펴보며 분석을 마무리하자. 〈도표 5-4〉를 보면 모바일 게임에 대한 소비자 지출 증가속도가 떨어지기 시작했음을 알 수 있다. 이는 시장 포화의 서막을 암시한다. 하지만 전

[도표 5-4] 주요 글로벌 모바일 게임 개발사 매출

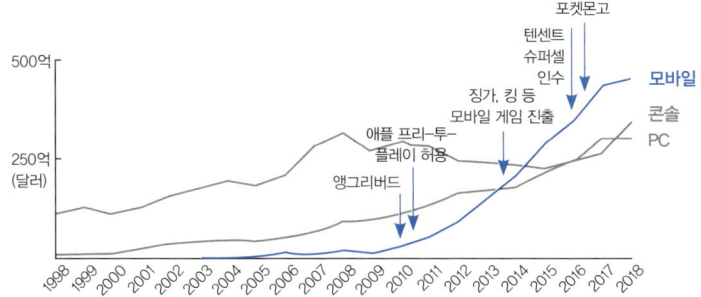

출처 : 개발사 리포트

체 시장의 성장 속도는 둔화되었을지언정, 상위 기업의 성장세는 여전히 거침이 없다. 상위 20개 모바일 게임사들은 2017년에서 2018년 사이 약 92% 성장했다. 반면 전체 모바일 게임 시장은 4% 성장했을 따름이다. 동시에 모바일 배급사들은 앞서 설명한 수익성 감소, 경쟁 심화, 그리고 마케팅 비용 상승 등의 문제에 직면했다. 모바일 게임의 초기 성장을 이끌었던 요인들이 이제는 해결해야 할 과제가 된 것이다.

초기에 신생 개발사들이 스마트폰 게임에서 발생하는 대부분의 가치를 독차지했던 것은 분명한 사실이다. 그들이 그렇게 할 수 있었던 건 이전에 다른 게임을 만들어본 경험을 창의적인 모바일 게임 전략을 수립하는 경쟁력으로 활용했기 때문이다. 슈퍼셀의 경영진은 수십 년의 게임 개발, 제작, 판매 경험을 보유하고 있었다. 텐센트의 압도적인 데이터와 자본력은 그들에게 경쟁우위를 부여했다. 이와 대조적으로 전통적인 게임사들은 모바일 게임 소비자에게 최적화된 가격 전략을 수립하는 데 어려움을 겪었다. 그들은 지나치게 과거의 마케팅 관행에 집착했다.

아이폰이 등장하고 수년간, 모바일 게임 시장에 엄청난 기회가 존재한다는 생각은 사라지지 않았다. 사람들은 모바일 게임 시장이 여전히 개방적이고 누구나 진입 가능하다고 계속해서 믿었다. 초기의 환경이 이러한 믿음을 고착화했겠지만, 모바일 게임 시장은 이후 극적으로 변화했다. 결론적으로 아직은 모바일 게임 백만장자 신화가 유효하다고 볼 수 있다. 그러나 언제까지 유효할지는 그 누구도 알 수 없다.

Summary

- 애플의 아이폰은 모바일 게임을 폭발적으로 성장시켰다. 초기의 모바일 게임은 대규모 자본이 필요치 않으며, 앱스토어가 유통과 프로모션 등을 대신해주어 마케팅 등 제반 비용도 낮았다. 무엇보다 기존의 강자들이 외면하는 바람에 소규모 신생 업체들에는 기회의 땅이 되었다. 낮은 제작비, 쉽게 모방할 수 있다는 점, 앱스토어의 존재 등이 맞물려 모바일 게임은 게임 산업 내 골드러시를 촉발했다.

- 제조업 마인드를 가진 기존 강자들이 가장 납득하지 못한 것은 무료로 게임을 제공하고 앱 내 결제로 수익을 내는 애플의 프리미엄 정책이었다. 그러나 배너 광고가 주 수익원인 웹 브라우저 기반 게임에 익숙한 신생 업체에는 너무나도 말이 되는 전략이었다.

- 프리미엄 전략은 다수의 사용자를 끌어모으는 데는 유리하지만 수익 모델로서는 한계가 분명하다. 무엇보다 '모바일 게임은 공짜'라는 고착화된 인식을 깨기가 쉽지 않다. 관건은 돈을 내는 소수의 유료 고객을 어떻게 붙잡느냐는 것이다. 즉 수많은 게임 사용자가 아니라 소수의 유료 고객을 놓고 끝없는 경쟁이 벌어지는 것이다.

- 수익화 방안은 크게 두 가지다. 첫째는 재미있는 게임으로 네트워크 효과를 꾀하는 것. 이것은 최고의 인재와 충분한 자금만으로는 부족하다. 슈퍼셀은 게임 개발을 작은 단위의 공정으로 쪼개 자율권을 주고, 실패를 내재화하는 기업문화를 정착시켜 이 미션을 달성했다.

- 두 번째 수익화 방안은 인수합병을 통해 시장점유율을 높이는 고전적인 전략이다. 텐센트가 중국을 넘어 세계 게임 시장의 강자로 자리매김한 과정이기도 하다.

6장

누가 콘솔을 한물갔다 하는가 :
게임기에서 콘텐츠 플랫폼으로

#콘솔 #파괴적혁신 #지보 #엑스박스 #플레이스테이션
#연결성확장 #디지털유통 #테이크투 #GTA5

2014년 복서8BOXER8이라는 회사가 크라우드펀딩 플랫폼 킥스타터에서 우야OUYA라는 콘솔 프로젝트를 펀딩해 900만 달러에 육박하는 투자금을 모았다.

"모든 이들의 콘솔"이라는 컨셉을 내세운 이 프로젝트는 게임 플레이어와 개발사들에게 기존에 볼 수 없는 높은 접근성을 약속했다. 우선 가격이 낮을 것으로 예상되었다. 그만큼 더 많은 이들이 콘솔을 살 수 있고, 개발사는 많은 사용자를 더 낮은 비용으로 유입시킬 수 있을 터였다. 아울러 안드로이드 및 구글 앱스토어, 구글 인프라 등을 활용해 개발 난이도를 크게 낮추고, 사업 초반부터 다채로운 콘텐츠를 확보한 것처럼 보이게 했다. 기존의 콘솔과 확실히 차별화한 복서8은 알리바바가 1000만 달러를 추가로 투자하면서 혁신주자를 넘어 일약 콘솔 시장의 차세대 지배자로 거론되기 시작했다.

우야 프로젝트가 시장을 흔들기 전까지 콘솔의 앞날은 어둡게만 보였다. 여러 언론매체가 '콘솔의 종말'을 말하기 시작했다. IT 전문지 〈와이어드〉는 대놓고 다음과 같은 헤드라인을 달기도 했다. "콘솔 시대는 끝났다. 무엇이 콘솔을 대체할 것인가?" CNN은 닌텐도 위 유의 형편없는 실적을 언급하며 콘솔 게임이 죽어가는 이유를 설명했다.

게임 업계 내부라고 다를 바 없었다. 콘솔에 대한 전망은 대체로 부정적이었는데, 바로 파괴적 혁신의 상징 아이폰의 등장 때문이다. 아이폰이 출시되고 2008년, 게임 개발자 컨퍼런스GDC에서 업계 베테랑 벤 커즌스Ben Cousins는 다음과 같은 강연을 한 바 있다. "만약 콘솔이 죽는다면 그다음에는 누가 게임 시장의 지배자가 될 것인가?"

이 강연에서 커즌스는 자동차에 밀려난 말과 마차, MP3 플레이어의 등장으로 사라진 워크맨 등 이제는 쓸모없어진 기술을 예로 들며 콘솔의 쇠락이 임박했음을 경고했다. 대형 배급사와 콘솔 기업들의 주가 하락, 저조한 판매도 쇠퇴의 근거였다. 반면 징가, 페이스북, 그리Gree, 넥슨 같은 신생 업체의 급격한 성장은 게임 산업의 혁명을 상징했다. 콘솔을 기반으로 하지 않는 이들 기업은 오랫동안 유지되어온 게임 플레이 방식을 바꿔놓았다. 커즌스는 콘솔이 업소용 게임기의 운명을 뒤따를 거라 예측했다. 업소용 게임기는 대기업이 시장에 들어오고 더 저렴한 기기가 등장하며 밀려난 바 있다. 콘솔 역시 모바일이라는 와해성 기술이 '보이지 않는 힘'으로 작용해 산업의 중심에서 밀려나리라는 것이다.

커즌스의 강연은 당시 업계의 생각을 대변했다. 많은 게임사의 경영진은 콘솔의 수명이 몇 년 남지 않았다고 판단했다. 게임 업계 '미다스의 손'이라 불렸던 밸브의 게이브 뉴웰조차 "게임만을 위한 콘솔 플랫폼이라는 개념 자체가 사라졌다"고 말한 바 있다. 스퀘어 에닉스의 CEO 요이치 웨이드Yoichi Wade는 업계의 예상을 간명하게 정리했다. "10년 안에 콘솔 게임이라고 부르는 것 자체가 사라질 것입니다."

당시 게임 산업은 한 차례 파괴적 혁신이 필요한 성숙 시장이었다. 그중에서도 가장 심각한 것이 바로 콘솔 시장이었다. 고작 3개 기업이 오랫동안 시장을 지배하고 있다는 점, 특성이 제각각인 전용 게임을 고집하며 가격도 비싸다는 점, 전자기기로는 흔치 않게 제품 수명주기가 길다는 점 모두 전통적인 콘솔 비즈니스가 정체되고, 느려지고, 혁신이 필요하다는 주장을 뒷받침했다. 대형 배급사조차 콘솔이 게임 산업을 얼마나 더 지배할 수 있을지에 회의적이었다.

안 그래도 글로벌 및 디지털 경제에 적응하는 과제는 기존의 시장 플레이어들에게 적지 않은 압박이었다. 전통적인 콘솔 게임이 과연 새로운 시장 환경에서 생존할 수 있을까? 애플과 구글 같은 거대 테크기업이 게임 시장에 진출하고, 콘솔의 핵심부품인 반도체 가격이 하락해 콘솔 비즈니스가 와해되는 현 상황은 크리스텐슨의 '파괴적 혁신disruptive innovation' 이론에 정확히 부합한다. 여기에 지보Zeebo라는 디지털 기반 콘솔의 브라질 진출 실패와 엑스박스가 중국에서 거둔 애매한 성과가 콘솔의 미래를 한층 암울하게 했다.

신흥시장이라는 대안, 그러나…

디지털화로 물리적 제약이 사라지자 게임사들은 신흥시장에 관심을 보였다. 처음에 눈길을 끌었던 곳은 엄청난 경제호황을 누리던 브라질이었다.

브라질은 과거에는 낮은 소득과 과도한 세금으로 콘솔 판매를 전혀 고려하지 않던 곳이었다. 전자제품에 부과되는 높은 세금은 특히 부담스러웠다. 브라질에서 정식으로 수입 판매하는 닌텐도 위의 가격은 미화 1000달러(1750브라질헤알) 정도다. 이는 북미 지역에서 판매되는 가격의 4배에 해당하며, 대부분의 브라질 소비자들이 구매할 수 있는 가격 범위를 훌쩍 넘어섰다. 반면 암시장에서 거래되는 엑스박스 360이나 플레이스테이션2는 미화 250달러 정도에 불과했다.

불법복제 문제도 심각했다. 어느 게임 프로듀서는 자신이 개발한 게임의 복제품이 판매되는 현장을 직접 보았던 순간의 감정을 다음과 같이 토로했다. "절망적이었어요. 개발하는 데 6년이나 걸렸는데 고작 1달러에 판매되고 있더라고요."

2008년 미국의 통신기기 업체인 퀄컴과 브라질 게임 및 전자제품 판매업체 텍토이Tectoy가 협업해 중남미 전용 콘솔인 지보를 개발했다. 당시만 하더라도 빠르게 성장하는 신흥국 시장에서는 혁신의 중간 단계를 건너뛰고 최신 기술이 적용된 제품이 인기 있으리라는 게 일반적인 생각이었다. 북미와 유럽 소비자들이 전화선에서 무선광대역 인터넷까지 단계적으로 밟아온 것과 달리 신흥국 소비자들은 단번에 최신 인터넷 기술을 경험한 것처럼 말이다.

지보도 당연히 무선인터넷 기반으로 개발되었고, 카트리지나 CD롬도 탑재하지 않았다. 지보가 지향한 것은 '신흥국 중산층 가정에 적합한 가격대의 무선인터넷 게임 콘솔'이었다. 지보의 콘솔은 상대적으로 낮은 170달러(299브라질헤알)에 판매되었으며, 게임 타이틀은 5~15달러로 책정되었다. 그들의 궁극적인 바람은 무선인터넷 기반이라는 특성이 불법복제 우려를 제거해 더 많은 배급사가 지보를 위한 게임 개발에 참여하는 것이었다.

하지만 그들의 바람은 실현되지 못했다. 많은 게임을 확보하려면 손쉽게 게임을 개발할 수 있거나 기존 게임을 이식할 수 있도록 지원해야 하는데, 그러기에는 지보의 하드웨어 시스템이 너무 취약했다. 그렇다고 소프트웨어 지원이 훌륭한 것도 아니었다. 이 때문에 지보에 탑재된 게임도 적고 흥미도도 떨어졌으며, 사용자들의 반응도 미적지근했다. 시장 경쟁력이 떨어지고 배급업자들과 긴밀한 관계도 형성하지 못한 지보는 결과적으로 브라질 시장에 자리잡는 데 실패했다.

그렇다고 브라질 시장이 난공불락인 것은 아니다. 이들보다 2년 전에 마이크로소프트는 엑스박스를 브라질에 성공적으로 출시한 바 있다. 브라질 시장용 콘솔을 별도로 제작하는 대신 마이크로소프트는 기존에 보유한 게임 포트폴리오, 브랜드 인지도, 소매업체와의 관계, 막강한 자금력 등을 효과적으로 활용했다. 현지 공장을 세워 콘솔 단가를 낮추는 데에도 성공했다. 비록 초기 투자 비용은 높았지만 이러한 전략은 충분한 가치가 있었다. 결과적으로 마이크로소프트는 브라질 콘솔 시장을 80%나 차지했다.

브라질에서 성공한 후 마이크로소프트 경영진이 더 많은 글로벌 고객에게 뻗어가는 건 시간문제였다. 마침 아이폰의 성공을 보면서 마이크로소프트의 CEO 스티브 발머는 자신들도 성공적인 소비자 기기를 보유할 필요가 있다는 판단을 내렸다. 첫 번째 후보지는 새로운 시장으로 떠오른 아시아, 그중에서도 중국이었다. 그들은 중국이 향후 미국, 영국에 이어 세 번째로 큰 엑스박스 시장이 될 거라 예측했다. 당시 마이크로소프트는 콘솔 경쟁에서 소니에 밀리고 있던 터라 큰 한 방이 필요했다. 스티브 발머는 콘솔이 판매된 적 없는 중국 시장을 선점할 수 있다면 단번에 전세를 뒤집을 수 있으리라 판단했다. 마이크로소프트는 브라질 시장을 개척한 팀을 중국에 파견하고, 엑스박스 원을 현지에 맞게 개량해 출시하는 계획에 착수했다.

하지만 실행은 계획보다 어려운 법이다. 중국 진출은 역시 만만치 않았다. 일단 콘솔 자체가 금지된 국가다. 중국 정부는 콘솔 게임이 도박을 비롯한 각종 범죄 행위로 이어질 수 있는 기술적 징검다리라 여겼고, 거실이라는 신성한 공간이 하찮은 엔터테인먼트 기기에 오염될 수는 없다고 생각했다. 즉 마이크로소프트는 새로운 시장에 진입하기에 앞서 중국 정부의 부정적 인식부터 극복해야 했다.

게다가 콘솔은 PC보다 폐쇄된 플랫폼이어서 규제 당국이 콘텐츠를 검열하기 쉽지 않다는 점이 상황을 더욱 어렵게 만들었다. 중국에 만연한 반미 감정도 마이크로소프트에 결코 우호적이지 않았다. 당시 중국의 게임 산업은 초기 단계였지만 샨다 인터랙티브Shanda Interactive, 퍼펙트 월드Perfect World, 텐센트, 더 나인The9 같은 회사들이 가능성을 보여주고 있었다. 이들에게 힘을 실어주자는 여론이 중국 게임 소비자들 사이에서 공감대를 얻어갔다.

이 까다로운 시장에 안착하기 위해 마이크로소프트는 엑스박스 원을 게임 콘솔이 아닌 '라이프스타일 기기'로 포지셔닝했다. 북미와 유럽에서 성능이나 게임 포트폴리오를 강조했던 것과 달리 중국 관료들을 달래기 위해 전혀 다른 접근법을 택한 것이다. 즉 TV로서의 기능, 동영상 플레이어로서의 기능, 키넥트Kinect를 이용한 운동기기로서의 기능, 학습용 기기로서의 기능을 강조하고, 게임 기능은 '게임 큐레이션'이라 명명하여 덜 돋보이게 했다.

아울러 현지 기업과의 강력한 파트너십이 필요하다는 사실을 인지하고 상하이 미디어 그룹의 IPTV 서비스인 베스TV와 파트너십을 체결했다. 결과적으로 마이크로소프트는 새롭게 설정된 상하이 자유무

역구에서 판매 허가를 받고, 이를 무기로 파트너 배급사들에게 기존 게임을 중국에 맞게 현지화할 의사가 있는지를 타진했다.

현지화의 관건은 가격 경쟁력을 확보하는 것이었다. 소비자들이 PC 및 모바일 플랫폼의 프리-투-플레이 방식을 당연하게 여기고 암시장까지 존재하는 마당에 콘솔 게임은 비싸다고 여길 게 분명했기 때문이다. 마이크로소프트의 설득으로 일렉트로닉 아츠와 유비소프트는 중국에 판매하는 게임 가격을 다른 지역의 반값 수준으로 인하하기로 했다.

이 모든 조치에도 불구하고 중국 정부의 승인은 더뎠고, 절차도 투명하지 않았다. 검열 기간 및 기준 등의 정보가 전혀 공개되지 않았고, 이는 현재도 마찬가지다. 게다가 반드시 현지 기업과 협업해야 한다는 규정은 곧 세계무대의 경쟁자들과 중국 매출의 일부를 나눠야 함을 의미했다. 마이크로소프트는 중국 진출을 추진하는 과정에서 큰 비용을 지불하고서야 이 모든 것들을 알게 되었다.

2013년 7월 마침내 승인된 엑스박스 원은 이후 경쟁자들을 확실히 따돌렸다. 그도 그럴 것이, 중국에서 판매되는 게임 콘솔은 거의 1년간 엑스박스 원이 유일했다. 중국 현지 기업이 개발한 게임 타이틀을 판매하고, 베스TV를 통해 유료 방송 콘텐츠를 내보내는 데에도 적극적이었다. 마이크로소프트가 중국에 진출하면서 콘텐츠 확보에 쓴 비용만 1억 달러다. 이밖에 시장 맞춤형 하드웨어 개발, 게임 타이틀 현지화, 마케팅 비용 등에 추가로 3000만 달러를 지출했다. 덕분에 엑스박스 원은 출시 첫날에만 무려 10만 대를 판매하는 등 엄청난 초기 성과를 거두었다.

하지만 중국 시장 진출로 마이크로소프트가 기대한 만큼 수익을 올렸는지 묻는다면, 그렇지는 않다. 그들이 예상한 첫해 엑스박스 원 판매량은 200만 대였다. 이를 위해 5억 달러 가까이 들여 다수의 협력 파트너를 확보했으나, 유의미한 수준의 시장점유율이나 경쟁력 증가로 이어지지는 않았다. 게다가 그들이 힘겹게 개척한 것이 소니와 닌텐도에게는 중국 시장의 무혈입성을 도운 것이나 마찬가지였다. 소니의 플레이스테이션은 중국 판매량을 지속적으로 늘려갔고, 애플의 아이폰은 여전히 중국 소비자들에게 인기 있었으며, 닌텐도는 새 콘솔인 스위치 출시를 앞두고 있었다. 마이크로소프트는 중국에서 노력한 성과를 여러 경쟁자들과 나눠 가진 셈이다.

지보의 브라질 진출 실패, 엑스박스 원이 중국에서 거둔 기대 이하의 성적은 콘솔에 대한 비관론에 힘을 실었다. 8세대 콘솔의 판매가 이전 세대들보다 월등했음에도 업계 전문가들은 콘솔의 지속가능성에 의구심을 보였다. 이는 게임 산업의 미래와도 직결된 중요한 이슈였다. 그들은 게임 업계가 디지털화라는 현실과 씨름하고, 모바일 게임만큼 성장하지 못하는 데에서 충분히 고통받고 있다고 판단했다. 여기에 콘솔의 쇠퇴가 증거처럼 제시된 것이다.

하지만 정작 콘솔 업체들은 초고속 인터넷이 일반화되고 연결성이 강화되는 인프라의 변화를 기회로 활용했다. 게임만 플레이하는 기존 전략 대신 콘솔을 통해 게임 외 다양한 서비스를 제공하는 새로운 전략으로 선회한 것이다.

소니의 플레이스테이션, 온라인 연결성을 확장하다

수십 년간 콘솔 제조업체들은 온라인 서비스와 게임 플레이를 차별화하는 데 주력했다. 비록 대부분은 실패로 돌아갔지만, 몇몇 시도는 주목할 가치가 있다.

1981년 세계 2위 장난감 기업인 마텔과 미국의 반도체 및 케이블TV 장비업체인 제너럴 인스트루먼트의 합작회사인 인텔레비전 Intellevision이 론칭한 플레이케이블Play Cable 서비스를 예로 들어보자. 다양한 콘텐츠는 물론 다운로드한 게임을 저장할 수 있는 별도의 카트리지 케이블을 제공하고 디지털 도서관에도 접속 가능한 서비스였으나 1만 명의 구독자를 확보하는 데 그쳤다. 출시되는 게임의 용량이 점점 커지는 바람에 카트리지는 곧 저장수단으로서 쓸모를 잃고 말았다. 결국 플레이케이블 서비스는 중단되었다.

비슷한 시기에 나온 게임라인Game Line도 신세는 비슷했다. 게임라인은 게임할 때마다 돈을 지불하는 업소용 게임기의 비즈니스 모델을 참조해 게임 플레이 횟수를 제한했다. 하지만 대형 배급사의 지원이 없었기에 손익분기점을 넘길 만큼 플레이어를 모으지 못한 채 시장에서 슬며시 자취를 감췄다.

그 후 1994년, 세가가 자사의 세가 제네시스 콘솔을 기반으로 월 구독 서비스인 세가 채널Sega Channel을 공개했다. 세가 채널은 케이블TV로 접속 가능하며, 여타 서비스들과 달리 독점 게임을 비롯해 몇 개의 인기 게임을 제공했다. 하지만 차세대 콘솔인 세가 세턴을 출시하면서 하드웨어 수요가 증가하자 채널 서비스는 곧 중단되었다. 개별 게임의 용량이 증가함에 따라 다운로드를 감당할 수 없었던 것이다.

콘솔의 온라인 서비스와 관련하여 주목할 만한 마지막 사례는 닌텐도. 닌텐도는 닌텐도 세틀러뷰Nintendo Satellarview라는 멀티미디어 서비스를 1995년부터 6년간 일본에서 운영한 바 있다. 게임뿐 아니라 음악과 뉴스도 제공하고, 게임은 하루 중 일정 시간대에만 다운로드할 수 있었다.

온라인 연결성과 다운로드 콘텐츠DLC로 차별화한 콘솔은 이 밖에도 많다. 즉 이 컨셉 자체는 전혀 새롭지 않은데, 왜 최근에야 이 전략이 통할까? 답은 간단하다. 과거보다 더 많은 이들이 인터넷을 사용하기 때문이다. 콘솔에 대한 비관론과 회의가 증가할 무렵, 한편에서는 광대역 인터넷 서비스에 가입한 가구 수가 임계치를 넘어섰다. 콘솔 제조업체들이 디지털 서비스로 영역을 확장하기에 적절한 시기가 마침내 도래한 것이다.

게임 업계에 새로 진출한 기업들이 혁신을 주도했다는 건 선두 기업인 소니 입장에서는 잃을 게 많음을 의미한다. 하지만 소니는 선제적으로 서비스 기반 전략으로 전환함으로써 예기된 하드웨어 판매 감소를 피해가고 디지털 패러다임에 안착했다. 즉 소니는 산업의 변화를 미리 예측했던 것이다.

이미 2006년 소니는 플레이스테이션 네트워크PlayStation Network 서비스를 개시했다. 초기에는 플레이스테이션 콘솔에서만 접속할 수 있었지만 이후 스마트폰, 태블릿, 스마트TV 등 여러 기기에서 작동되었다. 사람들이 디지털 서비스를 선호함에 따라 소니는 콘텐츠의 다양성을 강화해갔다. 기본적으로 무료 서비스이지만 온라인 콘텐츠 스토어(스토어), 2019년 기준 활성사용자가 9400만 명에 달한 게임 구독(플러스), 영화 스트리밍 및 대여(비디오), 클라우드 기반 방송 서비스(뷰, 2020년 1월부로 서비스 종료), 음악(뮤직), 클라우드 기반 게임 서비스(나우) 등 다양한 유료 서비스도 올라와 있다. 2018년 플레이스테이션 네트워크의 매출은 130억 달러에 달했다.

그중에서도 플러스 서비스는 게임 개발사와 플랫폼 기업 간의 역학 관계에 관한 의미 있는 통찰을 준다. 아직 배급사들이 디지털 콘텐츠에 익숙하지 않던 시기에, 소니는 고정 가격에 서비스하는 방침에 대해 그들의 동의를 얻는 데 성공했다. 주요 배급사들이 참여한 덕분에 플러스 서비스의 가치는 더욱 높아졌고, 개발사들은 그들대로 새로운 유통채널의 가능성을 큰 리스크 없이 탐색할 수 있었다. 소니가 대대적으로 홍보하는 플러스에 참여하는 것만으로 더 많은 게임 노출과 공짜 마케팅이 가능했으니 말이다.

가령 스퀘어 에닉스의 '저스트 코즈2'는 플레이스테이션 네트워크에서 가장 인기 있는 무료 게임 중 하나였다. 나는 이 게임을 개발한 아발란체 스튜디오Avalache Studios의 전직 임원에게 무료로 게임 서비스에 참여하는 것의 이점이 무엇인지 물었다. 그의 대답은 명쾌했다. "마케팅이죠. 사실 플레이스테이션 네트워크에서 발생하는 매출 자체는 아주 적었어요. 대신 우리가 시리즈 차기작을 준비하는 동안에도 고객들은 우리를 잊지 않겠죠." 그의 말처럼, 최소한 이때만 해도 콘솔의 디지털화는 플랫폼 기업과 게임 배급사의 상호의존적 관계를 훼손하지 않았다.

아울러 소니는 신규 가입자를 늘리고 기존 가입자의 추가 지불을 끌어내기 위해 디지털 서비스만을 위한 독점 게임 확보에 투자했다. 댓게임컴퍼니Thatgamecompany의 '저니' 같은 게임은 플레이어들이 자신의 플레이스테이션 콘솔에 직접 다운로드하는 방식으로 큰 성공을 거뒀다. 이와 유사하게 스퀘어 에닉스는 시간 되감기 능력이 있는 여성을 주인공으로 한 어드벤처 게임 '라이프 이즈 스트레인지'를 디지털 플랫폼에만 출시했는데, 콘솔 버전 판매액이 PC 버전의 2배에 달했다. 스퀘어 에닉스가 실물 타이틀 발매를 결정한 건 게임을 출시하고 1년이 지난 뒤였다.

소니는 클라우드 게임 서비스를 가장 먼저 시도한 기업이기도 하다. 2012년에는 가정용 기기 기반의 클라우드 게임 서비스인 가이카이Gaika를 3억 8000만 달러에 인수해 삼성이나 LG 같은 경쟁자들로부터 이 시장을 독점하고자 했다. 이 노력은 플레이스테이션에 올라온 게임들을 클라우드 형태로 제공하는 플레이스테이션 나우 서비스로 이어졌다. 2015년에는 경쟁사이자 몇 건의 중요한 특허를 보유한 온라이브On Live도 인수했다. 인수 목적은 놀랍게도 온라이브 서비스를 중단하는 것이었다. 광대역 인터넷이 일반화되면서 클라우드 기반 콘텐츠의 수요가 더욱 증가하리라 보고 투자를 단행한 것이다. (하지만 불행히도 이 예측은 빗나갔다.)

　온라인 연결성은 게임을 넘어 영화와 방송 등 전통적인 콘텐츠로의 확장도 가능케 했다. 다양한 종류의 콘텐츠를 번들로 제공함으로써 플랫폼은 이용자들에게 더 높은 가치를 줄 수 있다. 이에 소니는 콘텐츠를 다양한 영역으로 확장하는 한편 콘솔 자체의 다양성에도 힘을 썼다. 소비자 전자기기 전문기업답게 2013년 플레이스테이션4 출시 후에도 꾸준히 제품을 개선해 2016년 플레이스테이션4의 슬림 버전과 프로 버전 그리고 VR 버전을 출시했다. 스마트폰과 달리 콘솔의 제품주기는 5년이나 된다. 이 시기를 허송세월하지 않고 업그레이드 버전을 꾸준히 발매해 다양한 가격대와 서로 다른 소비자 니즈를 효과적으로 공략한 것이다.

　콘솔 판매와 밀접히 연관된 전략으로 번들링을 언급하지 않을 수 없다. 인기 대작 게임의 스페셜 에디션 콘솔을 출시하는 것은 소니가 종종 활용하는 유용한 판매 증진 전략이다. 이는 디지털 전략의 확장과도 관련이 있다. 북미에서 판매된 콘솔 중 특정 게임과 번들링된 콘솔의 비중은 52%나 된다. 플레이스테이션4의 언차티드4 번들, 스파이더맨 한정판 번들은 각각 400만 대, 100만 대가량 판매되었다. 2019년에는 플레이스테이션VR 번들링의 일환으로 이드 소프트웨어 id Software와 둠 번들을, 베데스다 Bethesda와는 스카이림 번들을 출시한 바 있다.

기존 콘솔의 업그레이드 버전 출시, 인기 타이틀과의 번들링, 디지털화 전략 등을 병행함으로써 소니는 신생 기업들이 게임 업계의 낡은 관행을 타파하는 와중에도 리더의 자리를 유지할 수 있었다. 아울러 소니는 구독 서비스를 추가 제공하고, 디지털 독점판매로 불법복제를 미연에 차단하며 더 많은 유통방식을 제공하는 등 콘솔의 연결성을 강화했다. 이로써 콘솔의 수명주기를 연장했음은 물론 다양한 범주의 게임 타이틀을 제공할 수 있게 되었다는 점에서 콘솔의 연결성 강화 전략은 빠르게 성공했다. 2016년 소니는 플레이스테이션 네트워크의 활성사용자가 9400만 명에 달한다고 발표했다. 마이크로소프트의 엑스박스 라이브 서비스 활성사용자가 4900만 명인 것과 차이가 결코 작지 않다.

테이크투의 디지털 배급 전략

소니가 온라인 연결성을 확장하는 와중에도 테이크투나 일렉트로닉 아츠 같은 대형 배급사들은 기존 관행대로 소매점 판매에 집중하고, 디지털 유통채널에는 비인기 게임 위주로 공급했다. 2011년 어느 배급사 임원은 그들의 전략을 다음과 같이 설명했다. "출시된 지 어느 정도 된 게임이나 사이즈가 작은 게임 위주로 디지털 판매방식을 실험해보는 중입니다. 그러면서 차츰 이해도를 높여갈 생각이에요. 인기 대작 게임을 디지털로 공급하는 리스크를 감내하기 전에 말이죠."

새로운 환경에 기민하게 대응하는 소규모 게임 스튜디오들의 성공 사례를 보면서 대형 배급사들도 어찌됐든 디지털 방식을 도입하기 시작한 것이다.

느리게 움직이던 기존 배급사들의 디지털화가 성공한 데에는 멀티플레이 기반 온라인 게임의 증가가 중요한 역할을 했다. 과거의 콘솔들도 유사한 게임 플레이가 가능했지만, 추가로 소요되는 비용을 회수할 만큼 충분히 많은 사용자에게 도달하지는 못했다. 그러다 초고속 인터넷 서비스에 가입한 가구가 많아지면서 배급사들은 걱정 없이 온라인 멀티플레이 기반 게임을 개발할 수 있게 되었다.

이러한 전환에는 몇 가지 이점이 있었다. 우선 게임의 수명이 크게 연장되었다. 대부분의 게임은 싱글플레이 모드를 마치면 멀티플레이 온라인 게임 모드가 제공되는 구조다. 플레이어들은 상대에게 자신이

싱글플레이 모드에서 습득한 모든 기술을 적용할 수 있다. 그 과정에서 플레이어 스스로 콘텐츠를 만들게 되고, 그렇게 만들어진 방대한 콘텐츠를 문제없이 제공할 수 있는 온라인 멀티플레이 게임은 새로운 장르로 빠르게 자리잡았다.

이는 불법복제 및 중고 게임 거래에 따른 개발사의 수익 손실을 최소화하는 데에도 도움이 된다. 앞에서 살펴본 것처럼 게임스톱은 중고 게임 재판매로 얻은 수익을 배급사들과 공유하지 않았다. 그러다 게임 자체를 온라인 기반으로 전환함에 따라 개발사들은 게임에 대한 지배력을 회복할 수 있었다. 게임에 접속하려면 개발사가 제공하는 보안코드가 필요하고, 한 번 사용된 코드는 재사용할 수 없어 중고 게임의 가치가 급격히 하락했다.

당연하게도 소매업자들은 개발사들이 자신을 건너뛰고 직접 소비자들과 연결되는 이 방식을 반기지 않았다. 물론 배급사들과 플랫폼 기업도 소매 파트너를 배제할 의도는 없었다. 하지만 소비자들이 실물 CD 대신 음원을 다운로드하면서 타워레코드가 파산한 것을 목격했기에, 게임스톱 같은 소매업체들은 디지털 전환을 늦추는 데 자신의 역량을 동원하기를 주저하지 않았다. 게임스톱의 전직 임원에 따르면 그들은 당시 플랫폼 기업들과 정면으로 대립할 의사를 숨기지 않았다고 한다. 그들은 다음과 같은 메시지를 전달했다. "만약 당신들이 디지털 전략을 계속 추구한다면, 우리 매장은 당신 경쟁사들의 게임을 홍보할 겁니다."

그러나 콘솔의 디지털 유통은 이미 막을 수 없는 흐름이었다. 전통적인 배급사들도 점차 디지털 유통 관련 투자를 늘려갔다.

콘솔이 디지털화되면서 수혜를 입은 대표적 기업으로 테이크투가 있다. 2013년 출시한 GTA5는 게임 역사상 가장 성공한 작품 중 하나로 평가받는다. 발매 3일 만에 10억 달러 이상의 판매고를 올렸으며 2020년 기준으로 1억 3000만 장이 디지털 또는 실물 형태로 판매되었다.

출시되기 전까지만 해도 테이크투 외부에서 GTA5의 미래를 낙관한 곳은 없었다. 콘솔이 디지털 유통으로 전환되는 변화에 테이크투가 적응할 수 있을지 회의적이었기 때문이다. 게다가 테이크투는 대작 게임 개발에 강점이 있는 반면 포트폴리오는 상대적으로 단조로운 편이다. 이는 곧 리스크가 높다는 뜻이기도 하다. 개발에만 6년을 쏟아부은 GTA5가 만에 하나 성공하지 못하면 회사 자체가 휘청거릴 수 있는 상황이었다.

우려대로 온라인 멀티플레이를 기반으로 한 계획은 테이크투의 의도대로 진행되지 않았다. 판매 성적은 좋았는데, 온라인 플레이가 시작되자 서버가 다운된 것이다. 플레이어들은 즉각 불만을 터뜨렸고 높은 판매량에 기대감이 생겼던 투자자들은 출시 전의 회의적인 태도로 돌아갔다. 몇 주 동안이나 GTA5 온라인 모드는 접속 불가 상태였다. 그사이 특정 기업의 준비 부족을 비판하는 여론은 급기야 콘솔 업계 전반에 대한 부정적인 평가로 이어졌다.

하지만 섣부른 비난이었다. 테이크투의 서버 다운은 어느 개발자의 말처럼 "그저 2500만 명이 동시접속했을 때 서버에 미치는 부담을 과소평가했을 따름"이었다. 프리-투-플레이 기반의 PC 게임은 점진적으로 유저를 늘려가고 서버 규모도 그에 맞춰 점차 확충하면 되지만, 테이크투는 출시하는 순간부터 플레이어들의 대규모 동시접속에 대응했어야 했다. 생각해보면 이 사태는 오히려 GTA5 성공에 대한 반증이기도 하다. 그만큼 인기 있었으니 그 많은 플레이어가 몰렸던 것 아닌가?

인기 요인 중 하나는 테이크투가 영리하게도 이 대작 타이틀을 7세대 콘솔 수명주기의 거의 막바지에 출시했다는 점이다. 즉 GTA5를 출시할 즈음 7세대 콘솔인 플레이스테이션3와 엑스박스360을 보유한 사람들의 수는 최고조에 달했다. 또 다른 요인으로는 경쟁이 없었다는 점을 들 수 있다. 경쟁사들은 대부분 8세대 콘솔에 맞춰 신작을 준비하느라 여념이 없었다. 그들은 곧 대체될 콘솔에 들어갈 게임을 만드는 건 아무 의미가 없다고 판단했다. 흥미로운 점은 새로운 콘솔 출시가 임박하자 기존 7세대 콘솔이 떨이로 시장에 나왔는데, 이것을 산 사람들 역시 재미있는 신작 게임을 원했다는 사실이다. GTA5는 그런 니즈에 안성맞춤이었다.

이후에도 테이크투는 조금씩 여러 차례 업데이트하며 방대한 양의 추가 콘텐츠를 판매했다. GTA 개발팀은 시리즈를 개발하면서 미션, 사이드 스토리, 차량 등의 추가 콘텐츠를 미리 잔뜩 만들어놨다. 따라

[도표 6-1] GTA5 총 디지털 매출 추이

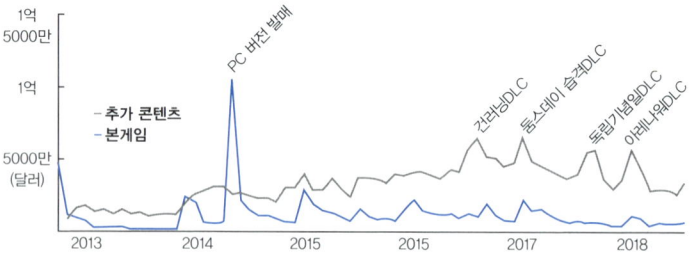

서 출시 후 콘텐츠를 추가로 개발할 필요 없이 플레이어들의 행동과 반응을 분석해 이미 만들어둔 추가 콘텐츠 중 무엇을 업데이트에 포함할지만 결정하면 되었다. 추가 개발 부담을 최소화한 덕분에 이들은 마케팅에 집중해 더 많은 고객을 유입시킬 수 있었다. 출시 후 5년 동안 GTA5가 PC와 콘솔에서 올린 본게임 다운로드 매출은 7억 4600만 달러인 데 반해, 추가 콘텐츠 판매로 벌어들인 돈은 20억 달러나 된다(도표 6-1 참조).

전통적인 콘솔 기업이 디지털 시대에 생존하는 법

전체 소비자 지출 데이터를 확인하면 놀라운 사실을 발견할 수 있다. 오랫동안 쇠퇴의 시기를 지나 콘솔 분야가 다시 성장하기 시작한 것이다. 2015년 220억 달러 규모까지 내려갔던 콘솔 시장은 최근 화려하게 부활했다. 선두 기업의 2018년 매출 총합은 350억 달러에 달했다. 닌텐도 위 덕에 시장 규모가 가장 커졌던 2008년과 맞먹는 수치다. 물론 초기에는 기존 업체들의 움직임이 미온적이었지만, 결과적으로 콘솔 시장은 디지털 유통의 전환기에 성공적으로 적응해 재탄생했다.

그러나 변화하지 않은 것도 있다. 콘솔 게임 업계의 경쟁구도는 여전히 소니, 닌텐도, 마이크로소프트 중심이고, 그 뒤를 일렉트로닉 아츠와 액티비전 블리자드 같은 대형 배급사들이 차지하고 있다. 종합적으로 볼 때 콘솔 시장의 선두 기업과 상위 4개 기업의 시장점유율은 조금씩 감소하는 추세이지만 상위 10개 기업의 점유율은 그렇지 않다. 데이터가 보여주듯 콘솔 게임 업계에서는 유의미한 경쟁력을 꾸준히 유지한 기업만이 생존에 성공했다. 한때 콘솔의 종말이 선고되었지만, 전통적인 게임 기업 중 다수는 생존했고 여전히 잘하고 있다. 시장점유율 1% 이상의 기업들(즉 시장구조에 영향을 미칠 수 있는 기업들)은 14개 정도로 늘 유지되어 왔다.

전체적인 과점 수준은 감소했다. HHI 지수는 1998년 3106에서 2018년 1389로 하락했다. 적어도 반독점 관련 규정으로 볼 때 콘솔 시장은 '매우 높은 독점'에서 '비독점' 수준으로 전환된 것이다. 디지털화로 다수의 신생 업체가 시장에 들어온 덕분이다. 포트나이트 성공의 주역인 에픽게임즈나 북미 시장을 공략하고자 노력 중인 러시아의 워게이밍 등이 좋은 예다. 이들은 북미 지역 소비자들에게 도달하려면 반드시 콘솔을 통해야 한다는 사실을 깨달았다. 러시아 및 유럽에서 거대한 성공을 거둔 워게이밍의 CEO 빅터 키슬리Victor Kislyi는 2013년 CNBC와의 인터뷰에서 이렇게 말했다. "우리 게임은 PC 기반의 온라인 게임입니다. 하지만 미국, 영국을 비롯한 유럽 소비자들은 주로 콘솔을 통해 게임을 즐겨요."

마지막으로, 디지털화로 많은 신생 기업이 들어왔지만 결과적으로는 콘솔 업계의 높은 진입장벽이 기존 배급사와 플랫폼 기업을 보호해준 것으로 보인다. 업계 선두 기업의 시장점유율은 1998년 53%에서 20년 만에 29%로 하락했다. 하지만 두 시점 모두 선두 기업은 변함없이 소니였다. 소니나 마이크로소프트 같은 플랫폼 기업과 기존 배급사들은 프리-투-플레이 같은 혁신을 받아들이면서 디지털화를 이룸으로써 흐름에 도태되지 않고 새로운 현실에 적응하는 데 성공했다.

디지털화와 신생 기업의 등장에 대응해 전통적인 콘솔 기업들은 두 가지 전략을 단행했다. 첫째, 막대한 자원과 게임 포트폴리오를 적극적으로 활용해 신흥시장에 진출하며 성장을 꾀했다. 비록 그 비용은 적지 않았으나 마이크로소프트의 브라질, 중국 진출은 엑스박스의 글로벌 판매량을 늘리는 데 분명 효과가 있었다.

둘째, 디지털화의 흐름을 받아들여 다운로드 콘텐츠 및 관련 서비스를 제공함으로써 추가적인 매출 성장을 촉진했다. 번들링 정책, 플레이스테이션VR 같은 주변기기 출시 등의 영리한 시장 전술 덕에 소니는 업계 선두 자리를 유지했다. 그리고 소니와 같은 플랫폼 기업이 앞장서서 방향성을 제시하자 배급사들도 새로운 사업방식에 맞춰 투자를 단행했다.

초기의 화제에도 불구하고 결과적으로 우야는 콘솔 업계를 혁신하는 데 실패했다. 1000개에 달했던 우야의 게임 타이틀은 2015년 7월 게임 콘솔 제조업체 레이저Razer에 인수되었다. 시장 진입 3년 만이었다. 혁신이라는 도전에 성공하려면 업계가 아닌 소비자들을 설득해야 한다. 당시 우야의 소비자 인지도는 미미한 수준이었다. 잠재고객에게 콘솔의 매력과 장점을 선보이려면 오프라인 소매점에서 직접 게임해볼 기회를 제공해야 했는데 그러지 못했다.

마케팅 비용을 확보했다 해도 어떻게 수익을 창출할 수 있을지 설명하지 못하면 성공은 불가능하다. 우야는 출시에는 성공했지만 2년간 북미 지역에서 6800대를 판매하는 데 그쳤다. 그마저도 소매가가 99달러로 매우 낮았고, 프리-투-플레이에 의존하는 수익모델로는 건전한 현금흐름을 만들어내지 못했기에 외부 개발사들을 충분히 지원하기도 어려웠다. 그에 따라 개발사들의 불만이 커지는 악순환이 발생했다.

더 근본적인 실패 원인은 우야의 판단보다 기존 콘솔 업체의 경쟁력이 강력했다는 것이다. 그들이 확보한 막대한 콘솔 보유자와 새로운 수익모델에 관한 실험이 게임 개발사들에게 제공한 이점은 엄청났다 (도표 6-2 참조). 이들이 새로운 콘텐츠 및 유통전략을 개발하는 역량

[도표 6-2] 글로벌 주요 게임사들의 콘솔 매출 추이

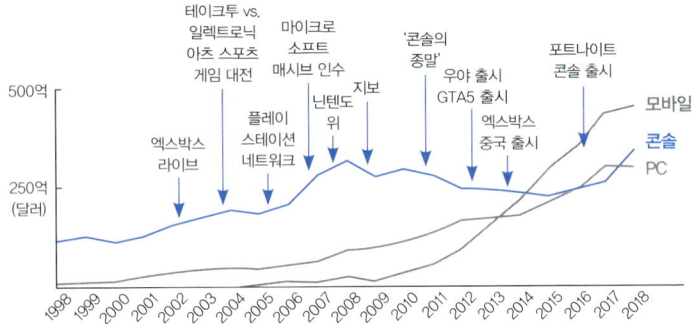

출처 : 개발사 리포트

을 제대로 파악하지 못했다는 점에서 우야는 사실상 성공 기회가 처음부터 없었다고 봐야 한다. 우야가 콘솔 업계에 어떤 영향도 미치지 못하고 사라진 건 어쩌면 당연한 결과였다.

Summary

- 콘솔의 쇠퇴는 디지털화라는 현실과 씨름하고 모바일 게임의 흥행에 소외된 기존 게임 업체들의 자화상 같았다. 그러나 콘솔은 초고속 인터넷이 일반화되고 연결성이 강화되는 인프라의 변화를 기회로 활용해 끊임없이 자기쇄신을 이루어내고 있다. 이 점에서도 콘솔은 게임 업계의 자화상 같다고 할 수 있다.
- 콘솔 업체들은 막대한 자원과 게임 포트폴리오를 적극 활용해 신흥시장에 진출해 성장을 꾀했다. 동시에 게임만 플레이하는 기기에서 다양한 온라인 서비스를 제공하는 플랫폼으로 진화했다.
- 콘솔이 온라인 연결성을 강화하고 다운로드 콘텐츠 및 관련 서비스를 제공한 것은 최근의 시도가 아니다. 업계 선두 기업인 소니는 2006년에 플레이스테이션 네트워크 서비스를 개시해 게임은 물론 영화, 방송, 음악 등의 디지털 콘텐츠를 제공했다. 디지털 전환이라는 산업의 변화를 예측해 선제적으로 대응함으로써 예기된 하드웨어 판매 감소를 피해간 것이다.

7장

PC 게임, 디지털 세상으로 화려하게 돌아오다 :
PC 게임의 수익모델 혁신

#둠 #오픈소스 #모더 #밸브 #스팀 #월드오브워크래프트
#프리-투-플레이 #넥슨

혁신은 종종 주변부에서 일어난다. 어쩌면 주요 배급사들이 더이상 PC 게임을 신경쓰지 않았기에 기존과 다른 방식으로 문제를 해결하는 기업들이 나올 수 있었는지도 모르겠다. 7장에서는 PC 게임의 부활과 번성을 가능케 한 몇 가지 혁신에 관해 다뤄보고자 한다.

디지털화 이전에 PC 게임은 나락으로 떨어지고 있었다. 게임 플랫폼 전쟁에서 콘솔이 승리했다는 현실을 PC 게임 회사들도 받아들였다. 닌텐도가 성공하고 세가와 소니가 가세하면서 글로벌 시장에서 콘솔 보유자 수는 폭발적으로 증가했다. 배급사들이 앞다투어 콘솔 게임 개발에 집중한 건 당연한 선택이었다. 산업 규모가 커지면서 게임 개발의 리스크도 커졌기에 개발사, 그중에서도 대형 배급사들은 콘솔 게임의 규모가 주는 경제적 이점을 무시할 수 없었다. PC 게임의 미래를 낙관하고 일렉트로닉 아츠를 창업한 업계의 리더 트립 호킨스조차 패배를 인정하지 않을 도리가 없었다.

게다가 PC 게임 개발은 콘솔 게임보다 점점 더 어렵고 복잡해졌다. 몇몇 플랫폼 업체가 하드웨어 사양을 엄격하게 통제하는 콘솔과 달리 PC는 기기마다 사양이 천차만별이다. 소비자들은 각자 필요와 취향, 예산에 맞춰 PC 사양을 결정한다. 아예 부품을 사서 직접 조립할 수도 있다. 이 모든 사양의 PC에서 게임이 문제없이 돌아가도록 하려니 개발비가 상승할 수밖에 없다. 반면 콘솔은 플랫폼이 같으면 하드웨어 사양도 동일하기에 복잡도가 낮다. 그 덕에 개발사가 게임 경험의 질을 균일하게 유지하기가 용이하며, 버그도 상대적으로 적다.

불법복제는 PC 게임의 또 다른 골칫거리였다. PC 특유의 개방성으로 인해 저장매체에서 게임을 추출해 인터넷으로 유통하는 게 너무 쉬워졌다. 테이크투는 '맥스 페인3'를 PC와 콘솔에서 동시 출시했을 당시 불법 다운로드 사이트로 유명한 파이러트 베이Pirate Bay의 차트 상단에 자신의 신작 게임이 오른 것을 확인했다. 파이러트 베이는 2주간 테이크투에 막대한 손실을 입혔다. 이러한 이유로 큰 개발사일수록 PC 게임 출시를 꺼리거나, 먼저 콘솔에서 충분히 판매한 다음에야 PC로도 출시하는 전략을 썼다.

결과적으로 대형 배급사의 전체 매출에서 PC 게임이 차지하는 비중은 계속 감소해왔다. 1996년 전 세계 PC 게임과 콘솔 게임의 매출

[도표 7-1] PC vs. 콘솔 실물 게임 타이틀 글로벌 매출 비중

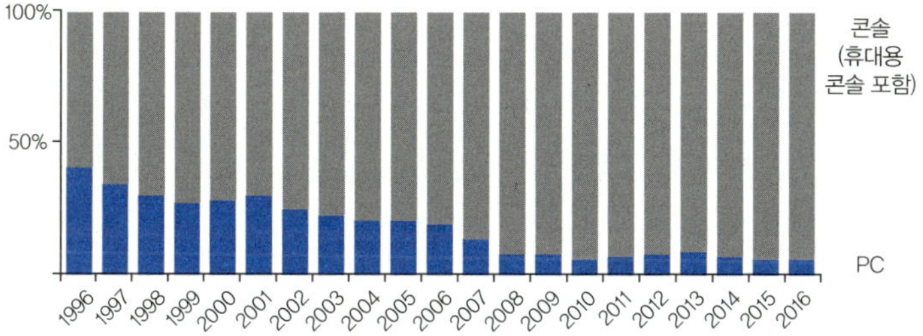

출처 : Post Hoc Ergo Propter Hoc; Why the Next Generation Will Be as Big as Ever

비중은 41% 대 59%로 비교적 균등했지만 20년 후에는 6% 대 94%로 변화했다. 〈도표 7-1〉을 보라. PC 게임의 쇠퇴를 단적으로 보여주지 않는가?

팬을 개발자로 만든 '둠'의 오픈소스 전략

그러다 디지털화가 PC 게임 시장에 극적인 환경 변화를 가져왔다. 온라인 게임이 대세가 되면서 대형 배급사들은 리스크가 낮은 콘솔 게임에 집중했다. 반면 소규모 개발팀은 PC 게임 시장에서 새로운 가치를 창출했다. 그들 덕분에 1998년 10억 달러 수준이던 PC 게임 시장은 20년 후 300억 달러까지 성장할 수 있었다.

이드 소프트웨어가 좋은 예다. 이들의 대표작은 독창적인 기획과 크라우드소싱이라는 선구적인 자금조달 방식을 채택한 '둠'이다. 둠은 플레이어가 우주 해병대가 되어 우주 괴물들과 싸우는 게임이다. 이드 소프트웨어의 공동창업자 존 로메로John Romero와 존 카맥John Carmack은 게임을 개발하며 PC 플랫폼이 지닌 몇 가지 한계를 극복하고자 했다. 1990년대 중반만 하더라도 PC의 평균적인 처리능력은 다소 떨어졌다. 이에 개발자들은 플레이가 지연되지 않도록 영리한 우회법을 찾아야 했다. 로메로와 카맥이 보유한 텍스처 매핑, 라이팅 모델, 스크롤 등에 소요되는 컴퓨팅 리소스를 최소화하는 역량은 다른 개발자들보다 월등했다. 당시로서는 획기적인 3차원 그래픽을 제공하면서도 제반 컴퓨팅 문제를 효과적으로 해결한 덕분에 이들은 리얼하고 몰입도 높은 게임을 구현하는 데 성공했다.

여기에 둠의 첫 번째 버전을 셰어웨어 라이선스로 출시한 것이 신의 한 수였다. 즉 일부 제한만 둔 채 소스코드를 공유해 아마추어 개발자, 이른바 '모더'*들도 레벨, 아이템, 맵 등 게임 내 요소들을 자유롭게 만들 수 있도록 한 것이다. 이는 업계 전문가들뿐 아니라 팬들을 게임 개발에 참여시킨 것과 다름없었다. 이러한 오픈소스 기반의 접근 방식 덕분에 게임 내 콘텐츠의 양이 크게 늘었고, 단기간에 두터운 팬층을 형성할 수 있었다. 그 결과 둠은 출시 2년 만에 1000만 명 이상

---

* 게임 MOD(modification)를 만드는 사람. MOD란 기존 게임 요소를 변형하여 만든 2차 창작 콘텐츠를 가리킨다.

이 다운받는 게임이 되었고, 미국 내 게임 개발자 커뮤니티가 형성되는 토대가 되었다.

마지막으로 싱글플레이 모드가 일반적인 콘솔 게임과 달리 둠은 싱글플레이 모드와 멀티플레이 모드가 다 가능했는데, 이 점이 빠르게 인기를 얻는 데 일조했다.

반응은 예기치 못한 곳, 바로 미군에서 나왔다. 구 소련이 몰락하고 냉전이 막을 내린 후 미군의 예산도 급감했다. 그에 따라 미군이 병사를 훈련하는 방식과 필요한 기술을 확보하는 방식에도 변화가 불가피했다. 전자는 인터랙티브 시뮬레이션을 활용해 해결했고, 후자는 새로운 기술을 직접 개발하는 대신 게임 기업들에 하청을 주는 방식을 택했다. 그 과정에서 일부를 절감하는 대가로 미군이 보유한 비밀 기술 일부를 게임사에게 제공했다. 그렇게 해서 만들어진 결과물 가운데 하나가 '둠2'다. 이후 이드 소프트웨어는 자체적으로 '둠2'의 MOD를 만들어 대중에 공개해 큰 인기를 얻었다.

기술적 우월성, 오픈소스 전략, 미군의 지원을 받은 멀티플레이 모드 등, 서로 다른 혁신적인 접근법이 맞물려 둠은 한때 윈도우즈95보다 PC에 더 많이 설치될 만큼 인기를 구가했다. 당연하게도 이들의 성과는 큰 주목을 받았다.

당시 마이크로소프트의 직원이었던 게이브 뉴웰은 PC가 회계나 문서작업에만 쓰이는 현실이 불만이었다. 그가 보기에 PC는 여러 면에서 콘솔보다 우월한 게임 플랫폼이었다. 게임의 다양성을 촉진할 수 있는 데다 개발자들의 진입장벽도 낮으며, 5년에 한 번이 아닌 지속적인 하드웨어 업그레이드가 가능하지 않은가? 그런데도 여전히 배급사들이 콘솔 게임에만 집중하는 게 말이 안 된다고 생각한 것이다.

그는 더 많은 개발자가 PC 게임을 개발하도록 설득할 가시적인 근거가 필요하다고 생각했다. 기술적으로 가장 앞선 PC 게임을 마이크로소프트의 윈도우즈에 이식해 PC가 게임 플랫폼이 되기에 충분한 기기임을 업계에 입증하고 싶었다. 그런 그에게 나타난 해답이 바로 둠이었다. 뉴웰은 카멕과 로메로에게 윈도우즈 버전의 둠을 개발하도록 설득했고, 마침내 '둠95'가 출시되면서 하나둘 PC를 게임 기기로서 다시 보기 시작했다.

밸브, 디지털 유통으로 PC 게임 붐을 일으키다

PC 게임의 가능성을 확인한 뉴웰은 동료 마이크 해링턴Mike Harrington과 함께 마이크로소프트를 떠나 밸브라는 작은 게임 스튜디오를 시작했다.

이 회사가 게임 산업에 기여한 바를 한마디로 정리하기란 쉽지 않다. 우선 밸브는 완성도 높은 게임을 연이어 출시했다. 대표작으로는 '하프라이프', '카운터 스트라이크 : 글로벌 오펜시브', '도타2', '팀 포트리스2' 등이 있으며, 각각 밸브에 수십억 달러의 매출을 안겨주었다. 그리고 이들 게임을 지원하는 디지털 유통 플랫폼을 만들어 PC 게임의 성장과 혁신을 촉진했다.

먼저 게임 개발 이야기를 해보자. 뉴웰과 해링턴은 마이크로소프트의 초기 직원으로 이른바 '마이크로소프트 백만장자'들이다. 덕분에 그들은 창업 초기부터 외부 투자 없이 의사결정권을 온전히 행사할 수 있었다. 이러한 재정적 안정성은 밸브가 혁신적인 전략을 실행할 수 있었던 원동력이다. 이는 개발팀을 조직할 때도 해당되었다. 앞서 말한 대로 게임사의 공통된 고민은 경험 많은 사람들을 채용하고 유지하는 것이다. 밸브는 이드 소프트웨어와 둠의 성공을 보며 해결책을 찾았다. 바로 업계 전문가들과 모더, 즉 아마추어 개발자들을 고루 채용하는 것이다. 관련해서 뉴웰은 다음과 같이 말했다.

"창업 당시 우리는 세상에서 가장 생산성 높은 인재들을 채용하는 게 사업의 전부라고 생각했습니다. 다른 회사들은 하나같이 잘못된 방향으로 가고 있었어요. 아웃소싱이 유행했거든요. 아웃소싱은 결국 영어를 할 줄 아는 사람 중에 가장 시급이 저렴한 사람을 찾는 거잖아요. 우리가 나아갈 길은 아웃소싱과 정반대 방향이었습니다."

밸브가 최고의 인재들을 확보할 수 있었던 데에는 조직구조도 한몫했다. 대기업들이 으레 취하는 수직적 구조 대신 뉴웰은 수평적 구조를 채택했다. 누구나 자신이 원하는 프로젝트를 선택할 수 있었고,

노력 여하에 따라 자신만의 팀의 꾸릴 수도 있었다. 경영진은 관리감독 대신 자발적인 업무 참여를 독려했는데, 이는 통제가 심한 업계의 조직문화와는 차이가 컸다. 다른 산업에서는 '관리하지 않는 조직문화'가 이미 시도돼 종종 성공을 거두기도 했지만, 게임 업계에서는 밸브가 최초였다.

투자자의 압박이 없는 또 다른 이점은 일정에 연연하지 않고 위대한 게임을 만드는 데 집중할 수 있다는 것이다. 뉴웰도 이 점을 강조했다. "비상장 회사를 유지하는 의의는 소비자와 개발자 사이의 그 어떤 소음에도 신경쓸 필요가 없다는 데 있죠."

1인칭 슈팅 게임 '하프라이프'의 배급 계약을 맺고도 몇 번이나 마감일을 어긴 배짱의 근거이기도 하다. 배급사인 시에라Sierra는 분통 터질 일이었으나, 기다린 보람이 있었다. 덕분에 기존 슈팅 게임을 넘어서는 혁신적인 스토리를 갖출 수 있었으니 말이다. 특히 스토리를 전개하면서 단순히 컷 신을 보여주는 대신 특정 인물들 간의 자연스러운 연출에 공을 들인 점이 돋보였다. 스토리와 액션이 절묘하게 결합된 덕에 하프라이프는 몰입감 면에서도 최고의 평가를 받았다. 발매 전 밸브는 18만 장 정도 판매를 예상했지만 실제로는 첫 달에만 20만 장이 판매되었고, 최종적으로는 1000만 장이 팔렸다. 엄수해야 할 마감일을 무시하면서까지 직원들에게 개발에 대한 전권을 위임하는 창업자들의 결단이 있었기에 가능한 결과였다.

하프라이프에 대한 뜨거운 반응은 밸브의 전략 방향성을 결정했다. 이를 기점으로 밸브는 수많은 모더들의 열정과 지원을 고려해 게임을 개발하기 시작했다. 아마추어 개발자들이 레벨과 추가 콘텐츠를 직접 만들도록 하는 이드 소프트웨어의 방식을 따른 것이다.

이 방식은 밸브에서도 대성공을 거두었다. '데이 오브 디피트', '팀 포트리스', '카운터 스트라이크' 같은 여러 인기 MOD가 탄생했으며, 이를 플레이하려면 오리지널 하프라이프를 구매해야 했기에 MOD 덕에 하프라이프의 인기도 오랫동안 유지되었다. 3가지 MOD 모두 시장에서 긍정적인 반응을 얻자 밸브는 신속하게 MOD 팀 전원을 채용하고 판권도 확보해 정식 시리즈로 출시했다. 이드 소프트웨어가 창조한 비즈니스 모델을 효과적으로 벤치마킹하고, 여기에 두 창업자의 자본력이 더해진 덕에 밸브의 사업규모는 순식간에 커져갔다.

게임 타이틀이 증가하고 회사가 확장하면서 밸브는 또 다른 도전에 직면했다. 콘텐츠 확장을 촉진하고 게임 업데이트를 효과적으로 유통하는 것이다. 온라인 멀티플레이 게임인 '카운터 스트라이크'의 인기를 유지하려면 이를 지원할 온라인 시스템이 필요했다.

그 대안으로 밸브는 2003년 디지털 유통 플랫폼인 '스팀'을 공개했다. 이곳에서 게임 업데이트가 자동으로 이루어지고 패치도 공유할 수 있게 되자 플레이어들의 몰입도가 높아졌다. 개발사 입장에서 복제 우려를 낮추게 됐음은 물론이다. 밸브의 야심은 여기서 그치지 않았다. 자사의 게임뿐 아니라 외부 개발사에도 스팀 플랫폼을 공개하기로 한 것이다. 그 대가로 매출의 30%를 수수료로 받았다. 외부 개발사도 마다할 이유가 없었다. 밸브의 자체 게임이 성공한 덕에 스팀의 유저 수는 이미 증가하고 있었기에, 외부 개발사들도 큰 고민 없이 스팀에서 게임을 출시하기 시작했다. 서비스 개시 4년도 되지 않아 유명 배급사들도 스팀을 통해 게임을 판매하기 시작했다.

스팀 출시는 소규모 PC 게임 개발사들에게도 이점이 있었다. 우선 출시비용과 절차가 낮고 쉬웠다. 가령 '스팀 다이렉트Steam Direct'를 통해 게임을 유통하는 데 100달러밖에 들지 않는다. 콘솔에 게임을 넣으려면 콘솔 기업의 값비싼 개발킷(개발을 위한 소프트웨어 묶음)을 구매해야 하며 관련 승인 절차를 반드시 따라야 했다. 반면 스팀에는 밸브의 승인 과정이 없다. 게임 스튜디오의 창의성을 마음껏 발휘할 수 있는 것이다. 자연스레 소규모 개발자들은 다른 플랫폼은 승인하지 않을 특이한 게임을 스팀에서 출시하기 시작했다. 초기에는 이것만으로도 소규모 개발팀이 월급 이상의 수익을 내는 경우도 적지 않았다.

물론 스팀에서 게임을 출시하는 데 장점만 있었던 건 아니다. 무엇보다 경쟁이 치열했다. 게임 업계처럼 경쟁이 치열한 시장에서는 낮은 마진과 가격 경쟁이 동시에 발생하곤 하는데, 이는 곧 게임 가격의 하락을 불러오기 일쑤다. 진입장벽이 낮아지자 게임 출시는 곱절로 증가했는데 소비는 공급 속도를 못 따라가고, 그렇게 발생한 공급 초과가 불가피하게 디플레이션으로 이어진 것이다. 이러니 게임을 많이 출시하고도 개발자들은 정작 수익을 내지 못하는 경우가 적지 않았고, 마

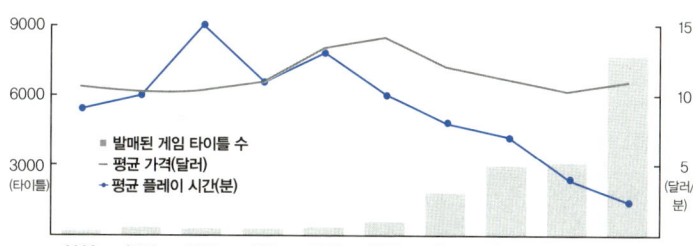

[도표 7-2] 스팀 플랫폼에 론칭한 신규 게임의 평균 플레이 시간 및 가격

케팅을 과도하게 하느라 도리어 경제적 타격을 입기도 했다.

우리는 이를 2008~17년 사이 스팀에서 발매된 게임 종수를 통해 확인할 수 있다. 게임 타이틀의 평균 가격이 10달러에서 14달러까지 상승하자 개발자들이 PC 게임으로 몰려들었다. 하지만 공급량이 증가하자 2014년 평균 가격이 하락하기 시작했다. 가격 인하로 개발사들은 제작비를 감축했고, 이는 게임당 콘텐츠 양의 감소, 다시 말해 평균 플레이 시간 감소로 이어졌다(도표 7-2 참조). 플레이할 게임이 너무 많아지자 스팀 유저들은 점점 가격에 민감해졌으며, 하나의 게임에 들이는 시간도 짧아졌다.

2014년경 중소 규모의 게임 스튜디오들은 매년 1500여 개의 게임을 스팀에서 출시했다. 2017년에는 이 수치가 2배 이상 증가했다. PC 게임 배급의 진입장벽을 낮춘 것과 디지털 게임에 대한 수요 증가가 맞물리면서 스팀은 2017년에는 매년 40억 달러의 매출을 올리는 디지털 PC 게임 플랫폼 그 자체가 되었다.

    PC는 게임 산업에서 가장 중요한 몇 가지 혁신을 놓치고 지나치는 듯했다. 하지만 밸브가 있었다. 기존 배급사나 플랫폼이 디지털 유통을 진지하게 고려하기 몇 년 전, 밸브는 자사의 게임 타이틀을 유통하고자 자체 온라인 스토어를 만들고 외부 개발사에도 공개해 결과적으로 가장 강력한 PC 게임 유통채널을 확보하게 되었다. 스팀은 비밀주의로 게임을 개발하는 기존 트렌드에 역행함으로써 PC 게임에 대한 관심을 부활시켰다.

    당연하게도 대형 배급사들 또한 이 트렌드에 올라타기 시작했다. 더 많은 소비자가 온라인으로 몰려들면서 인터넷으로 게임을 유통하는 건 상식이 되어버렸다. 배급사들은 스팀과 같은 외부 플랫폼을 이용할지, 혹은 장기적 관점에서 자체 플랫폼을 구축할지 선택의 기로에 섰다. 액티비전 블리자드나 일렉트로닉 아츠 같은 대형 배급사들은 수직적 통합과 자체 플랫폼 보유에 대한 열망이 강했다. 배틀넷Battle.net과 오리진Origin이 그 결과물이다. 그러나 그들이 보유한 막대한 자원에도 불구하고 활성사용자 수나 배급되는 게임 수에서 스팀에는 미치지 못했다.

    비밀스럽게 게임을 개발하는 콘솔 방식에서 탈피한 밸브는 완전히 새로운 시장을 만들고 독점했을 뿐 아니라, 시장의 혁신을 촉진했다. 밸브 덕분에 PC 게임은 다시 산업 내 위상을 회복할 수 있었다.

PC 게임이 수익모델을 바꾸다

'와우'가 입증한 월정액제의 위력

실물 게임 유통이 대세일 때부터 가라앉기 시작한 PC 게임이 부활한 데에는 게임 산업의 디지털화라는 동력이 있었다. 그리고 PC 게임의 성장은 어떻게 게이머를 늘리고 그들에게서 수익을 창출할지에 대해 다시 생각해보는 계기가 되었다. 연말에 매출을 쓸어모으는 데 익숙했던 게임 업계가 점차 월정액제에 관심을 보이기 시작했다. 두터운 고객층을 기반으로 예측 가능한 안정적인 수익원을 확보하는 것은 개발사들의 오랜 바람이었는데, 그 가능성을 발견한 것이다.

게임 업계가 PC 플랫폼을 쉽사리 신뢰하지는 않았지만, 초고속 인터넷 보급률이 높아지면서 배급사들은 PC에서 구독 기반의 MMORPG의 가능성을 탐색하기 시작했다. '에버퀘스트', '아셰론의 부름', '울티마 온라인' 같은 게임이 선구자로서 이 새로운 시장에 진입했고, 결과도 매력적이었다. 울티마 온라인은 두 달 만에 월정액 10달러를 내는 고객 10만 명을 확보했다.

배급사들의 목적은 크게 두 가지였다. 인터넷상에서 할 수 있는 매력적인 게임을 제공하고, 구독모델을 통해 안정적인 현금흐름을 창출하는 것이었다. 1990년 후반 이러한 흐름이 강화되면서 2004년에는 전 세계에 무려 300만 명의 유료 게임 플레이어가 생겨날 정도로 MMO 장르의 인기가 높아졌다.

그러나 이는 시작에 불과했다. 블리자드 엔터테인먼트가 같은 해 11월 '월드 오브 워크래프트(이하 '와우')'를 출시하면서 구독 기반의 MMO 장르를 확산하는 기폭제 역할을 했다. 출시 자체가 충격적이었다. 와우는 첫해 목표였던 유료 구독자 40만 명을 한 달 만에 달성했다. 게다가 자기만 성공한 게 아니라 시장 자체도 키웠다는 점에서 다른 게임들과 궤를 달리했다. 와우는 명실상부한 PC 게임의 기본 옵션이 되었다.

와우의 성공 요인은 크게 3가지로 꼽을 수 있다.
첫째, 높은 접근성이다. 네트워크 효과에 관한 이론에 비추어보면 MMO 장르 게임은 플레이어가 한 명 추가될 때마다 다른 플레이어들이 느끼는 게임의 가치도 상승한다. 가령 더 많은 사람이 플레이할수록 퀘스트를 위한 파티 조성이 쉬워진다. 즉 동시접속 플레이어가 많을수록 대기 시간이 짧아지고, 플레이어 간 상호작용이 증가하는 것이다. 블리자드는 이러한 MMO 게임의 특성을 간파하고 플레이어들을 관리하는 데 주력했다.
사실 이때까지만 해도 온라인 롤플레잉 게임은 소수만이 즐기는 장르였다. 가격이 상대적으로 비싼 데다 난이도가 있어 초보자는 숙달하기 어렵기 때문이다. 반면 와우는 경쟁작들에 비해 좀 더 쉽고, 신규 플레이어들을 위한 튜토리얼의 완성도가 높았으며, 게임 경험도 세련되게 다듬었다. 덕분에 MMO 장르를 어려워했던 이들도 각자의 숙

련도에 맞춰 게임을 플레이할 수 있었다. 어느 강의에서 블리자드의 CEO 롭 팔도 Rob Pardo는 그들의 핵심전략을 다음과 같이 요약했다. "우리는 하드코어 팬들의 높은 충성도를 유지하면서도 더 많은 플레이어들이 즐길 수 있는 게임을 간절히 만들고 싶었습니다."

둘째, 과감한 투자다. 블리자드는 실로 모든 걸 이 게임에 쏟아부었다. 게이머들에게 인정받고자 제작 퀄리티를 높이고, 북미와 유럽 전역에서 동시 발매했다. 와우는 1994년 발매된 실시간 전략 게임 RTS, Real-Time Strategy '워크래프트 : 오크와 인간'에서 뻗어나온 장대한 세계관을 기반으로 한다. 워크래프트의 인기가 10년이나 지속되자 블리자드는 워크래프트라는 세계관의 저력을 믿고, 더 큰 성공을 위해 와우 개발에 4년이라는 시간과 1억 달러라는 자금을 투입했다. 블리자드 역사상 가장 규모가 크고 비싼 프로젝트다.

플레이어와의 적극적인 상호작용은 와우의 세 번째 성공요인이다. 그들은 특히 오프라인 이벤트를 능숙하게 활용했다. 와우가 출시된 지 1년 후 블리자드는 블리즈콘 BlizzCon을 기획했다. 팬들에게 새롭게 출시되는 게임을 소개하고, 기존 게임의 성공을 축하하는 블리자드의 연례행사다. 그동안 게임 개발사와 팬들 간의 교류는 주로 E3 같은 업계 행사에서 이뤄졌으나, 블리자드는 독자적인 이벤트를 개최해 팬들과 직접적이고 끈끈한 관계를 형성하고, 출시를 앞둔 콘텐츠를 테스트하기도 했다. 그럼으로써 기존 팬들의 반응을 미리 확인하고, 관심을 높인 것은 물론이다.

비영어권 국가에서의 현지화 작업 또한 소홀히 하지 않았다. 롤플레잉 게임에서는 텍스트가 중요하다. 플레이어들이 텍스트를 읽어가면서 스토리를 이해하고 퀘스트를 수행하기 때문이다. 블리자드는 언어 및 문화적 차이가 게임을 방해하지 않도록 만반의 준비를 했다. 이러한 접근은 글로벌 성공에 특히 중요하다. 출시 초기 서구권 시장을 타깃으로 했던 블리자드는 곧 온라인 게임이 빠르게 확산되는 중국, 한국 등 아시아 시장으로도 눈을 돌렸다. 이 지역의 게이머들은 주로 국내 개발사가 만든 게임을 플레이하며 새로운 온라인 게임에 목마른 상태였다. 게다가 중국은 전 세계 게임 인구의 절반을 차지하는 거대한 시장이었다.

핵심고객을 타기팅하고, 마케팅과 제작 퀄리티를 극단으로 높이며, 플레이어들의 몰입을 최우선에 둔 덕분에 와우는 세계에서 가장 인기 있는 게임이 되었다(도표 7-3 참조). 반면 유명 게임 시리즈의 MMO 타이틀인 '매트릭스 온라인', '헬게이트 런던', '에이지 오브 코난 : 하이보리안 어드벤처'는 기대에 부응하지 못했다. MMO가 성공하려면 플레이어가 많아야 하는데 그러지 못했기 때문이다.

와우의 성공으로 전통적인 배급사들은 PC 게임으로도 돈을 벌 수 있음을 깨달았다. 1998년부터 2008년 사이 MMO 게임에 대한 세간의 관심이 절정에 달하며 MMO PC 게임의 총매출 또한 10억 달러에서 70억 달러까지 상승했다. 온라인 연결성이 지속적으로 개선됨에

[도표 7-3] 와우 vs. 기타 구독 기반 MMO 게임의 글로벌 활성구독자

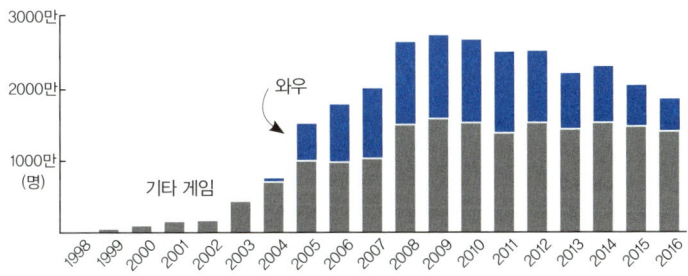

출처 : 개발사 리포트

따라 게임 플레이어의 수도 꾸준히 증가했으며, 새로운 세대의 게임 개발자들 또한 계속 탄생했다.

신흥시장에서 입증된 프리-투-플레이의 파괴력

블리자드의 구독모델에 이어 PC 시장의 파괴적 혁신을 선보인 주자는 아시아 배급사들이다. 이들이 도입한 프리-투-플레이라는 완전히 새로운 비즈니스 모델은 오랜 기간 게임 업계에 작동해온 투자, 유통, 수익화 방식을 모두 바꾸어버렸다.

한국 및 중국의 플레이어들은 종종 집 대신 PC방에서 게임을 즐긴다. 이 지역에서 온라인 게임이 발전한 방향은 서구권과 크게 두 가지 측면에서 대조적이다. 첫째, 게임을 구매하여 소유하는 대신 PC방에서 시간 단위로 이용료를 지불했다. 당연히 PC방은 더 많은 고객을

끌어들이기 위해 다양한 게임을 구비하고, 많은 사람들이 가급적 오래 시간을 보내도록 유도한다. 둘째, 경쟁이 극심해지자 아시아 배급사들은 게임을 무료로 제공하기 시작했다. 네트워크 효과에 기대는 일종의 방어적 전략이었다. 이 방식은 아시아 시장에 빠르게 번져갔으며, 곧이어 유럽과 미국으로도 확산되었다. 게임을 제품으로 바라보는 게임사 경영진은 도무지 이해할 수 없는 방식이었다. "게임을 무료로 제공하면 돈은 어떻게 벌겠다는 것인가?"

프리-투-플레이의 기본 전제는 사람들이 공짜로 게임을 한다는 것이다. 게임보다 구매가 선행되는 기존 방식에 비해 프리-투-플레이 모델의 수익화 속도는 확실히 느리지만, 시간이 지날수록 매출이 지속적으로 증가한다. 수요자와 공급자 모두에게 효율적이라는 점도 특징이다. 소비자는 게임을 무료로 즐길 수 있으며, 소액결제라는 선택지도 있다. 덕분에 게임을 구매하지 않던 이들도 프리-투-플레이 게임은 부담 없이 즐길 수 있다.

다수에게 무료 서비스를 제공하는 방식은 IT 업계의 비즈니스 모델을 차용한 것이다. IT 기업들은 일단 메신저, SNS 같은 앱을 무료로 뿌려 사용자를 확보한다. 그런 다음 사용자가 늘어나면 추가적인 기능 또는 개인화된 서비스를 유료로 제공해 매출을 발생시킨다.

이 방식이 게임에서도 인기를 얻자 기존 비즈니스 모델은 큰 위기에 빠졌다. 구매를 요구하는 기존 모델은 고객 확보에 근원적으로 불리하다. 프리-투-플레이 게임이 등장할 때만 해도 대부분의 대형 배급사는 이 수익모델을 무시했지만, 이후 서구권의 게임 배급사들은 자신들이 언젠가부터 무료 게임과 경쟁하고 있음을 깨달았다.

그러나 프리-투-플레이 방식이 기존의 배급사를 벼랑으로 내몰기만 한 것은 아니다. 이 방식은 어려움과 함께 새로운 기회도 동시에 제공했다. 우선 리스크 관리에 유리했다. 프리-투-플레이로 전환하면서 배급사들은 특정 계절에 매출이 집중되는 패턴, 발매 초기에 투자금을 회수해야 했던 부담에서 자유로워졌다. 또한 고객군에 따라 콘텐츠를 다르게 제공하는 것도 가능하다. 게다가 과거에는 접근하기 어려웠던 다양한 시장에 다가갈 수도 있게 됐다. 종합적으로 사업과 제작 모두 최적화를 촉진한다고 할 수 있다.

제품 기반 배급 모델에서는 배급사의 비용이 대개 고정돼 있었다. 몇 년간 몇 차례의 투자를 단행하고 나면 게임이 준비된다. 그 후 게임이 얼마나 많이 팔리는지는 전적으로 마케팅에 달려 있다. 이러한 고정비용 시나리오에서는 판매량이 수익을 결정했다. 반면 프리-투-플레이 기반의 게임에는 이 공식이 적용되지 않는다. 마케팅 비용을 지출해 플레이어를 확보한다. 그 과정에서 다운로드당 비용이 고려된다. 그 후 플레이어들이 유료 결제를 할 때까지 게임을 계속해주면 최종적으로 수익이 발생하는 구조다. 즉 신규고객 획득에 드는 비용이 고정비가 아니라 등락의 폭이 큰 변동비가 된다.

전통적인 배급 방식에서는 완성된 게임 경험을 플레이어들에게 한

번에 제공해야 한다. 반면 프리-투-플레이 모델에서는 플레이어들에게 계속 새로운 경험을 제공하되, 그 경험이 점차 확장되어야 한다. 플레이어들에게 인센티브와 추가 콘텐츠를 지속적으로 제공함으로써 최대한 많이, 오래 게임에 남아 있게 하는 것이 목표다.

그간 대형 배급사들은 대작 게임의 성공 가능성을 극대화하기 위해 마케팅 비용을 늘리는 방식으로 서로 경쟁했다. 연말 대목에 이 비용은 정점을 찍고, 역설적으로 성공 가능성은 낮아졌다. 제품 기반 비즈니스 모델의 가장 큰 약점이 바로 이것이다. 개발과 마케팅에 소요되는 선행 비용이 너무 크다는 점과 고객들이 정가를 기꺼이 지불하는 기간, 즉 비용을 회수할 수 있는 기간이 지나치게 짧다는 점이다. 프리-투-플레이 방식에서는 일단 게임을 출시한 다음 플레이어들의 반응을 보면서 개선할 수 있기에 비용 면에서 조금 여유가 있다.

이 방식을 응용하면 신규 게임을 특정 지역에 시범적으로 먼저 출시하는 것도 가능하다. 가령 가장 큰 시장인 미국이 아니라 캐나다나 필리핀같이 상대적으로 작은 시장에 먼저 출시하여 문제점이 있는지 확인하는 것이다. 제대로만 시행된다면 이러한 방식은 영리하게 게임을 개발하고 사용자경험을 최적화하는 데 도움이 된다. 소비자군에 따라 다른 방식으로 판매하고 게임을 조금씩 다르게 제작함으로써 다양한 플레이어 집단을 확보할 수도 있다. 그럴수록 게임사의 리스크는 낮아지고 매출 잠재력은 높아진다. 기획자의 창의적인 비전을 현실화하기 위해 3년이고 5년이고 무작정 재원을 투입하지 않아도 되니 고정

비도 눈에 띄게 낮아진다.

물론 진입장벽도 동시에 낮아져 더 많은 경쟁자가 들어오고, 결과적으로 브랜드나 IP, 마케팅 등에 의존하는 결과를 초래하기도 한다. 또한 초기 입소문에 집중하는 전통적인 방식과 달리 프리-투-플레이 방식은 지속적인 개발과 홍보 노력이 필요하다. 즉 출시 후 추가로 비용이 소요되고 소비자 지원, 분석, 라이브 운영, 추가 콘텐츠 개발 등을 맡을 인력도 요구된다. 게임의 수익성은 플레이어를 유지하고 새로운 아이템 및 콘텐츠를 제공하는 역량에 달려 있다. 과거처럼 게임을 출시했다고 개발이나 마케팅이 끝나는 게 아니라, 개발자와 마케터가 라이브 운영 과정에서 수집한 플레이어 데이터를 게임 개선에 활용하고 알려나가는 다음 단계의 마케팅이 시작된다. 프리-투-플레이 게임의 마케팅은 끝나지 않는다.

전환 비용

선행 비용의 리스크가 낮고, 글로벌로 고객 확장이 가능하다는 장점 때문에 프리-투-플레이 멀티플레이 게임에 대한 수요는 급격하게 증가했다. 반대급부로 직전의 혁신이었던 구독 기반 MMO 게임은 힘을 잃어갔다(도표 7-4 참조). 와우 같은 게임은 과연 새로운 시장 환경에 적응하고 성공을 유지할 수 있을까? 그들은 유료 구독모델을 유지해야 하나? 아니면 프리-투-플레이 모델로 전환해야 하나?

선행 비용이 없다는 건 게임 경제의 근본적인 변화를 의미한다. 짐

[도표 7-4] MMO 게임 글로벌 플레이어 수(프리-투-플레이 vs. 구독)

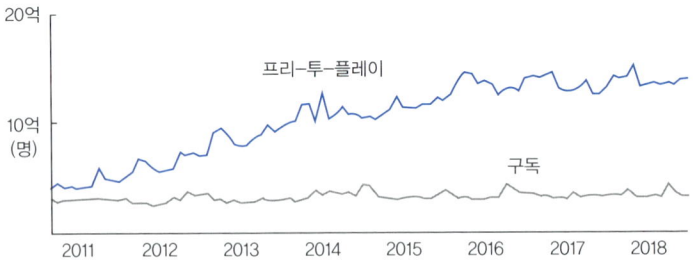

출처 : 슈퍼데이터 리서치

작건대 프리-투-플레이 게임은 소비자가 지불할 비용이 없기에 더 많은 이들이 즐길 것이다. 이로써 게임 전반의 네트워크 효과가 강화되고, 앞서 언급한 것처럼 네트워크 효과는 게임의 재미를 높여주기에 궁극적으로는 게임 내 아이템 판매량도 증가할 것이다. 반면 사용자가 증가하는 만큼 서버를 비롯한 백엔드back-end* 인프라 관리비와 고객 지원 등 게임 전반의 유지 비용도 올라갈 것이다. 이러한 요인들이 복잡하게 맞물려 기존의 구독형 게임이 프리-투-플레이 모델로 전환할 때의 이해득실을 예측하기가 어려워진다.

그럼에도 일부 게임은 이 전환을 단행했다. 일렉트로닉 아츠의 '스

---

* 소프트웨어 개발 프로세스상에서 서버 개발 및 데이터베이스 관련 영역을 의미한다. 이와 반대되는 개념인 프론트엔드(front-end)는 소프트웨어 개발에서 사용자가 접하는 인터페이스 영역을 가리킨다.

타워즈 : 구 공화국(이하 'SWTOR')'은 플레이어들의 높은 이탈률로 고민이 깊었다. 대형 배급사가 유명 IP로 게임을 만든다는 사실만으로 SWTOR은 출시 직후 200만 명의 월간 활성사용자를 기록했다. 하지만 3개월도 되지 않아 이탈이 시작되었다. 게임 콘텐츠를 빠르게 섭렵한 플레이어들이 지루해한 것이다. 급기야 발매 9개월 만에 플레이어가 3분의 2 수준까지 줄어들자 일렉트로닉 아츠는 프리-투-플레이 모델로 전환하는 결단을 내렸다.

NC소프트의 SF 게임 '와일드스타'도 유저 감소로 모델을 전환한 사례다. 블리자드 출신 기획자들로 팀을 꾸린 NC소프트는 블리자드의 노하우가 와일드스타에도 반영되기를 기대했다. 결과물은 훌륭했고, 공개 직후 약 35만 명이 이 게임을 즐겼다. 대략 2004년 와우의 초기 성적과 비슷한 수치다. 하지만 그 후 플레이어가 빠르게 감소하기 시작했다. 1년 후 이용자가 4만 3000명까지 떨어지자 NC소프트는 와일드스타를 프리-투-플레이 모델로 전환했다.

트리온월드Trion Worlds의 '리프트'는 게임과 TV쇼로 동시에 출시되었다. 구독형 모델 시장이 성숙기에 접어들어 마케팅 비용이 상승하던 시기였다. 트리온월드의 경영진은 게임과 방송으로 동시 공개하는 교차 홍보로 더 많은 이들을 게임에 유입시킬 수 있을 거라 예상했다. 그러나 출시 후 이용자 감소를 피할 수 없게 되자 리프트 역시 프리-투-플레이로 전환했다.

이들 중 누구도 유저 감소 문제를 해결하지 못했다. SWTOR은 월

매출 감소를 막지 못한 채 주기적으로 확장 콘텐츠를 출시해 일시적으로 매출 끌어올리기를 반복해 전체 매출을 유지했다. 리프트는 프리-투-플레이 전환 초기에는 영리한 마케팅 전략으로 이익을 봤으나, 결과적으로 이용자 감소를 막지는 못했다. 와일드스타는 그 어떤 반전도 꾀하지 못했다.

와우가 즉각 프리-투-플레이로 전환하지 않은 가장 중요한 이유는 자신의 지배적 위상 때문이었다. 유료 구독모델 게임의 선두주자인 와우가 프리-투-플레이 모델로 전환해서 예전만큼의 수익을 올리려면 비현실적으로 많은 플레이어가 유입되어야 했다. 이 모델의 치명적인 약점은 낮은 유료 고객 전환율이다. 평균적으로 3~5%만이 유료 고객이 된다. 와우의 전성기였던 2010년의 매출을 프리-투-플레이로 벌어들이려면 와우가 전체 프리-투-플레이 시장의 3분의 2 이상을 차지해야 가능하다는 계산이 나온다.

무모한 위험을 감수하는 대신 블리자드는 하이브리드 모델을 선택했다. 게임 시작 후 레벨20까지는 무료로 제공하되, 그 이후 단계는 결제를 해야 하는 시스템이다. 핵심고객들을 철저히 관리하는 한편 네트워크 효과를 영리하게 게임에 접목한 덕분에 블리자드는 새로운 수익 모델의 희생자로 전락하지 않을 수 있었다. 오늘날 와우는 게임 역사상 가장 많은 수익을 올린 게임 중 하나가 되었다.

새로운 수익모델은 새로운 강자를 낳는다

프리-투-플레이의 중요한 장점 중 하나는 배급사들이 이전에는 '시장 밖'이라 여겼던 고객들에게도 도달할 수 있다는 것이다. 게임을 사느라 60달러를 쓰지 않아도 된다는 건 더 많은 사람들이 게임을 할 수 있게 되었음을 의미했다. 이제 하나의 게임으로 다양한 고객집단에서 수익을 낼 수 있게 되었다. 대부분의 유저들은 돈을 거의 내지 않고 게임을 즐길 것이다. 그러나 다른 한편으로는 프리미엄freemium 효과로 플레이어들이 게임에서 지출하는 금액의 상한선이 사라진다. 소수의 플레이어들은 과거보다 훨씬 큰 비용을 게임에 지출하기 시작했다.

물론 진입장벽이 낮아질수록 경쟁도 심화된다. 배급사들은 최대한 많은 사용자를 확보하고자 경제적, 지리적 경계를 뛰어넘은 경쟁도 불사한다. 결과적으로 브라질, 러시아, 인도, 중국 같은 나라가 전략적 소비시장으로 급부상했다. 콘솔 게임 시장이 부재하고, PC 보급률도 상대적으로 낮아서 신규 수익모델이 힘을 발휘하기 용이한 신흥국가들이다. 실제로 프리-투-플레이 게임인 데다 요구되는 PC 최소사양도 낮은 리그 오브 레전드는 이들 국가에서 큰 인기를 얻었다.

어느 나라가 신흥시장인지 판단하는 건 관점의 문제다. 워게이밍의 CEO 빅터 키슬리는 프리-투-플레이 게임 배급사의 입장에서 바라본 '신흥시장'의 관점을 이렇게 밝힌 바 있다.

"우리에게는 미국도 신흥시장입니다. 캐나다까지 포함하면 무려 4

억 명이 있는 큰 시장임에도 우리의 점유율은 0에 가까우니까요. 미국에서도 큰돈을 벌기 시작했으니 보기에 따라 성공적이라 할 수도 있겠죠. 하지만 러시아 전체 인구에서 '월드 오브 탱크'를 즐기는 사람들의 비율을 생각해보면 미국 시장에서는 아직 성공했다고 보기 어렵습니다. 우리는 지금도 미국에서 매년 1000%씩 성장하고 있습니다. 성장 잠재력을 지닌 시장만이 매력적이라고 할 수 있죠. 예컨대 브라질에 대해 이렇게 투덜대는 사람도 있을 겁니다. '여긴 결제 수단이 없어, 인터넷 속도도 빠르지 않아.' 하지만 만약 당신이 최초 진입자라면 경쟁이 적다는 이점이 있죠. 프리-투-플레이 온라인 게임을 만드는 대형 브라질 게임사는 없거든요. 일부 서구 게임사만 서비스를 할 뿐이죠. 그러니 당신이 최초의 브라질인이라면, 혹은 터키의 1등 게임사라면, 브라질 시장 진출은 당신에게 좋은 매출을 올릴 기회가 될 겁니다. 최소한 개발비는 뽑겠죠."

글로벌 게임 산업의 중심축은 서구권에서 아시아권으로 옮겨갔다. 오랫동안 게임에 돈을 지출해온 건 대부분 북미와 유럽의 소비자들이었다. 하지만 디지털화는 한국, 중국, 러시아 같은 새로운 시장을 창출했다. 제품 기반 배급 모델의 잔재가 없었기에 이들 나라의 개발팀은 신속하게 새로운 수익화 전략을 적용할 수 있었다. 프리-투-플레이 기반으로 게임을 개발하는 건 한국 같은 나라에서는 흔한 일이다. 자연스럽게 한국 게임사들은 게임 내 통화 가치 유지, 아이템 판매, 구매 자극 노하우를 축적할 수 있었다.

이 역량으로 넥슨은 미국에서도 유의미한 시장점유율을 확보했다. 2005년에 출시된 넥슨의 주력 PC 게임 '메이플스토리'는 미국 10대들에게 큰 인기를 얻었다. 한국보다 느린 미국의 광대역 인터넷 속도, 메이플스토리의 작지 않은 용량에도 넥슨은 미국에서 충성도 높은 고객을 확보하는 데 성공했다. 업계의 한 컨퍼런스에서 넥슨 아메리카 CEO 민 킴Min Kim은 다음과 같이 보고한 바 있다. "2005년 넥슨 아메리카의 매출은 약 65만 달러였습니다. 2006년 페이팔을 결제 옵션에 추가하자 아이템 판매 덕에 매출은 800만 달러까지 증가했죠. 2007년 넥슨 캐시카드를 소매점에 출시하자 다시 2900만 달러까지 뛰었고요."

메이플스토리의 성공은 단순히 경쟁의 부재 때문만은 아니다. 넥슨은 미국 플레이어들을 이해하고자 많은 노력을 했고, 그에 기반한 전략을 정교하게 구사했다. 첫째, 넥슨은 선불카드를 출시해 수익화의 장애물을 극복했다. 미국 정부가 신용카드 발급 연령을 21세 혹은 그 이상으로 변경하자 미성년자들도 게임 내 결제를 쉽게 할 수 있도록 선불카드 판매사들과 제휴해 게임 포인트 충전 카드를 판매한 것이다.

둘째, 외곽지역에 사는 핵심고객들이 게임 포인트 카드를 구매하러 소매점에 가기가 쉽지 않다는 것을 파악하고, 도심 밖에서도 자전거로 갈 수 있는 세븐일레븐과 협력관계를 맺었다. 덕분에 넥슨의 수익이 크게 높아졌다. 얼마 지나지 않아 징가 등 경쟁사들도 특정 소매점과 제휴를 맺어 소비자들의 게임 내 결제를 극대화하는 등 넥슨의 전략을 모방하기 시작했다.

 디지털화는 세계 PC 게임 산업구조에 극적인 영향을 미쳤다고 말해도 무방하다. 디지털 게임에만 집중하는 신생 배급사들은 게임 비즈니스의 가치창출 방식과 신흥시장에 대한 관점을 새롭게 정의해갔다. 1998년 이래로 주요 게임사의 PC 게임 매출은 콘솔의 10%에 불과했으나, 이제 PC 게임은 연간 300억 달러 규모로 성장했다. 밸브와 이드 소프트웨어 같은 혁신 기업들이 토대를 만들고, 액티비전 블리자드 같은 대형 배급사가 성장을 가속화함으로써 더 많은 이들이 PC 게임을 즐기게 되었다.

 당연하게도 HHI 또한 1998년 보통 수준(1647)에서 20년 후에는 낮은 수준(838)으로 하락했다. PC 게임 시장에서 점유율 1% 이상 차지하는 기업 수는 1998년과 2018년 사이 13%에서 21%까지 증가했다. 프리-투-플레이 게임을 즐기는 소비자가 늘어난 영향이다. 그 흐름을 주도한 텐센트, 넥슨, 넷이즈, 넷마블, 스마일게이트 등 중국과 한국의 게임사들도 글로벌 무대에서 유의미한 시장점유율을 차지했다. 콘솔 및 모바일 게임은 하드웨어에 대한 의존도가 더 높고 규제 당국 및 플랫폼 보유자들의 영향을 많이 받는 반면, PC 게임은 글로벌화의 이득을 누렸다. 더 개방적인 시장구조 덕분이다.

 반대로 전통적인 기업들은 빠르게 시장 지배력을 상실했다. 1998년에서 2008년 사이 전통적인 게임 회사들의 PC 게임 매출은 70억 달러까지 증가했지만, 시장은 이미 디지털에만 집중하는 신생 기업들에게 주도권이 넘어간 후였다. 2018년경 전통적 기업의 PC 게임 매출은 80억 달러에 머문 반면 디지털 게임 기업들의 매출은 220억 달러에 달했다.

흔히 혁신은 서서히 일어난다고 생각하지 않는다. 그러나 주요 게임 개발사들이 서서히 가라앉은 후에 PC 게임 시장은 과거의 입지를 회복했다. 디지털화라는 새로운 비즈니스 방식과 접근법 덕이다. 기발한 아이디어를 지닌 몇몇 기업의 혁신 덕에 PC 게임은 번성할 수 있었다.

둠은 창의적인 게임과 영리한 콘텐츠 유통방식으로 성공했다. 밸브는 당시 만들어지던 독립 개발자 커뮤니티의 노력을 활용했다. 블리자드는 온라인 멀티플레이 게임 카테고리를 재창조했으며, 월드 오브 워

[도표 7-5] **상위 개발사의 PC 게임 글로벌 매출 추이**

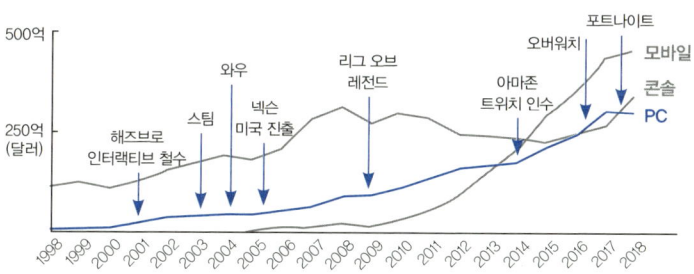

출처 : 개발사 리포트

크래프트로 새로운 게임 플레이 요소들을 선보였다. 넥슨 같은 회사들도 새로운 전략을 소개했다. 그들은 게임 타깃인 어린 플레이어들로부터 수익을 창출하는 방법을 찾아냈다. 심지어 미국 기업들보다도 먼저 말이다.

일찍이 뉴웰의 야망은 PC를 다시 중요한 게임 플랫폼으로 올려놓는 것이었다. 그리고 그렇게 했다. 다시 탄생한 PC 게임 플랫폼은 제품에서 서비스로 전환된 게임 산업의 혁신을 오롯이 보여준다(도표 7-5 참조).

Summary

- 디지털화 이전의 PC 게임은 콘솔과의 플랫폼 경쟁에서 패배한 터였다. 실물 게임 유통에서 패배한 PC 게임이 부활한 데에는 디지털화라는 동력이 있었다.
- 상황을 반전시킨 것은 소규모 게임사들이었다. 온라인 게임이 대세가 되자 이드 소프트웨어는 '둠'을 출시하면서 '오픈소스 전략'을 취했다. 기존의 비밀주의에 역행하는 이 조치는 전문 개발자뿐 아니라 팬들을 게임 개발에 참여시키는 결과를 낳았다. 덕분에 관련 콘텐츠가 기하급수적으로 증가했고, 단기간에 두터운 팬층을 형성했으며, 게임 개발자 커뮤니티가 형성되는 토대가 만들어졌다.

- 밸브는 기존 배급사보다 몇 년 앞서 디지털 유통 플랫폼 '스팀'을 만들어 PC 게임의 성장과 혁신을 촉진했다. 스팀은 게임 출시비용이 낮고 절차도 용이했으며 까다로운 심의도 없다는 장점을 내세워 수천 종의 게임을 끌어모았다.
- 실물 게임 타이틀이 디지털로 판매되기 시작하면서 '유료 구독모델'로 안정적인 매출을 올리는 방안이 모색되기 시작했다. 특히 구독 기반의 MMO 장르가 주목받았는데, 온라인 연결성이 강한 PC는 최적의 플랫폼이었다. 블리자드의 '월드 오브 워크래프트'는 플레이어들의 네트워크 효과를 극대화하여 세계에서 가장 인기 있는 게임이 되었다.
- PC 게임의 또 다른 파괴적 혁신은 한국과 중국 배급사들에게서 나왔다. 이들이 선보인 '프리-투-플레이 모델'은 오랜 기간 게임 업계에 작동해온 투자, 유통, 수익화 방식을 일시에 바꾸었다. 게임보다 구매가 선행되는 기존 방식에 비해 프리-투-플레이 모델의 수익화 속도는 확실히 느리지만, 시간이 지날수록 매출이 성장하는 장점이 있다. 매출이 특정 계절에 집중되는 패턴, 발매 초기에 투자금을 회수해야 하는 부담에서도 벗어났다. 고객군에 따라 콘텐츠를 다르게 제공할 수도 있다. 즉 사업과 제작 양쪽에서 최적화를 촉진했다고 할 수 있다.

3부

미디어로서의 게임

game-as-a-media

디지털화로 더 많은 사람들이 더 많은 게임에 접근할 수 있게 되면서 경쟁이 심화되었다. 이에 게임 산업은 미디어로 진화하기 시작했다. IP, 게임 방송과 e스포츠, 광고와 구독모델을 비롯한 새로운 수익모델이 등장하면서 어느덧 게임 산업의 규모는 영화나 음악 산업을 추월해 지배적 엔터테인먼트로 성장했다. 또한 오늘날 게임은 인공지능, 빅데이터, 블록체인 등 폭발하는 기술발전을 가장 먼저 수용하는 분야이기도 하다. 그뿐인가, 게임은 사람들 간의 소통을 이어주는 새로운 형태의 커뮤니티로 자리잡았다. 즉 덩치가 큰데 혁신에도 능하고, 사회적 영향력도 큰 산업이 된 것이다.

8장

IP 전략이 곧 사업 전략이다 :
IP를 활용할 때 고민해야 할 것들

#IP #포켓몬고 #스포츠게임대전 #위저드 #던전앤드래곤
#킴카다시안 #로비오 #앵그리버드

'ET'라는 게임을 아시는지? 아타리가 1982년에 출시한 게임으로, 게임 역사에 가장 실패한 IP 활용사례로 기록되기에 손색없는 작품이다.

이 게임은 처음부터 실패할 운명이었다. 아타리를 인수한 워너 커뮤니케이션Warner Communication의 임원이었던 스티브 로스는 스티븐 스필버그 감독에게 2300만 달러를 지불하고 영화 〈ET〉로 게임을 만들 수 있는 IP 사용권을 확보했다. 하지만 그의 목적은 창의적인 게임을 만드는 데 있지 않았다. 그저 유명 영화감독과 관계를 형성하고 싶었을 따름이었다.

게임의 높은 인기에도 불구하고 당시 음악, 영화, 방송 등 엔터테인먼트 업계에서는 게임을 그저 한때의 유행으로 치부하며 경시하는 분위기가 없지 않았다. 워너 커뮤니케이션 경영진 역시 마찬가지였다. 아타리2600 콘솔용으로 크리스마스 대목에 무조건 맞춰 개발하라는 경영진의 결정에는 게임 퀄리티에 대한 배려가 전혀 느껴지지 않는다. 예상한 대로 소비자들은 이 게임을 철저히 외면했다. 비슷비슷한 게임이 넘쳐나는 게임 시장에서 ET의 처참한 실패는 퀄리티가 뒷받침되지 않으면 아무리 유명한 IP로도 어찌할 수 없다는 교훈을 남겼다.

외부 IP를 확보해 게임을 만드는 건 업계의 흔한 관행이다. 자체 IP를 만들기가 결코 쉽지 않기 때문이다. IP는 거대한 비전을 필요로 한다. 여기에는 주인공 캐릭터에 살을 붙이고, 방대한 세계관을 창조하고, 일관성 있는 아트 작업물을 만드는 작업이 포함된다. 많은 시간과 비용이 소요되는 일이기에 대개 자본력이 풍부하고 경험 많은 게임사들만이 자체 IP를 만든다. (물론 예외적으로 마인크래프트나 앵그리버드처럼 개인 혹은 소규모 팀이 큰 성공을 거두는 경우도 더러 있다.) 가령 일렉트로닉 아츠는 수년간 새로운 슈팅 게임 시리즈 '앤섬'을 개발했고, 유비소프트는 대전 격투 게임 '포 아너'의 출시를 번번이 미뤄 비난에 시달리면서까지 공을 들였다. 하지만 두 시리즈 모두 고만고만한 성공을 거뒀을 따름이다. 이처럼 가장 뛰어난 게임 회사들조차 자체 IP로 게임을 개발하기란 결코 쉽지 않다.

이번 장에서는 서로 현격히 다른 두 유형의 IP를 설명하는 데 집중할 계획이다. 하나는 게임 개발사가 직접 만들어낸 스토리에 기초한 오리지널 게임 IP이고, 다른 하나는 외부에서 빌려온 IP다. '슈퍼 마리오', '헤일로', '어쌔신크리드', '콜 오브 듀티'가 전자의 대표적 예다. 이들 모두 독특한 경험을 제공한다는 점에서 경쟁사들의 콘텐츠와 차별화된 창의적인 비전을 선보인다. 후자의 대표적인 예는 '기타 히어로', '댄스 댄스 레볼루션', '킹덤하츠', '피파' 등이 있다.

IP, 직접 개발할까, 외부에서 빌려올까?

개발사는 기획 초기 단계에 새로운 캐릭터와 차별화된 경험을 제공하는 독자적인 세계관을 만드는 데 투자할지, 아니면 외부에서 IP를 빌려올지 결단을 내려야 한다. 리스크를 낮추고 비용을 줄이기 위해 IP를 빌려오거나, 더 큰 보상을 목표로 자원을 투자해 자체 IP를 개발하거나. IP와 관련된 의사결정은 전체 전략 방향의 기초가 된다.

외부 IP를 빌려오는 이점은 명확하다. 일단 개발과정 관리가 훨씬 용이해진다. 개발자들이 매력적인 스토리, 세계관, 캐릭터 등을 만드는 노력을 덜 쏟아도 된다. 또한 이미 있는 IP를 사용하므로 게임의 전반적인 분위기나 아트 스타일도 쉽게 결정된다. IP 보유 기업들은 라이선스 계약을 체결할 때 원작에서 크게 벗어나지 않도록 엄격한 가이드라인을 제시하는 게 일반적이다. 그만큼 원작 팬들에게 매력적으로 소구될 수 있어 수요 불확실성을 낮출 수 있다.

같은 IP를 활용한 다른 콘텐츠가 있다면 홍보도 쉬워진다. 해당 IP

로 영화가 개봉되는 시점에 모바일 게임을 출시하면 영화를 홍보하는 동안 IP가 노출돼 모바일 게임에 유입되는 고객도 늘어난다. 〈스타워즈〉, 〈어벤져스〉 같은 할리우드 대작일수록 더욱 그렇다.

또한 일단 IP 확보 경쟁에서 승리하면 차후 다른 IP를 확보할 때 한결 유리하다. 게임 스튜디오로서는 IP 게임 제작 경험이 일종의 브랜드 구축으로 이어지는 셈이다. 3장에서 소개한 대로 일렉트로닉 아츠는 그렇게 해서 세계 최고의 스포츠 게임 전문 배급사가 되었다.

이 대가로 개발사가 감수할 것은 무엇인가? 라이선스 계약의 기본 구조에는 최소수익배분MG, minimum gurantee이 포함된다. 게임사가 IP 보유 기업에 비용 일부를 보전해주는 것으로, 예상 수익의 5~7% 정도를 가져가는 형태로도 이뤄진다. 게임 스튜디오 입장에서는 초기 비용이 발생하는 만큼 프로젝트를 반드시 성공시켜야 할 동기부여로 작용하기도 한다.

무엇보다 인기 IP는 경쟁이 치열해서 예외 없이 게임사의 비용 구조에 부담이 된다. 매년 IP 보유 기업과 해당 IP를 확보하고자 하는 게임사 관계자들이 박람회에 모여 서로의 발표를 듣고 협상을 진행하는데, 반드시 법률대리인 즉 변호사를 대동해야 한다. 어느 게임사 임원의 표현을 빌리면 "변호사를 대동할 여력이 없는 개발사는 그 자리에 낄 자격조차 안 되는" 것이다.

IP 보유 기업이 온갖 조항을 내걸며 개발자의 창의력에 제약을 가할 수도 있다. 최악의 경우 IP와 관련된 엄격한 제약 때문에 게임의 시스템mechanic 자체를 변경해야 하기도 한다.

반대로 자체 IP를 보유한 게임사가 누리는 이점은 전문성이 없는 분야에서도 수익을 창출할 수 있다는 것이다. 가령 '비주얼드' 시리즈는 플레이어들이 보석을 스와핑하여 조합을 만드는 웹 기반 퍼즐 게임으로 시작했다. 게임이 인기를 얻자 개발사인 팝캡게임즈PopCap Games는 비주얼드 브랜드를 하나둘 확장했다. 게임 내 이미지와 게임 시스템을 항공기의 기내 엔터테인먼트 콘텐츠 개발에 특화된 글로벌 이글 엔터테인먼트Global Eagle Entertainment에 판매한 것이 대표적 사례다. 또한 블랙베리용 게임을 직접 개발하는 대신 블랙베리 콘텐츠 개발사에 라이선스를 판매하는 방식을 택해 비주얼드 브랜드를 자신의 역량과는 거리가 먼 카지노 산업으로도 확장했다. 연령대 높은 여성에게 특히 인기 있었던 비주얼드와 라스베이거스의 슬롯머신 및 스크래치 복권의 고객층이 일치한 덕이다. 팝캡게임즈의 성공적인 IP 전략은 일렉트로닉 아츠에 10억 달러 이상의 가치로 인수되는 것으로 귀결되었다.

포켓몬스터라는 IP

그렇다면 어떤 IP가 가장 큰 성공을 거두었을까? 두말할 것 없이 포켓몬스터다. 수년간 뉴욕대학교에서 학생들을 가르치며 실로 다양한 문화적 배경과 취향을 접했는데, 그 와중에 한 가지 공통점이 있었다. 바로 포켓몬스터에 친숙하다는 점이다.

포켓몬스터처럼 누구나 좋아하는 IP는 게임 개발사의 운명을 극적으로 바꿔놓기도 한다. 상대적으로 인지도가 낮았던 나이언틱은 플레이어들이 아이템을 수집하고 실제 지도상의 인근 지점을 점령하는 증강현실AR 기반 스마트폰 게임 '인그레스'를 출시했지만 반응은 미미했다. 구글이 투자한 스튜디오였음에도 인그레스는 수년간 수백만 달러를 벌었을 따름이다.

나이언틱을 구원한 것은 두 번째 게임 타이틀 포켓몬고다. 포켓몬고는 2016년 여름 신드롬을 일으켰다. 세계적으로 5억 건을 훌쩍 넘는 다운로드가 발생했으며, 몇 달 만에 50억 달러의 수익을 올렸다. 플레이어들은 포켓몬을 획득하고, 훈련시키고, 전투를 하며 다른 플레이어들과 경쟁한다. 이 모든 건 스마트폰으로 주변을 스캔함으로써 가능하다. 게임 시스템과 소프트웨어는 인그레스와 다를 바 없다. 여기에 구글맵과 포켓몬스터 IP에서 가져온 캐릭터들이 결합돼 대성공을 거둔 것이다.

나이언틱이 포켓몬스터라는 IP를 훌륭하게 재해석했고, AR이라는 새로운 기술에 최적화된 게임 플레이를 기획했다는 점이 주효했다는 성공요인 분석도 일리가 있다. 그러나 이것만으로 포켓몬고의 엄청난 성공을 충분히 설명하지는 못한다. 귀엽게 생긴 생명체를 모으는 것이 이 게임의 전부는 아니기 때문이다. 잘 기획하여 수십 년간 세심하게 관리한 포켓몬스터라는 IP의 덕이 크다.

어린 시절 곤충채집에서 영감을 받은 기획자 사토시 타지리Satoshi Tajiri가 닌텐도의 휴대용 콘솔 게임으로 기획한 것이 포켓몬스터 시리즈의 시작이었다. 포켓몬스터의 최종 목표는 플레이어가 육성한 포켓몬과 다른 플레이어들의 포켓몬을 대결시켜 누가 최고의 포켓마스터인지를 가리는 것이다.

6~12세 어린이들을 겨냥한 알록달록하고 단순한 게임이지만, 포켓몬이라는 귀여운 생명체 뒤에는 정교한 IP 전략이 숨어 있다. 처음에는 게임기용 게임으로, 이후에는 트레이딩 카드 게임으로 출시된 포켓몬스터 시리즈에는 비즈니스 모델의 혁신 요소가 담겨 있다.

포켓몬의 폭넓은 다양성이 첫 번째 요소다. 포켓몬스터는 단일 캐릭터가 아닌 다양한 종류의 생명체를 제공한다. 이 작업은 플레이어가 특정 포켓몬과 유대를 형성할 수 있게끔 정교하게 이뤄졌다. 플레이어들은 좋아하는 포켓몬과 플레이 스타일을 선택할 수 있다. 그 결과 수많은 포켓몬 가운데서 실루엣만으로도 '내 포켓몬'을 쉽게 알아볼 수 있다. 다양성 속에서도 특정 포켓몬과 강렬한 정서적 연결성을 느끼고, 이를 방해하는 복잡도는 낮추는 영리한 기획이다.

두 번째 혁신 요소는 어린 플레이어들에게 관리의 권한을 부여한 것이다. 이들은 평소 중요한 결정을 할 일이 거의 없다. 그저 자신을 탐색하고 표현할 기회가 조금 있을 뿐이다. 포켓몬스터는 이들에게 의사결정 기회를 주고 소속감을 느끼게 함으로써 그 공백을 채워주었다. 포켓몬스터를 트레이딩 카드 게임으로도 출시한 것이 주효했다. 트레이딩 카드로 각자 개성 있는 조합deck을 만들 수 있고, 비싼 휴대용 게임기가 필요 없으니 학교에 가져가기도 부담이 없다. 아이들은 쉬는 시간마다 포켓몬 카드를 가지고 놀았고, 일종의 사회적 화폐로도 활용했다. 자신만의 카드 조합을 만드는 건 일종의 자기표현 행위가 되었다. (포켓몬스터 시리즈의 대표적인 캐치프레이즈 중 하나가 "너로 정했다"라는 사실을 상기해보라.)

마지막으로 포켓몬스터의 방대한 콘텐츠 확장 역시 빼놓을 수 없다. 오늘날 포켓몬스터는 극장용 애니메이션, TV 애니메이션, 만화책, 트레이딩 카드 게임 등 20종 이상의 콘텐츠로 출시되었다. 트레이딩 카드 게임을 만드는 제작사의 한 개발자는 다양한 미디어 채널에서 두루 접할 수 있는 것이야말로 포켓몬스터의 성공 비결이라고 말했다. "토요일 아침 포켓몬스터 TV 만화는 사실상 30분짜리 정보 프로그램이라고 봐도 무방합니다. 아이들에게 포켓몬 세계관의 규칙 및 게임 플레이 방식을 알려주니까요." 포켓몬스터 IP 기반 게임의 총 누적 수익은 약 130억 달러에 달한다.

인그레스와 포켓몬고가 주는 게임 경험 자체는 별반 다르지 않다는 점을 감안한다면, 두 게임이 거둔 상업적 성공의 차이는 IP 활용 여부에서 갈렸음을 알 수 있다. 혁신적인 게임 기획과 대중적인 매력의 조합 덕분에 포켓몬고는 완전히 새롭고 매력적인 경험을 선사할 수 있었다.

IP 전략의 통념과 묘수

IP 경쟁에 가격 경쟁이 더해진 스포츠 게임 대전

IP의 독점적 사용권을 확대하는 건 뾰족한 차별화 수단이 없을 경우 특히 유용하다. 이 때문에 게임사들 간 경쟁의 정점에 IP 라이선스가 놓일 때도 적지 않다.

2005년 일렉트로닉 아츠와 테이크투는 스포츠 게임 장르에서 지배력을 높이기 위해 서로의 허를 찌른 바 있다. 두 기업의 핵심전략은 유명 리그의 IP 라이선스 독점권을 확보해 스포츠 팬덤의 인기를 그대로 게임까지 확장하는 것이다. 일렉트로닉 아츠는 NFL(미식축구리그)과 FIFA(국제축구연맹) 등의 라이선스 독점권을, 테이크투의 자회사 2K게임즈 2K Games는 NBA 라이선스를 보유하고 있었다.

어느 게임사 임원이 "2004년 스포츠 게임 대전"이라 명명한 이 경쟁의 전술은 한마디로 가격 인하였다. 먼저 테이크투가 선공을 날렸다. 2004년 6월 테이크투는 세가의 ESPN 게임들에 대한 배급권과 유통권을 확보해 한 달 후 'ESPN NFL 2K5'를 플레이스테이션2와 엑스박스 용으로 출시하면서 19.99달러를 책정했다. 신규 게임을 저렴하게 판매해 시장점유율을 높이고, 일렉트로닉 아츠의 신작이 나오기 직전에 출시한다는 단순한 전략이었다. 그 후 10월에 테이크투는 다시 저가 전략을 반복했다. 일렉트로닉 아츠가 'NBA 라이브2005'를 49.99달러에 출시하는 시점에 맞춰 'ESPN NBA 2K5'를 19.99달러에 출시한 것이다. 11월에는 미국대학농구 게임인 'ESPN 컬리지홉스 2K5'를 19.99달러에 출시했다. 49.99달러에 출시된 일렉트로닉 아츠의 미국대학농구 게임 '마치 매드네스 2005'를 겨냥한 것이다.

테이크투의 잇따른 발매 전략은 연말이 다가오면서 효과를 보이기 시작했다. 테이크투의 스포츠 게임들은 일렉트로닉 아츠보다 높은 평점을 받았으며, 엑스박스에서는 1등 스포츠 게임으로 올라섰다. 테이크투의 '좋은 게임을 좋은 가격에' 전략이 힘을 발휘해 1등 스포츠 게임 배급사로 올라서는 꿈이 실현되는 듯했다.

일렉트로닉 아츠도 추수감사절에 맞춰 게임 3종의 가격을 인하하며 가격 경쟁에 맞불을 놓는 듯했다. 하지만 궁극적으로 그들은 정면승부를 택했다. 12월 NFL과 5년간 독점권 계약을 체결했고, ESPN과는 15년 독점권 합의를 발표한 것이다. 일렉트로닉 아츠는 가격 경쟁으로 서로 치킨게임을 벌이는 대신 독점권을 확보함으로써 자신들의 가격을 고수하고 경쟁자인 테이크투를 코너로 몰았다.

명백히 테이크투에 불리한 상황이었다. NFL이 일렉트로닉 아츠에 독점권을 준 것과 달리 테이크투와 계약한 NBA는 여러 배급사와 계약을 맺은 터였기 때문이다. 테이크투는 경쟁에서 이탈하지 않기 위해 일렉트로닉 아츠와 소니가 2005년 3월 게임을 출시하기 직전 MLB 및 MLPA와 7년간의 계약을 맺었다.

공격적인 가격 경쟁과 라이선스 독점권 확보는 IP 기반 전략에 내재한 비용 리스크의 전형을 보여준다. NFL 팬들은 매년 최신 버전의 '매든NFL'을 사고 싶어 할 것이므로 일렉트로닉 아츠는 굳이 가격을 인하할 이유가 없다. 그럼에도 테이크투는 일렉트로닉 아츠로 하여금 공격적인 가격 경쟁에 뛰어들도록 유도해 막대한 돈을 지출하게 했다. 결과적으로 일렉트로닉 아츠가 보유한 게임 포트폴리오의 리스크가 높아졌으니 테이크투로서는 소기의 목적을 달성한 셈이다.

IP의 유명세에 의존한 해즈브로의 몰락

또 다른 접근법은 혁신의 기초작업으로 IP를 확보함으로써 시장 변화에 따른 위험에서 자유로워지는 것이다. 하지만 이 방법은 결코 완벽한 대안은 아닌 것으로 판명되었다.

1990년대 후반 게임이 인기를 얻으면서 장난감 산업의 경쟁자로 부상하자 미국의 장난감 기업인 해즈브로는 전략을 변경했다. 지난 몇 년간 해즈브로는 자사의 장난감 IP 라이선스를 외부에 제공했다. 즉 외부 배급사들과 개발사들이 게임 제작의 리스크를 대부분 감수했던 것이다. 하지만 상황이 달라졌음을 인지한 해즈브로는 그룹 산하에 해즈브로 인터랙티브Hasbro Interactive를 조직해 직접 게임을 개발하고 배급했다. 야망이 차오른 해즈브로의 경영진은 리스크와 잠재적 이익 사이에서 곧 균형을 찾아갈 것이라 낙관했다.

초기에는 해즈브로의 판단이 옳은 듯했다. 소매업체들과 맺어둔 관계 덕에 초기 유통도 수월했다. 대형 흥행작이 없었음에도 새 계열사는 곧바로 수익을 내기 시작했다. 1997년 매출은 8600만 달러로 1년 만에 2배 이상 성장했다. 이러한 흐름을 이어가기 위해 해즈브로의 경영진은 자금을 풀어 미국의 인기 퀴즈쇼인 〈제퍼디!〉, 〈휠 오브 포춘〉 같은 프로그램의 IP 라이선스 확보에 나섰다. 한편으로 여러 게임 스튜디오도 인수했는데, 이 중에는 아발론 힐(600만 달러), 마이크로프로스(7000만 달러) 인수 건도 포함된다. 이 전략도 통했다. 1998년 해즈브로 인터랙티브는 1억 9600만 달러의 매출을 공시했다.

초기 성공에 고무된 해즈브로는 연매출 10억 달러를 향해 달리기 시작했다. 해즈브로 인터랙티브는 더 많은 라이선스를 확보하고, 더 많은 개발자를 채용했으며, 그들의 게임을 모든 플랫폼에 출시하는 데 집중했다. 스포츠 게임 사업부를 조직해 일렉트로닉 아츠를 인수하려는 생각도 했을 정도니 그들의 야심이 얼마나 컸는지 가늠이 될 것이다. 그해 일렉트로닉 아츠가 10억 달러 매출을 달성했다는 소식이 해즈브로 경영진의 눈길을 사로잡았음이 분명했다. 시장에서 오는 신호 또한 긍정적이었다. 최대 라이벌인 마텔이 더 러닝 컴퍼니The Learning Company를 40억 달러에 인수한 찰나였으며, IT 열풍과 인터넷 대중화에 따른 글로벌 경제호황도 기대치를 고조시켰다. 해즈브로 인터랙티브의 꿈은 끝없이 커져갔다.

일반적으로는 성장하고 있는 영역에 투자하는 것이 맞다. 특히 해즈브로 인터랙티브처럼 자체 전문성이 없을 시 인재와 IP 확보에 집중하는 건 지속적인 성장과 성공에 필수적이다. 하지만 해즈브로의 전략은 두 가지 요소를 간과했다는 점에서 치명적이었다.

첫째, 일련의 인수 및 IP 확보가 경영 측면에서 독이 되었다는 점이다. 여러 사업부가 독립적으로 움직이는 해즈브로의 조직구조는 시너지와 효율성을 추구하기에 적합하지 않았다. 그들의 재무보고 구조는 순식간에 복잡해졌으며, 수익을 정확히 예측할 수도 없게 되었다. 그 결과 조직 내 투명성이 낮아져 자회사와 모기업 간의 신뢰 이슈가 생겼으며, 내부적으로 경영진과 개발팀 간의 신뢰도 무너졌다.

둘째, 해즈브로 인터랙티브가 재무적으로 취약했다는 점이다. 공격적인 투자와 인수를 단행하느라 이익률이 점차 하락하기 시작했다. 1998년 1억 9600만 달러의 매출 가운데 이익은 2300만 달러였다. 1년 후 매출은 2억 3700만 달러로 21%나 성장했지만, 7400만 달러의 손실을 기록했다. 해즈브로 그룹이 받아들이기 어려운 실적이었다. 물론 당시에는 위태로운 재무상황에 대한 구제책이 있었을지도 모른다. 그러나 닷컴 버블이 터지면서 모든 것이 무위로 돌아갔다.

닷컴 버블이 꺼지자 해즈브로 인터랙티브는 재무적 건전성을 개선하는 한편 '롤러코스터 타이쿤' 게임의 성공에 운을 걸었지만 그것만으로는 역부족이었다. 결국 2000년 말 해즈브로 인터랙티브는 1억 달러에 프랑스 배급사 인포그램스Infogrames에 인수되었다. 해즈브로 인터랙티브의 운명은 유명 IP에 의존해 사업하는 기업들에게 경고가 되었다.

시장을 되살린 위저드의 IP 무상 제공 전략

스포츠 라이선스 사례처럼 막대한 자금으로 IP를 독점해 경쟁자들을 배제하는 대신, 일부 기업은 게임 시스템mechanic 및 규칙 관리와 관련해 다른 전략을 선보여 성공을 거두었다. 위저드 오브 더 코스트(이하 '위저드')*가 좋은 예다. 위저드는 자사의 IP를 외부에 공개하는 훌륭한 전략 덕에 롤플레잉 장르 그 자체가 되었다.

1973년 TSR이 출시한 '던전 앤 드래곤(이하 'D&D')'은 종이와 연필로 플레이하는 TRPGTable Top Role Playing Game다. 여러 명의 플레이어가 자신의 아바타를 만들어 판타지 세계로 모험을 떠나고, 그중 한 명이 게임 마스터가 되어 전투, 탐험, 스토리 전개, 플레이어들의 선택 결과 등 게임 진행과 관련된 모든 것을 관리한다. 일반적으로 종이와 연필을 사용하는 TRPG는 게임 산업의 주변부라 여겨지곤 하지만 '발더스 게이트' 시리즈를 비롯해 오늘날 인기 있는 여러 게임 시리즈가 TRPG의 영향을 크게 받았다. 이 장르의 핵심은 룰 북rule book이라 불리는 규정집을 출간하고, 거대한 판타지 세계관을 통제하는 서사를 만들어내는 데 있다.

비디오 게임 RPG에 비하면 종이와 연필을 기반으로 하는 TRPG는 제작이 쉬운 편이다. 그 때문에 오랫동안 수많은 소규모 제작팀이 난립했고, 시장구조는 극도로 파편화되었다. 이에 많은 게임 기획자들

---

* 1999년 해즈브로에 인수되었다. 참고로 위저드 오브 더 코스트는 앞에서 다룬 포켓몬스터 트레이딩 카드 게임의 제작사이기도 하다.

이 특허를 등록하고 폐쇄적인 게임 시스템을 구축했다. 자사의 게임 규칙에 익숙해지게 해 다른 게임으로 넘어가지 못하도록 하고, 확장판 등 추가 판매를 노린 전략이다. 이렇듯 초기 TRPG 시장은 소규모 회사들이 낮은 이익률을 놓고 경쟁하는 판이 되었다.

그러다 1980~90년대에 비디오 게임과 트레이딩 카드 게임이 등장하면서 TRPG 시장은 축소되기 시작했다. D&D를 개발한 TSR은 경험을 더 직관적으로 만들고 소셜 요소를 강조한 버전을 출시하는 등 나름의 대응을 했지만, 장르의 쇠퇴를 극복하지 못해 결국 1997년 위저드에 인수되었다.

위저드는 D&D의 문제점을 분석한 뒤 다음과 같은 결론을 내렸다.

첫째, D&D에는 너무 많은 세계관이 혼재했다. 다양한 고객에게 두루 어필하기 위해 서로 다른 세계관을 기반으로 수많은 스토리를 만들어낸 결과였다. 세계관이 늘어날수록 각각의 세계관에 해당하는 게임을 즐기는 사람은 줄어들었고, 이러한 파편화는 판매 감소로 이어졌다.

둘째, 각각의 D&D 시리즈와 관련 자료를 관리할 중앙 시스템이 부재했다. 규칙은 걸핏하면 충돌했고, 일관성은 없었으며, 게임을 실제로 플레이하는 것보다 규칙을 찾느라 쓰는 시간이 더 많을 정도였다.

셋째, 신규 플레이어들이 즐기기에는 게임이 지나치게 어렵고 규칙이 불투명했다.

결국 위저드는 게임을 바닥부터 다시 고치면서 몇 가지 전략적 변화를 가했다. 첫 단추는 초보자를 위한 D&D 버전을 만드는 것이었다. 신규 플레이어를 위해 게임 경험을 간소화하고 플레이를 어렵게 만드는 요소들을 제거했다. 가령 진행 역할을 맡는 게임 마스터는 D&D 시리즈가 복잡해짐에 따라 여유를 잃고 시간에 쫓기곤 했다. 이 문제를 해결하고자 위저드는 도움 요소를 추가하고 협업 플레이에 집중할 수 있도록 게임을 재구성했다.

그중에서도 위저드를 TRPG 리더로 만든 일등공신은 단연코 게임 플레이 시스템을 무료로 제공한 것이다. 위저드는 롤플레잉 게임의 기본 규칙을 담은 룰 북을 출간했다. 해당 규칙들은 d20이라 불리는 20면체 주사위 사용을 근간으로 한다. 덕분에 게임은 한층 간소화됐고 접근성도 개선되었다.

여기에 더해 소프트웨어 업계의 개발방식을 차용해 오픈 게이밍 라이선스OGL, open game license를 만들어, 이를 고지하기만 한다면 누구나 d20 기반의 게임 시스템을 사용할 수 있도록 허가했다. 개방 시스템 덕에 외부 개발자들 또한 D&D 세계관과 호환되는 자신만의 콘텐츠, 퀘스트, 캐릭터를 만들 수 있게 되었다. IP를 무료로 외부에 제공함으로써 위저드는 업계에서 자신의 입지를 공고히 했고, 소규모 협력사들도 혁신에 기여하도록 장려함으로써 TRPG 시장 자체를 부활시켰다.

넘쳐나는 모바일 게임, 넘쳐나는 IP 전략

강력한 IP는 곧 시장가치로 직결된다. 모바일 게임처럼 진입장벽이 낮은 디지털 콘텐츠 시장에서 우리는 지속적으로 공급이 증가하는, 즉 게임에 대한 접근성이 높아지는 현상을 확인한 바 있다. 그런데 이러한 현상은 역설적으로 소비자들이 게임 정보에 어두워지게 만든다. 게임이 너무 많아서 자신이 좋아할 만한 게임을 찾기가 외려 어려워진 것이다.

이러한 상황에서 대중적으로 인기 있는 IP를 기반으로 게임을 만드는 건 게임사 입장에서 꽤 매력적인 선택지다. 수많은 게임 사이에서 소비자들이 가치를 느끼게 하는 데 효과적인 방안이니 말이다.

모바일 게임 초기만 해도 IP 보유 기업들의 반응은 미온적이었다. 스마트폰의 장기적인 성공 가능성에 대해서도 의견이 갈렸고, 검증되지 않은 모바일 게임 시장에 자신의 IP가 활용되는 것도 마뜩지 않았다. 전통적인 게임사들도 시장의 움직임을 관찰할 뿐 인기 게임을 모바일 버전으로 출시할 움직임을 보이지 않았다. 그들 입장에서는 신생 뜨내기 개발팀들이 지배하는 모바일 게임 카테고리에 진입해서 자사의 IP 가치에 때를 묻힐 이유가 없었다.

하지만 스마트폰의 대성공과 모바일 콘텐츠에 대한 높은 수요는 흐름을 바꿔놓았다. 점점 더 많은 개발사가 모바일 게임을 출시하기 시작했다. 공급되는 콘텐츠가 많아지자 소비자들은 혼란을 느꼈다. 이러한 문제를 피해가기 위해 게임사들은 서로 다른 IP 기반 전략을 구사하기 시작했다. 그 성과도 각기 달랐다.

IP만 확보하면 안전할까?

가장 뻔한 전략은 기존 인기 시리즈의 라이선스 일부를 확보해 마케팅 비용을 아끼는 것이다. 〈스타워즈 : 깨어난 포스〉 개봉이 2015년 말로 확정되자 여러 모바일 게임과 앱이 해당 IP 기반으로 출시되었다. 일렉트로닉 아츠의 '스타워즈 : 커맨더', 로비오가 개발한 '앵그리버드 스타워즈', 아스피르 미디어Aspyr Media의 '스타워즈 : 구 공화국의 기사단' 등이 대표적이다.

이들 게임의 매출 분포를 보면 익숙한 패턴이 보인다. 바로 승자독식 구조다. 가장 수익이 좋았던 게임은 영화 개봉 한 달 전에 출시한 '스타워즈 : 커맨더'로, 두 번째로 많은 수익을 올린 코나미의 '스타워즈 포스 컬렉션'보다 2.5배나 많은 돈을 벌어들였다. 배급사가 제공한 판매 데이터 또한 비슷한 분포를 보인다. 스타워즈 IP를 보유한 디즈니는 대략 전체 수입의 48%를 가져간다. 심지어 이는 MG 또는 다른 라이선스 관련 수입을 제외한 금액이다. 라이선스 게임이 수익에 도움이 된다 해도 그건 일종의 부채일 수 있음을 보여주는 데이터다.

당시 코나미 같은 배급사들은 월간 수익의 12%인 1200만 달러가 디즈니 IP 기반의 게임에서 나왔다. 반면 카밤Kabam이 같은 달 디즈니 IP 기반의 게임으로 올린 수익은 그들의 전체 수익 중 3%에 불과했다. 로비오는 단지 1%의 수익을 스타워즈 브랜드로 냈을 뿐이다. 높은 IP 비용에 비하면 수익 규모가 크지 않았던 것이다.

이러한 분포는 IP 전략이 수익을 높이는 데 도움을 주기도 하지만 역으로 외부 IP에 재정적으로 의존하게 되는 위험성도 드러내준다. 강력한 IP 라이선스를 확보하는 게 안전한 투자라는 통념과 배치되는 점이다. 디즈니처럼 IP 관리에 능한 기업들은 부가가치의 대부분이 자사의 몫이 되도록 구조화하기 때문이다.

두 번은 통하기 어려운 인플루언서 IP 전략

모바일 게임을 출시할 때 유명인을 IP로 활용하기도 한다. 과거에는 그 대상이 유명 운동선수나 영화배우로 국한되었지만, 다양한 취향을 지닌 소비자들이 게임에 유입되면서 다양한 영역의 인플루언서가 기용되기 시작했다. 가장 성공적인 예는 글루 모바일Glu Mobile과 킴 카다시안 웨스트와의 협업 사례다.

글루 모바일은 스마트폰이 본격적으로 인기를 얻기 전인 2011년, 첫 게임 '스타덤 : 더 A리스트'를 출시하고 2년 후 '스타덤 : 할리우드'라는 이름으로 재발매했다. 이 게임은 플레이어가 옷을 차려입거나 레드카펫에 등장하는 임무를 수행하면서 명성을 쌓아가는 과정을 반복하는 패션 게임이다. 게임의 수익은 보잘것없었다. 하지만 글루 모바일이 킴 카다시안 웨스트의 외모와 목소리 사용에 관한 초상권 계약을 체결한 후 모든 것이 바뀌었다.

글루는 이참에 게임 타이틀도 '킴 카다시안 : 할리우드'로 바꿔 재발매했다. 그런 다음 그녀의 리얼리티 TV쇼에 고정적으로 광고를 붙이고 SNS에도 지속적으로 노출시켰다. 어느 인터뷰에서 킴 카다시안은 다음과 같이 말했다. "관건은 모든 게 실시간이라는 느낌이 나게 하는 거예요. 난 글루에 비키니를 주면서 '이 비키니를 게임에 추가해주세요. 이제 이걸 입을 거예요. 게임에 라이브로 올려요!'라고 했죠."

유명인의 적극적인 참여 덕에 이 게임은 예상을 뛰어넘는 큰 성공을 거뒀다. 인기가 정점을 찍을 즈음에는 월간 활성사용자가 1800만 명이나 됐으며, 2019년 말 누적 매출은 2억 8400만 달러에 달했다.

성공을 목격한 할리우드 에이전시들은 너도나도 스타의 페르소나를 활용해 게임을 만들었다. 브리트니 스피어스, 슈퍼모델 켄달 제너, 유명 셰프 고든 램지 모두 초상권을 개발사에 빌려주었다. 하지만 그 중 어떤 게임도 글루만큼의 성공을 거두지는 못했다. '페티왑 : 니트로 네이션 스토리'는 인기 래퍼 페티왑의 초상권을 차용했음에도 차트 상위권에 오르는 데 실패했다. 로비오가 가수 샤키라와 협업하여 개발한 '샤키라 러브 락'의 결과도 다르지 않았다. 사실상 킴 카다시안 웨스트를 제외한 유명인 라이선스 기반 IP 전략은 대부분 실패로 귀결되었다.

심지어 이 전략의 원조였던 글루 모바일조차 두 번 성공하지는 못했다. 2015년 말 글루 모바일이 가수 케이티 페리의 초상권을 활용하여 개발한 '케이티 페리 팝'은 1년도 되지 않아 서비스를 종료했다. 당

[도표 8-1] 유명인 라이선스 기반 모바일 게임 월 매출

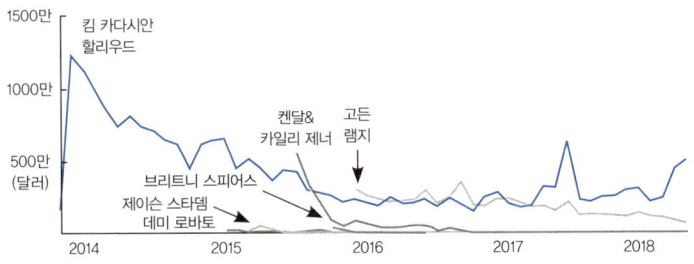

출처: 슈퍼데이터 리서치

시 케이티 페리의 트위터 팔로워 수는 킴 카다시안의 2배가 넘었음에도 '케이티 페리 팝'은 출시 후 9개월간 고작 8만 2013달러를 벌어들였을 따름이다. 같은 기간 8900만 달러를 벌어들인 킴 카다시안 웨스트의 게임과 천양지차다.

'킴 카다시안: 할리우드'의 성공을 어떻게 설명할 수 있을까? 물론 신선함이 큰 몫을 차지할 것이다. 순전히 킴 카다시안 웨스트 같은 사람이 게임의 일부가 되었다는 사실만으로도 많은 이들의 호기심을 자극했다. 특히 스마트폰의 등장으로 새롭게 게임을 즐기기 시작한 사람들에게는 더욱 그랬다. 다른 유명인들의 게임이 출시되었을 무렵에는 신선함이 사라진 뒤였다(도표 8-1 참조).

더 냉소적인 해석은 게임사들이 유명인의 초상권을 형편없이 활용했다는 것이다. 글루의 성공을 엿본 뒤 수많은 개발사가 이 열차에 올

라타기 위해 저품질의 게임을 급하게 출시했다. 유명인 IP 기반 전략의 핵심은 유명인의 페르소나와 게임 플레이 간의 직관적인 통합에 있다. 킴 카다시안이 레드카펫에서 사진 찍는 모습을 상상하는 건 샤키라가 보석 스와핑 게임을 플레이하는 장면을 상상하는 것보다 쉽다. 단순히 당시 인기 있는 요소들을 조합하는 것만으로는 재미있는 게임을 만들 수 없다.

게다가 유명인 IP를 활용한 모바일 게임은 의외로 긍정적인 네트워크 효과를 폭넓게 기대하기 어렵다. 어느 게임사 임원은 다음과 같이 지적했다. "테일러 스위프트 팬들은 킴 카다시안 게임을 하지 않을 거예요." 즉 게임 성공의 핵심 중 하나인 교차 프로모션 전략이 다른 유명인을 좋아하는 사람에게는 통하지 않는다는 말이다.

더 다양한 게임과 유명인을 연계하는 것이 이론적으로는 가능했지만, 이 전략은 오래 가기 어려운 것으로 판명되었다. 오히려 한 번의 예외적인 성공이 다량의 질 낮은 게임을 양산하는 부정적인 결과로 이어졌을 따름이다.

매력적이지만 여전히 높은 장벽, 방송사 IP

모바일 게임에서 흔히 사용되는 세 번째 IP 전략은 방송 IP를 활용하는 것이다. 단, 방송사들은 굉장히 엄격한 기준을 요구한다. 가령 HBO의 인기 시리즈 〈왕좌의 게임〉 같은 경우, 판타지 RPG 혹은 트레이딩 카드 게임으로 만들면 대박을 칠 것 같은 IP다. 하지만 실제 결과는 그렇지 않았다. 일단 시리즈에 출연한 배우들과 그들의 초상권 사용에 관한 합의가 명확하지 않다는 문제가 있다. 모바일 게임을 개발하려면 주요 배우들과 일일이 재협상을 해야 하는데, 문제는 이미 배우들과 작품의 인기가 절정에 달했을 시점에 협상하기 십상이라는 것이다. 그만큼 엄청난 경제적 보상을 약속해야 한다.

하지만 이는 어쩌면 부차적인 문제다. 얼마전까지만 해도 방송사와 배우들 간 계약서에는 모바일 IP 관련 조항이 아예 있지도 않았다. 대부분의 게임 프로젝트 제안이 거절되는 주된 이유다. 전통적인 방송사 임원들이 모바일 게임을 다시 보기 시작한 건 최근의 일이다.

고위경영진의 반대도 여전하다. 어느 방송 프로듀서가 설명하기를, "제가 판단하기에는 〈덕 다이너스티〉 IP로 당장 게임을 만들어야 하는데도 내부 지원을 받기는 여전히 어려워요. 나이 먹은 임원들이 필요성을 이해하지 못하거든요."

여기에는 두 가지 원인이 있어 보인다. 첫째, 방송사 임원들에게 월간 활성사용자MAU, 유료고객 전환율CVR to spending, 평균 유료결제 금액ARPPU 등 게임 업계에서 사용하는 재무적 지표가 낯설기 때문이다. 둘째, 세대적 차이를 무시할 수 없다. 고위 임원들은 은퇴를 몇 년 앞둔 상황에서 굳이 위험을 감수하면서 낯선 사업모델을 도입하고 싶지 않을 것이다.

심지어 방송사가 게임을 개발할 의지가 있어도 적절한 개발사를 찾기가 쉽지 않다. 〈빅브라더〉, 〈도전! FAT 제로〉, 〈마스터 셰프〉 등의 프로그램으로 유명한 네덜란드 제작사 엔데몰샤인Endemol Shine과 〈더 프라이스 이즈 라이트〉, 〈발칙한 기부쇼〉 등으로 잘 알려진 영국 제작사 프리맨틀미디어FremantleMedia가 대표적이다. 이 두 기업은 TV쇼 IP 기반의 게임을 개발할 개발사를 찾는 데 많은 노력을 기울였다. 일반적으로 게임 스튜디오가 TV쇼 IP로 게임을 만들면 방송사에 게임 홍보를 도와줄 것을 요구한다. 그러나 이 요구가 받아들여지기란 생각처럼 쉽지 않다. 그러려면 광고를 판매할 시간대를 잡아먹어야 하기 때문이다. 그런 이유로 방송사가 전폭적인 지원을 약속하지 않는 이상 게임 개발사, 특히 역량이 뛰어난 대형 개발사일수록 방송사와의 협업에 목을 매지 않는다.

즉 IP를 보유한 방송사로서는 게임을 개발한다는 게 손이 지나치게 많이 갈뿐더러 경영진에게 익숙하지 않은 협업을 하는 위험을 짊어지는 일이었다. 따라서 프리맨틀미디어가 외부와 협업하는 대신 게임 개발사 루디아Ludia를 인수해 '더 프라이스 이즈 라이트' 모바일 게임을 제작한 건 놀랍지 않은 결정이다. 적당한 개발사를 인수해 수직적 통합을 이룸으로써 위험도를 낮추고 외부와 번거롭게 협업할 필요성을 제거한 것이다. 방송사의 주요 의사결정권자들이 IP 기반 게임의 가치를 오롯이 이해하지 못하고 IP에 대한 소유의식을 내려놓지 못하는 한, TV쇼 IP가 성공의 보증수표라고 확언하기는 어렵다.

그럼에도 IP를 확보해 게임을 개발하려는 동기는 여전히 끈질기다. 그만큼 IP가 만들어낼 수 있는 가치가 엄청나다는 뜻이다.

자체 IP로 운명을 바꾼 앵그리버드 이야기

지금까지는 외부 IP로 게임을 개발한 사례를 주로 다뤘다면, 이번에는 자체 IP로 회사의 운명을 바꾼 이야기를 들려드리겠다. 핀란드 모바일 게임 개발사 로비오와 앵그리버드 이야기다.

앵그리버드라는 IP가 로비오에 얼마나 의미가 큰지 이해하기 위해서는 먼저 이 회사의 역사를 살펴봐야 한다.

소프트웨어 개발자인 4명의 친구가 공동창업한 로비오는 회사가 으레 겪는 성장 과정을 거쳤다. 이런 소규모 게임 스튜디오들은 단발성 외주 프로젝트로 사업을 시작하는 경우가 많다. 위험 부담이 작은 대신 자신의 성공가능성도 깎아먹는 방식이다. 외주 프로젝트에 시간을 잠식당하기 때문이다. 엄격한 마감일을 준수해야 하고, 클라이언트의 까다로운 요구사항을 맞춰야 하는 데다 다른 외주업체들과 단가 경쟁을 해야 하는 것도 부담이 된다. 프로젝트를 마쳤을 때 다음 프로젝트가 곧바로 이어지지 않을 수 있다는 점도 불안 요소다. 수익 배분도 불확실하다.

이러한 위험 요소 때문에 모든 소규모 스튜디오의 궁극적 목적은 하루 빨리 대박을 터뜨려 하고 싶은 게임을 마음껏 만들 자유를 획득하는 것이다.

어느덧 50여 명 규모의 사업체로 성장한 로비오는 일렉트로닉 아츠, 남코, 노키아, 리얼 네트웍스Real Networks 등 여러 대기업과 협업했다. 그 과정에서 로비오는 휴대폰용 게임은 오래 갈 수 없다는 사실을 인식했다. 스마트폰이 출시되기 이전 시대에는 모바일 게임을 개발할 때 모든 휴대폰 기종에서 게임이 문제없이 작동하는지 휴대폰 제조업체와 통신사로부터 확인받아야 했다. 이는 같은 게임의 개발, 테스트, 최적화, 품질검사를 수백 번 반복해야 하는 비효율을 의미했다. 이 과정을 거듭하던 로비오는 결국 2000년대 중반 12명짜리 회사로 쇠락했으며, 새롭게 출시된 아이폰용 게임 개발마저 실패하면 사업을 접어야 하는 상황에 직면했다.

앵그리버드는 하마터면 탄생하지 못할 뻔했다. 당시 앵그리버드의 마케팅을 담당했던 로비오의 초기 직원은 내게 다음과 같이 말했다. "우리가 그걸 해낼 수 있었던 건 순전히 팀원들의 고집 덕분이었어요. 사실 우리는 월요일에 출근하면 앵그리버드 프로젝트를 중단할 생각이었거든요. 그런데 그 주말 내내 기획팀이 앵그리버드를 개선하더니, 단순한 새총 게임이 새들에게 독특한 힘과 능력이 부여된 흥미로운 게임으로 변모해 있었어요. 출근해서 새로운 게임 플레이를 본 팀원들도 심기일전해서 다시 개발에 박차를 가했죠."

출시 후 각종 마케팅에 심혈을 기울인 것도 주효했다. 대대적인 광고를 할 여력이 없었던 로비오의 마케팅팀은 노출을 극대화하기 위해 수개월간 모바일 게임을 리뷰하는 유럽의 모든 웹사이트에 앵그리버드의 존재를 알렸다. 초대장과 프로모션 코드를 구글 번역기로 돌려

전송하는 것도 잊지 않았다. 각고의 노력 끝에 앵그리버드는 유럽 톱 10 인기 게임이 되었다.

유럽에서의 성공으로 자신감을 얻은 로비오는 배급사 칠링고 Chillingo에 앵그리버드가 애플 피처드 featured* 를 받을 수 있도록 도와달라고 요청했다. 타이밍도 좋았다. 당시 애플은 아이폰이 처음부터 큰 성공을 거뒀음에도 여전히 많은 소비자가 터치스크린을 낯설어한다는 고민이 있었다. 앵그리버드가 소비자들로 하여금 터치스크린에 익숙해질 수 있도록 해줄 것이라 판단한 애플은 앵그리버드를 지원하기 시작했다. 덕분에 앵그리버드는 단기간에 아이폰의 인기 게임으로 올라설 수 있었다.

앵그리버드는 튜토리얼 없이도 누구나 쉽게 이해할 수 있는 데다 회당 플레이타임이 짧고, 텍스트가 없어 번역도 필요 없다. 이 단순성이 전 세계 소비자들을 사로잡았다. 수년간 남들을 위한 가치만을 창출하던 로비오가 드디어 극소수 기업만이 도달할 수 있는 성취를 이룬 것이다. 더욱이 로비오는 라이선스 매출을 발생시킬 수 있는 자산을 만들어냄으로써 작은 기업들이 겪는 어려움에서 탈피해 자신의 운명을 역전시킬 수 있었다.

로비오가 초기부터 라이선스 전략을 구사한 것은 아니다. 라이선스

---

* 애플과 구글 같은 모바일 게임 플랫폼 업체들이 특정 게임을 선정해 추천하고 가장 크게 노출되는 위치에 올려주는 마케팅 관련 행위. 여러 모바일 게임 마케팅 수단 중에서도 효과가 가장 크다고 알려져 있다.

사업은 게임 개발과 그 방식이 사뭇 다르다. 로비오는 그 기회를 즉각 인지하지 못했다. 하지만 몇 차례 실험을 거치고 나자 그들이 취해야 할 새로운 전략이 무엇인지는 분명해졌다. "시험 삼아 3만 개의 털 장난감을 주문했어요. 그게 20분 만에 매진되는 걸 보고 비로소 앵그리버드의 브랜드 가치를 인지할 수 있었지요."

로비오는 도시락 가방, 봉제인형, 사탕뿐 아니라 2016년에는 극장판 애니메이션 라이선스 계약도 체결했다. 〈앵그리버드 더 무비〉는 박스오피스 기준 4억 달러 이상의 매출을 올렸다. 게임 IP로 만든 영화 가운데 최고 성적이다. 그밖에도 몇몇 테마파크와 라이선스 사용권 계약을 체결했으며, 넷플릭스에는 두 시즌의 애니메이션을 제작할 수 있는 권한을 제공했다. 자신만의 독자적인 IP를 개발함으로써 로비오는 프로젝트에서 프로젝트로 이어지는 죽음의 게임을 벗어나 독자적인 IP 전략을 갖춘 회사로 격상했다.

로비오와 다른 방식으로 자체 IP를 확보하는 전략은 '시장 통합'이다. 기존의 라이선스와 게임 시리즈로 막대한 돈을 벌어들인 대형 게임사들은 새로운 IP를 만드는 수고를 감수하지 않으려는 경향이 있다. 그보다는 시장에서 검증된 IP를 인수합병을 통해 확보함으로써 위험을 줄인다. 물론 이것은 자본금이 두둑한 대기업만이 쓸 수 있는 전략이다.

라이선스 전략 vs. 오리지널 콘텐츠 전략, 무엇이 내게 유리한가?

타인의 IP를 빌리는 전략이 어려운 건 불확실성 때문이다. IP 기반 게임이 오리지널 콘텐츠보다 더 성공할 수 있을지 누가 장담할 수 있겠는가? 스타워즈의 사례에서 보았듯이 라이선스 보유 기업이 결국엔 대부분의 가치를 가져간다는 사실 또한 우리는 잘 알고 있다. 과연 라이선스 전략과 독자적인 오리지널 콘텐츠 전략 가운데 어떤 것이 당신의 비즈니스에 더 유리할까? 두 전략의 차이를 모바일 게임 관련 데이터를 통해 비교해 보았다.

2014~17년간 미국에서 월매출 100위 안에 드는 모바일 게임을 분석한 결과 다음과 같은 사실을 발견했다(도표 8-2 참조). 첫째, 그 4년간 IP 기반 게임의 연매출은 20억 달러로 2배가량 증가했다. 이러한 성장은 점차 복잡해지는 모바일 게임 카테고리에서 IP가 소비자들에게 어필하는 가치가 분명히 있다는 점을 보여준다.

둘째, 라이선스 게임 가운데에서도 카지노 게임 장르가 가장 큰 비중을 차지한다. 2017년 매출은 8억 1000만 달러로 2014년 대비 38% 증가했다. 두 번째로 큰 비중을 차지하는 게임 장르의 2배 수준이다. '더 프라이스 이즈 라이트' 같은 TV쇼 IP 기반 게임은 대중과의 접점은 높지만 같은 기간 매출은 1억 3400만 달러에서 4억 8300만 달러로 증가했을 따름이다. 할리우드 영화, 다른 플랫폼 기반 게임, 스

[도표 8-2] 라이선스 유형별 미국 100대 모바일 게임 총매출

	2014		2015		2016		2017	
	매출(달러)	수	매출(달러)	수	매출(달러)	수	매출(달러)	수
오리지널 게임	26억 8600만	1476	38억 2300만	1230	34억 7300만	1100	37억 3100만	1125
라이선스 게임	11억 1100만	822	19억 5300만	1043	19억 4200만	1149	20억 9800만	1150
카지노	5억 8800만	452	9억 6800만	451	8억 2500만	504	8억 1000만	488
방송	1억 3400만	45	1억 3800만	68	3억 1000만	119	4억 8300만	171
영화	2억 2500만	194	3억 7100만	231	4억 2400만	196	3억 3400만	136
게임	8200만	76	2억 8500만	215	2억 1400만	247	3억 1100만	254
스포츠	2800만	43	1억 3200만	52	1억 4700만	64	1억 5600만	91
유명인	5500만	12	5800만	26	2100만	19	500만	10
합계	37억 9700만	2298	57억 7600만	2273	54억 1400만	2249	58억 3000만	2275
오리지널 비중(%)	70.7		66.2		64.1		64.0	
라이선스 비중(%)	29.3		33.8		35.9		36.0	

출처 : 슈퍼데이터 리서치

포츠 등 전통적인 IP 게임 장르는 상대적으로 비중이 크지 않았고, 그 중에서는 스포츠 IP 게임이 2800만 달러에서 1억 5600만 달러로 가

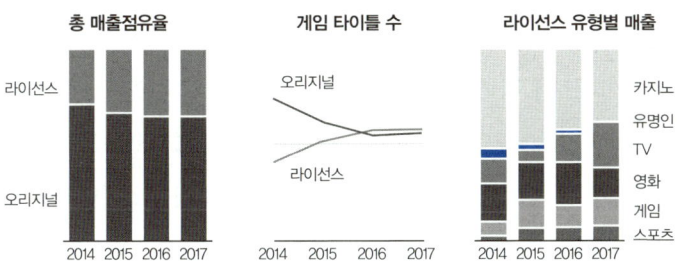

[도표 8-3] 오리지널 vs. 라이선스 미국 내 모바일 게임 매출 비교

출처 : 슈퍼데이터 리서치

장 많이 성장했다. 앞에서 다룬 유명인의 IP를 활용한 게임 장르는 초기에 5500만 달러로 정점을 찍은 후 연간 500만 달러 수준으로 급감했다.

라이선스 IP 기반 게임의 성장세에 비하면 오리지널 IP 기반 게임의 매출 성장세는 무디다. 오리지널 IP로 만든 게임의 2017년 총 매출은 약 40억 달러로 2014년보다 36% 상승한 수준이다. 전체 모바일 게임 매출에서 차지하는 비중 역시 2014년의 71%에서 2017년에는 64%로 하락했다. 그럼에도 오리지널 콘텐츠는 라이선스 방식보다 여전히 더 많은 돈을 번다(도표 8-3 참조). 특히 '클래시 로얄'같이 모바일 게임으로만 개발된 경우는 수십억 달러를 벌어들였다.

정리하자면 IP가 게임 출시의 안전망이 될 거라는 판단은 틀렸다. 포켓몬고, 앵그리버드 또는 스타워즈 기반 게임 등이 성공하긴 했지만 예외적일 뿐 아니라 큰 위험을 감수한 결과다.

IP가 게임 개발의 안전망이 되지 못하는 이유는 다음과 같다. 첫째, IP는 비싸다. 테이크투와 소니는 일렉트로닉 아츠로 하여금 스포츠 라이선스 확보에 막대한 자금을 쓰게 만들었다. 비록 일렉트로닉 아츠는 큰 성공을 거두었지만 회사 전체의 게임 포트폴리오는 망가졌다. 현재 일렉트로닉 아츠는 매출의 80%가 스포츠 라이선스 게임에서 발생하는 기형적 구조다. IP 때문에 회사의 안정성이 오히려 하락한 셈이다.

둘째, 여러 IP에 큰돈을 사용하는 것 또한 명백한 위험을 초래한다. 해즈브로의 사례는 검증되지 않은 야망, 관리 부족, 시장 악화 등이 맞물리면 회사가 하루아침에 업계에서 밀려날 수 있음을 보여준다. 일관성 있는 사업구조와 브랜딩 전략 없이 IP 확보와 개발사 인수에 수백만 달러를 사용했는데 시장 분위기가 예상대로 흘러가지 않는다면 심각한 재정적 위기를 맞을 수 있음을 유념해야 한다.

셋째, 경쟁이 치열한 시장에서 새롭고 예기치 못한 크로스오버는 새로운 가치를 창출하고 대중의 눈길을 사로잡을 수 있다. 이를 위해 IP를 활용하기도 한다. 그러나 이 신선함을 게임으로 재현하기도, 재현한 것을 유지하기도 결코 쉽지는 않다. 오리지널이건 외부에서 빌린 IP건, IP 전략이 성공하기 위해서는 조직 전체의 비전이 요구된다.

여러모로 IP 전략은 손쉬운 비법이 아니다. IP를 향한 퀘스트를 달성하기 위해서는 창의적인 기획력과 비즈니스 전략이 동등하게 요구된다. 최종적으로는 자체 IP를 개발하는 것이 최고의 결과를 선사한다. 원하는 만큼의 창의력을 유지할 수 있는 데다 성공 시 보상의 단위 또한 크다. 특히 새로운 플랫폼의 등장은 새로운 IP를 만들 좋은 기회가 된다. 앵그리버드는 그 기회를 잡은 대표적인 사례다. 물론 쉽지 않은 도전이다.

Summary

- IP는 수많은 게임 사이에서 소비자들이 가치를 느끼게 하는 매력적인 방안이다. '포켓몬고'는 포켓몬스터라는 IP 덕분에 그저 그런 게임에서 일약 세계적인 게임으로 탈바꿈했다. IP를 활용하는 전략은 두 가지다. 직접 만들거나 외부에서 빌려오거나. 이와 관련한 의사결정은 전체 전략 방향의 기초가 된다.

- 외부 IP를 빌려오면 초기 개발비용 및 리스크가 현격히 낮아진다는 장점이 있다. 같은 IP가 다른 업계에서 활용될 때 함께 홍보된다는 부수적인 이점도 있다. 단점은 인기 IP를 확보하는 경쟁 자체가 치열하다는 점이다. 엄격한 제약조건 때문에 게임의 창의성이나 시스템이 제약을 받는다는 점도 염두에 두어야 한다. 엄청난 로열티 부담은 물론이다.

- '앵그리버드' 같은 강력한 자체 IP는 회사의 운명을 바꾸기도 한다. 또한 IP를 대여하면 전문성이 없는 분야에서도 수익을 올릴 수 있다. 시장 변화에 따른 위협에서 든든한 안전망이 될 수도 있다. 그러나 해즈브로의 사례에서 보듯이 완벽한 안전망은 아니다. 빌려오건 만들건, IP 활용은 그 자체로 큰 위험을 감수해야 한다.

9장

플레이하는 게임에서
보는 엔터테인먼트로 :
커뮤니티가 곧 비즈니스다

#트위치 #유튜브 #게임방송 #라이브스트리밍
#스트리머 #e스포츠 #도타2 #컨펜디움

아마존은 2014년 9억 7000만 달러에 라이브 스트리밍 플랫폼 트위치를 인수함으로써 두 가지 성취를 이루었다. 하나는 경쟁자인 구글의 주요 전략적 자산을 채갔다는 것이고(구글 역시 트위치 인수를 논의하고 있었다), 다른 하나는 게임 방송의 사업적 가능성을 확인했다는 것이다. 트위치의 꾸준한 성장은 오랫동안 엔터테인먼트 업계가 유지해온 믿음에 대한 직접적인 도전이었다. 온라인 영상은 전통적인 TV 방송이나 영화보다 열등하다는 믿음 말이다.

게임 방송이 흥하게 된 것은 물론 게임의 매력 덕분이다. 그러나 그것만으로는 게임 방송의 등장을 설명하기에 부족하다. 게임 방송의 강점과 더불어 TV와 같은 전통 미디어가 더이상 젊은 층의 관심을 끌지 못하는 상황적 맥락을 동시에 고려해야 한다.

지난 몇 년간 TV와 라디오 방송사들은 18~34세 소비자의 관심을 끄는 데 계속 실패했다. 문제는 이들이 수많은 브랜드의 주요 고객층이라는 사실이다. 미국 성인의 15%는 유료 TV 방송을 해지한 소위 '코드 커터code cutter' 또는 아예 한 번도 유료 TV 방송을 구독한 적 없는 '코드 네버code never'에 해당된다. 대신 점점 많은 사람들이 여가시간에 온라인 스트리밍 방송을 즐기기 시작했다.

이미 유튜브는 수백만 명의 아마추어 영상 제작자들이 자기 작업물을 올리고 공유 가능하도록 만들었다. 사람들이 플랫폼으로 유입되고 온라인 방송을 바라보는 인식이 달라지면서 유튜브의 존재감은 점차 커졌다. 그러나 초창기의 유튜브는 전통적인 엔터테인먼트 비즈니스에 잽을 날렸을 뿐이다. 생방송, 즉 라이브 방송 서비스를 제공하지 않았기 때문이다. 다수의 동시접속자를 이끌어내지 못하는 한 온라인 방송은 광고주들에게 보조적인 매체에 불과했다.

트위치가 시청자들을 유입시키는 전략은 유튜브와 전혀 달랐다. 트위치는 실시간 라이브 스트리밍에 집중했다. 트위치는 2007년 창업 때부터 어떤 주제든 온라인 실시간 방송을 할 수 있는 플랫폼을 표방했고, 점점 많은 개인 프로듀서가 트위치용 방송을 만들기 시작했다.

그중에서도 게임 카테고리의 인기가 확연했다. 이에 창업자들은 2011년에 게임 카테고리만 떼어내어 트위치TV를 만들었다. 아마존이 트위치를 인수하기로 결심한 건 이로부터 불과 3년 후다. 아마존의 목적은 두 가지, 즉 존재감을 높여가던 게임 유통과 시너지 효과를 내고,

오리지널 콘텐츠를 제작하는 전략의 일환이었다.

라이브 스트리밍이라는 새로운 영역은 게임사들의 주요 마케팅 창구가 되었다. 매일 220만 명 이상이 트위치에서 게임 방송을 스트리밍하고 1500만 명이 이를 시청한다. 유튜브에서도 게임은 음악 다음으로 인기 있는 콘텐츠다. 전 세계에서 게임 관련 영상을 시청하는 사람들의 수가 8억 5000만 명에 달한다는 조사 결과도 있다. 미국, 독일, 영국의 시청자 평균연령은 34세이고, 남성 65%, 여성 35%다. TV, 라디오 같은 전통 미디어가 잃어버린 바로 그 소비주도층이다.

이제 세계 곳곳에서 수많은 이들이 TV를 보듯 타인의 게임 영상을 정기적으로 시청한다. 이러한 변화는 배급사가 게임을 마케팅하는 기존의 홍보방식을 무력화한다. 이제 게임사들은 게임 방송의 광고주가 되어 어린 게임 플레이어들과 만나기 시작했다.

9장에서 우리는 두 가지 중요한 발전을 확인하고자 한다. 먼저 게임 방송 및 라이브 스트리머가 게임 타이틀이 플레이어에게 도달하는 과정에 어떠한 기여를 하는지 살펴볼 것이다. 배급사들이 제품 기반의 비즈니스 모델에서 탈피함에 따라, 소규모 개발사나 글로벌 대형 개발사 할 것 없이 플레이어들에게 다가갈 새로운 방안을 고안하기 시작했다. 이는 곧 관련 마케팅 채널의 변화를 의미했다.

아울러 e스포츠에 관해서도 다뤄볼 것이다. e스포츠라는 새로운 엔터테인먼트는 전통적인 스포츠, 기술, 게임이라는 세 영역의 비즈니스가 교차하는 지점에 등장했다. 게임사들은 토너먼트와 대회를 활용해 플레이어들의 관심을 모으고 새로운 수익을 창출했다. 오늘날 게임 토너먼트는 업계 표준이 되었고 게임 배급에도 중요한 역할을 한다.

게임 방송 : 학습교본이자 홍보채널

열정적인 게임 플레이어 '닌자'는 트위치에서 가장 인기 있는 스트리머이며, 그가 생방송을 할 때면 평균 5만 3000명이 동시접속한다. 그가 래퍼 드레이크와 함께 게임하는 방송은 동시접속이 60만 명을 넘어 트위치 최고 기록을 세웠다. 그 덕에 닌자는 수백만 달러의 광고수익을 올렸고, 공중파 방송에도 초대받았다. 한편에서는 이 새로운 방송의 포맷과 재미를 이해하지 못한 어느 미디어 기업의 임원이 내게 물었다. "왜 다른 사람이 게임하는 걸 시청하는 거죠?"

게임을 즐기면서 성장한 사람들에게 이 질문의 답은 놀랄 정도로 심플하다. 그들은 집에서든 PC방에서든 항상 누군가가 게임하는 걸 봐왔다. 그들은 친구, 룸메이트, 형제가 고난이도의 레벨을 깨고 기록을 경신하는 걸 구경하는 데 익숙하다. 타인의 게임 플레이를 관찰하며 해당 게임의 공략법을 배울 수 있고, 게임의 의도를 이해할 수 있으며, 같은 게임을 즐긴다는 일종의 동질감도 얻게 된다. 게임은 보편적인 사회적 행위다. 이건 대다수의 사회학자에게는 상식 같은 얘기지만,

미디어 전문가들에게는 완전히 새로운 정보다.

게임 방송의 성장을 이끈 숨은 공로자는 프리-투-플레이의 대중화다. 소액결제에 의존하는 프리-투-플레이 기반 게임은 리뷰 영상이나 클라이맥스 영상이 고객 유입과 재방문에 긍정적인 효과가 있음을 발견했다. 라이브 스트리밍은 게임 플레이어들의 경험을 확장하고 게임에 더 깊이 몰입하도록 할뿐더러, 게임 내 복잡한 전략을 이해할 수 있도록 돕는다. 도타2, 리그 오브 레전드 같은 게임이 대표적이다.

이들 게임은 소액결제를 유도하기 위해 플레이어들이 서로 다른 여러 영웅(게임 캐릭터)을 선택할 수 있게 한다. 각각의 영웅마다 독특한 스킬 및 특성이 있다. 이 때문에 게임의 난이도가 상당한데, 다른 사람이 게임하는 영상을 시청함으로써 게임에 대한 인지도가 높아지고 이해도는 깊어진다. 이탈률이 감소하는 건 물론이다. '리그 오브 레전드'를 만든 라이엇게임즈는 이러한 사실을 일찌감치 간파했다. 그들은 게임 플레이어들이 때로는 재미있어서, 때로는 전략을 배우기 위해 게임 방송을 시청한다는 사실을 파악했다. 이에 따라 초기부터 토너먼트를 개최하고 게임 방송 채널을 지원하는 등 자사의 게임 영상이 제작될 수 있는 환경을 적극적으로 구축했다.

게임 방송의 인기를 이끈 또 다른 요인은 글로벌 대형 게임사와 게임 매체 기자들 간에 생긴 역학관계의 변화다. 제품 기반 모델하에서는 소비자들이 해당 게임에 대해 거의 알지 못한 채 타이틀을 구입한다. 그들은 그저 그 게임이 돈과 시간을 들인 만큼의 가치가 있기를 바랄 뿐이다. 이러한 리스크를 조금이나마 줄이기 위해 소비자들은 게임 잡지 리뷰를 참고해 구매목록을 정해왔다.

역학관계의 중심에는 전통적인 게임 매체 기자들이 있다. 게임을 전문적으로 리뷰하는 이들은 게임사와의 관계 유지와 리뷰의 객관성 유지 사이에서 줄타기를 하는 존재다. 그들은 게임사가 출시 전에 보내주는 게임 타이틀을 미리 플레이하고 기사를 쓴다. 즉 소비자보다 먼저 게임을 리뷰할 수 있는 기회 자체가 그들의 사회적 자산이며, 이들의 리뷰가 정보로서 높은 가치를 지닐 수 있는 배경이다. 기자들은 전 세계를 누비고 럭셔리 호텔에 머물며, 저명한 게임 기획자들 및 콘솔 엔지니어들을 만나고, 신작 발표회에 초대받는다. 이렇게 해서 만들어진 리뷰가 긍정적일수록 배급사의 마케팅에는 유리하다. 상장기업의 주가는 대작 게임의 출시 성과에 크게 영향을 받으므로, 배급사로서는 당연히 기자들로 하여금 우호적인 리뷰를 쓰도록 유도한다. 문제는 그럴수록 대중이 받아들이는 리뷰의 객관성도 영향을 받을 수밖에 없다는 사실이다.

이를 단적으로 보여주는 대표적인 예가 제프 거스트먼Jeff Gerstmann의 일화다. 게임 웹사이트 게임스팟의 편집장이었던 거스트먼이 주요 광고주의 게임에 대해 부정적인 리뷰를 쓰고, 광고주의 불평에도 기사 수정을 거부하자 게임스팟 경영진이 그를 해고한 것이다. 이에 격분한 게임스팟의 주요 직원들 몇몇이 잇달아 사표를 내기에 이르렀다. 토론토 대학의 데이비드 니보그David Nieborg 교수는 이 사례를 두고 "게임 저널리즘의 정치경제학적 역학"이라 설명하기도 했는데, 간단히 말해 재정적 압박이 기자들로 하여금 광고수익에 계속 의존하게 만들고, 불미스러운 상황을 초래한다는 것이다. 기자들이 순수하게 게이머들의 판단을 돕고자 리뷰하는 것인지, 아니면 게임 회사들의 이익에 일조하기 위해 리뷰하는 것인지 불투명하기 때문이다.

스트리머들은 이러한 게임사의 압박을 어느 정도 피해갈 수 있다. 더 중요한 사실은 스트리머가 플레이하는 영상만 봐도 이 게임을 살지 말지 직관적으로 판단할 수 있다는 점이다. 이러한 중립성은 게임 플레이 영상을 계속 시청하는 원동력이 되고, 특정 스트리머에 대한 충성도로 이어진다. 매체에 대한 충성도가 예전에는 없었냐고 되물을지 모르겠다. 예컨대 라디오도 좋아하는 DJ의 방송을 주로 듣지 않는가? 그러나 DJ의 선곡은 저마다 다를지언정 그들이 틀어주는 음악은 본질적으로 다를 바 없다. 그러나 게임은 스트리머가 어떻게 플레이하느냐에 따라 같은 게임도 재미가 현격히 달라진다.

이로써 게임 스트리머들은 업계에서 독특한 위치를 차지하게 되었다. 오늘날 그들은 독자적인 팬을 지닌 셀럽이자, 소비자의 수요에 의미 있는 영향을 미칠 수 있는 일종의 트렌드세터다. 한 조사에 따르면 오늘날 미국 같은 주요 시장에서는 25세 미만 PC 및 콘솔 게임 플레이어의 46%가 온라인 게임 방송의 영향을 받는다고 한다.

이러한 이유로 게임 방송은 게임 생태계의 중요한 구성 요소로 빠르게 진화해왔다. 특히 신작 발매 시 마케팅에 반드시 고려해야 할 존재가 되었다. 라이브 스트리머들이 참여하는 잘 고안된 마케팅 캠페인은 전통적인 캠페인보다 훨씬 실효성 있다.

2019년, 일렉트로닉 아츠는 막대한 개발비가 투입된 SF 슈팅 게임 '앤섬'을 성공시키고자 전통적인 마케팅 채널을 총동원했다. 하지만 정작 스포트라이트를 독점한 건 일렉트로닉 아츠의 프리-투-플레이 배틀로얄 슈팅 게임 '아펙스 레전드'였다. 회사의 전폭적인 지원을 받은 앤섬과 달리 아펙스 레전드는 프로듀서 드루 맥코이가 마케팅을 총괄했다. 그만큼 회사의 기대가 크지 않았다는 뜻이다. 아펙스 레전드 팀은 유명 스트리머 닌자에게 하루 종일 트위치에서 이 게임을 플레이하는 대가로 수백만 달러를 지불했다. 그런데 다른 스트리머들도 닌자를 따라 아펙스 레전드를 플레이하는 것 아닌가? 이때부터 게임은 입소문이 나기 시작했다. 인기를 구가하는 스트리머들이 뛰어들면서 아펙스 레전드는 2주 만에 트위치 내 인기 게임으로 올라섰고, 당시 가장 인기 있던 포트나이트를 왕좌에서 끌어내리는 기염을 토했다. 운도 따랐다. 마침 닌자를 비롯한 스트리머들은 포트나이트만 몇 달째 플레이한 터라 다른 게임을 찾고 있었다. 덕분에 따로 비용을 지불하지 않았음에도 스트리머들이 자발적으로 게임을 플레이했고, 이는 사람들에게 아펙스 레전드가 재미있다는 신호로 작용했다.

비슷한 시기에 출시된 기대작과 언더독의 첫 달 성적은 비슷했다.

그러나 앤섬의 판매량은 출시 후 급감한 반면, 아펙스 레전드는 트위치 총 시청 시간, 총 플레이 시간, 매출 면에서 일정 수준을 유지했다. 9개월 동안 일렉트로닉 아츠는 앤섬으로 2억 달러의 매출을 올린 데 반해, 아펙스 레전드로 3억 6200만 달러를 벌어들였다.

게임 방송의 잠재력을 알아본 유명 게임 스튜디오들은 마케팅을 넘어 게임 개발에도 방송을 활용하기 시작했다. '호라이즌 제로 던'을 개발한 책임 프로듀서는 유튜브에서 최고 퀄리티의 피드백을 받았다고 밝힌 바 있다. 유튜브 영상을 통해 개선점을 찾고, 게임에 대한 팬들의 반응을 살필 수 있었던 것이다. 이처럼 게임 방송을 잘만 활용하면 통찰력 넘치는 유저 피드백을 받아 게임을 기획할 수 있다. 역사적으로 개발자들은 FGI 등 몇몇 선별된 사람들을 불러 발매 전 플레이 테스트를 실시하곤 했다. 이조차 그 비용을 감당할 수 있는 기업들의 전유물이었다. 반면 게임 방송 및 라이브 스트리밍을 통하면 순도 높은 공짜 피드백을 얻어 어떤 요소를 더하거나 덜어낼지 결정할 수 있다. 게다가 잡지와 달리 방송 피드백은 실시간이고, 대중이 무엇을 플레이하고 보는지 개발사가 직접 눈으로 확인할 수도 있다.

소규모 개발사들도 비슷한 이점을 누린다. 인디 게임 개발자들은 라이브 스트리밍을 활용해 대형 배급사의 막대한 마케팅 예산을 극복하고자 한다. 무료 게임을 인기 스트리머들에게 보내고 그들이 방송에서 게임을 플레이하거나 좋게 언급해주기를 바라며 말이다. 게임 기획자 데이비 리든Davey Wreden은 유튜브의 플레이 후기 영상들 덕에 '더

스탠리 패러블'을 10만 장이나 팔 수 있었다. 이런 식으로 게임 방송은 대형 개발사와 소규모 개발사 간의 균형을 맞춰주는 역할을 하기도 한다.

물론 모두가 이러한 트렌드를 따르는 건 아니었다. 닌텐도는 자사 게임을 가지고 방송 콘텐츠를 만드는 이들에게 강경하게 대응하고, 자사 게임으로 만든 유튜브 영상의 광고수익 일부를 저작권료로 요구하기도 했다. 하지만 격렬한 사회적 비난에 직면하자 한발 물러나 게임 방송을 규제하던 입장에서 조건적 지원으로 기조를 전환했다.

스퀘어 에닉스도 초기에는 게임 방송에 대해 우왕좌왕했다. 2015년 스퀘어 에닉스는 게임 방송 관련 가이드라인을 발표했는데, 자사 게임으로 방송하는 것은 적극 장려하면서 게임의 이미지와 음악을 사용하는 데에는 엄격한 제약을 가했다. 영상에 저작권 표기를 요구하기도 했다. 또 다른 배급사 아틀러스Atlus는 스트리머들을 위협하는 수준까지 나아갔다. 그들이 최근 발매한 '페르소나5'의 스토리를 일정 수준 이상 방송에서 공개할 경우 해당 계정을 정지시키겠다고 으름장을 놓은 것이다. 그들은 다음과 같이 주장했다. "우리는 신작 게임의 경험이 사람들에게 스포일되는 걸 원치 않습니다. 우리 팬들은 이 게임이 출시되기를 수년간 기다려왔습니다. 우리는 그들에게 새로운 어드벤처를 경험할 기회가 온전하게 주어지기를 바랄 뿐입니다."

하지만 이러한 초기 반발은 오래 가지 않았다. 이내 게임 방송은 정체가 모호한 콘텐츠 카테고리에서 새로운 게임을 마케팅하고 수익화하는 데 없어서는 안 될 핵심요소로 진화했다.

셀럽 게이머 : 진정성과 상업성 사이의 선 타기

사람들을 게임으로 유입시키고 수요 불확실성을 줄여주는 역할 덕에 게임 영상 제작자들의 매출은 급격하게 증가했다. 일례로 유튜버 '퓨디파이'의 2013년 매출은 700만 달러로, 전년에 비해 400% 상승했다. 닌자는 2018년 1000만 달러를 벌어들였다. 이들의 영상이 일반적인 마케팅이나 광고보다 정직하다고 시청자들이 받아들였기에 나온 결과다. '방구석 아이들'의 게임 경험을 전 세계 시청자들과 공유하는 콘텐츠가 게임 잡지나 웹사이트 리뷰보다 더 신뢰할 만하다고 간주되는 것이다.

그러나 이미 대부분의 게임 영상 콘텐츠는 대형 미디어 기업의 정교한 설계가 들어간 결과물이라 보아도 무방하다. 게임사들은 수백만 달러를 앞세워 게임 인플루언서들을 유혹하고 있고, 비즈니스가 창작자의 독립성에 제약을 가하기 시작했다.

이를 이해하려면 우선 라이브 스트리머들이 어떻게 돈을 버는지 알아야 한다. 큰 제작비가 투입되는 잡지나 TV와 달리 스트리머들은 자기 방에서 기본적인 장비만으로 홀로 방송을 시작하면서 구독자를 끌어모은다. 비용을 최소화하는 안전한 방식이다. 그러다 인기가 높아지면 점점 더 다양한 수익 창구가 열린다.

초기 수익은 주로 후원이다. 트위치 같은 플랫폼은 시청자들에게 채널 구독을 장려한다. 몇 달러만 지불하면 실시간 채팅에 참여할 수 있고, 개인화된 이모티콘을 사용하거나 광고를 제거할 수도 있다. 스트리머를 특히 좋아하거나 그와 취향이 비슷한 소수가 몰리는 시점이므로 시청자는 많지 않아도 충성도는 높다. 인기 스트리머는 한 번에 수천 달러를 후원받기도 하는데, 이렇게 가져가는 후원금이 트위치 전체 매출의 3분의 1가량을 차지한다. 트위치는 비트 같은 내부 화폐를 판매하는데, 이것으로 스트리머들을 '응원'할 수 있다. 즉 이론상으로는 누구나 트위치에서 방송을 시작하는 순간부터 수익을 낼 수 있다.

모든 것이 계획대로 흘러가 팬이 점차 늘어나면 다음 단계의 수익원이 생겨난다. 바로 광고다. 수익 측면에서 유의미한 도약이다. 스트리머가 광고 수입에 참여하려면 플랫폼이 요구하는 최소 조건을 충족해야 한다. 여기에는 누적 방송시간, 누적 방송횟수, 동시접속자 수, 구독자 수 등이 포함된다. 일단 승인이 나면 채널의 인기가 상승하는 만큼 수익도 증가한다. 최고의 인기를 얻으면 플랫폼이 더 좋은 수익배분 조건을 제시하기도 한다.

인기가 더 올라가면 후원과 광고 외의 수익원이 생겨난다. 굿즈가 대표적이다. 시간이 지나면서 으레 채널을 상징하는 유행어나 시각적 이미지(가령 퓨디파이의 주먹인사)가 생겨난다. 이를 활용해 티셔츠, 스티커 같은 굿즈를 제작해 판매하는 것이다. 굿즈는 스트리머의 주 수익인 후원과 광고수익을 보완하며, 시청자들에게는 좋아하는 채널이 유지되도록 돕는 수단이 된다.

유료 광고 영상을 제작할 수도 있다. 특히 대작 게임이 출시될 때 이러한 의뢰가 많은데, 다만 대작 게임은 출시 자체가 드문 데다 소수의 인기 스트리머에게 의뢰가 집중되므로 안정적인 수익 창출 수단은 아니다. 게다가 광고주의 로고나 제품을 노출시키는 조건을 놓고 광고비를 협상하는 일은 시간 소모가 크다. 이 단계에 도달한 채널이라면 이미 제작팀과 사업팀으로 구성된 소규모 영상 제작 회사로 성장해 있는 경우가 많다.

마지막으로 자신이 플레이하거나 소개하는 게임 매출의 일정 비율을 수입으로 받는 경우도 있다. 2017년 봄 트위치는 스트리머들에게 판매액의 5%를 수수료로 지급하기 시작했다. 시행 초기에는 엄청나게 각광받았지만 막상 해보니 몇몇 스트리머들만이 받을 수 있어서, 이제는 소수의 배급사만 참여하는 중이다.

소득원이 다양하고, 팬들과 직접 연결될 수 있다는 특성이 결합되면서 게임 스트리머와 게임 영상 제작자들은 기존의 게임 매체와는 다르다는 이미지를 구축할 수 있었다. 일단 그들에게는 게임사로부터 보수를 받는 편집팀이 존재하지 않는다. 게임사가 원하는 걸 말하는 조건으로 돈을 받는 대신, 스트리머들은 적어도 이론상으로는 게임 리뷰의 객관성을 일정 수준 유지했다. 바로 이 점이 대중에게 매력으로 다가갔던 것이다. 이는 스트리머에게 양날의 검이 되었다. 재정적 압박이 게임 방송 시장의 구조를 변화시키는 와중에 스트리머들은 이제 진정성까지 지켜야 한다. 앞으로 스트리머들은 리뷰의 객관성을 유지하거나 게임사의 돈을 받는 것 중 하나를 선택해야 할 것이다.

2016년 워너브라더스는 '미들 어스 : 새도우 오브 모르도르' 게임의 사전 마케팅 과정에서 의도적으로 소비자를 현혹시켰다는 혐의와 관련해 미국 연방거래위원회와 합의한 바 있다. 워너브라더스가 인플루언서들에게 돈을 주고 게임에 관한 긍정적 리뷰를 올리도록 의뢰했는지에 대해 밝히기 꺼렸기 때문이다. 그 대상에는 당시 유튜브 구독자 5300만 명의 퓨디파이도 있었다. 퓨디파이의 회사는 이미 그 전부터 어떻게 400만 달러의 간접 매출을 올렸는지 조사를 받고 있던 터였다. 많은 이들은 경제적 이익 추구와 그의 솔직한 리뷰가 충돌한다고 생각했다. '새도우 오브 모르도르'의 미심쩍은 거래는 스트리머들을 비롯한 게임 영상 제작자들에 대한 급격한 비판으로 번졌다.

게임 방송의 인기가 높아짐에 따라 각종 규제와 견제도 생겨나고 있다. 각국 정부들은 영상 제작 허가증을 취득하거나, 지역 약정을 준수하고, 상업적 계약을 외부에 공시해야 하는 등의 규제를 만들기 시작했다. 독일 국영 미디어 기구는 스트리머들이 라디오 방송국과 유사하다는 판단을 내렸으며, 그렇기에 방송 허가권을 취득해야 하는 법을 준수하라고 지시했다. 영국과 중국 정부도 유사한 규정을 만들었다.

플랫폼들도 자체 규정을 강화했다. 광고주의 이익을 보호하기 위해 유튜브는 '비수익화demonetization' 정책을 강행했다. 자연재해, 사회적 비극, 폭력, 마약, 성행위, 정치적 갈등, 전쟁, 신성모독 등을 다룬 영상에서는 광고주가 광고를 뺄 수 있도록 했다. 그럴수록 해당 영상의 수익성이 낮아지는 건 당연하다. 당시 유튜브의 한 매니저는 내게 다음과 같이 말한 바 있다. "몇 주간 채널의 수입에 변동성이 크다면, 이는 유튜브가 자정작용을 위해 광고 시스템을 정교화하는 작업을 하고 있다는 뜻입니다." 이 정책으로 '콜 오브 듀티' 같은 슈팅 게임을 다루는 채널들은 큰 영향을 받았다.

채널을 만들고 유지하는 비용이 상승함에 따라 이미 자리잡은 채널이든 새롭게 시작하는 채널이든 사업적 도전에 직면하게 되었다. 지하실에서 게임하는 수준의 영상은 진즉 매력을 잃었다. 시청자들의 눈에 띄기 위해 제작자는 온라인에서 더 많은 시간을 보내야 하며 영상 또한 길어져야 했다. 즉 더 많은 시간을 쏟아야 구독자를 확보할 수 있게 되었다. 시청자들의 눈높이가 높아질수록, 채널이 생존하려면 끊임없이 콘텐츠를 만들고 끊임없이 라이브 방송을 해야 한다.

이러한 변화는 라이브 스트리머로 하여금 안정성을 추구하게 만들었다. 유튜브의 게임 카테고리 250위권의 채널을 정리해보면 〈도표 9-1〉과 같은 패턴을 확인할 수 있다. 즉 글로벌 미디어 대기업들이 유튜브 게임 카테고리를 지배한다. 1위인 독일 미디어 기업 베텔스만은

[도표 9-1] 유튜브 상위 250개 게임 채널의 모기업별 조회수 점유율

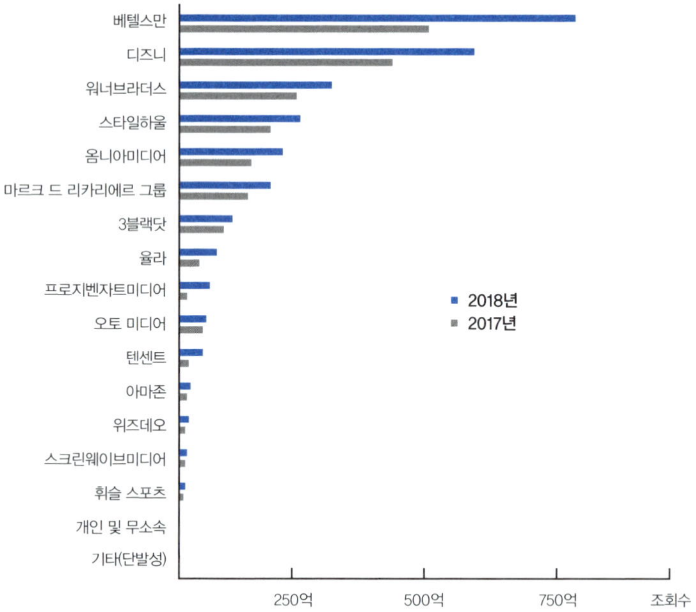

베텔스만	
디즈니	
워너브라더스	
스타일하울	
옴니아미디어	
마르크 드 리카리에르 그룹	
3블랙닷	
율라	
프로지벤자트미디어	
오토 미디어	
텐센트	
아마존	
위즈데오	
스크린웨이브미디어	
휘슬 스포츠	
개인 및 무소속	
기타(단발성)	

■ 2018년
■ 2017년

출처: 유튜브

조회수 1000억 회 이상으로, 이는 전체 조회수의 31%에 해당된다. 2위인 디즈니는 조회수 590억 회로 총 조회수의 17%다. 2018년 타임워너를 인수함으로써 AT&T는 점유율 16%로 3위를 차지했다. 글로벌 미디어 기업이 소유한 채널은 유튜브 내 총 시청횟수의 84%를 차지한다. 연예기획사 8%, 게임 배급사 3%를 제외하면 고작 6%만이 개인 스트리머가 운영하는 독립 채널에 돌아가는 셈이다.

게임 배급사 채널이 많지 않은 것도 특징적이다. 텐센트, 닌텐도, 테이크투, 일렉트로닉 아츠, 유비소프트 등의 글로벌 배급사들은 게임으로 수십억 달러를 벌어들이지만 유튜브 조회수에서 차지하는 비중은 그리 높지 않다.

게임 방송의 과점 현상은 유튜브가 과연 게임 개발사와 배급사의 발전에 긍정적인지에 대해 의문이 들게 한다. 게임 방송은 진입장벽이 낮고 외부의 입김에서 자유롭다는 인식이 있었으나, 성장을 구가하면서 게임 방송 역시 게임사의 압박을 받는 마케팅 채널이 되었다.

이제 다른 사람의 게임 플레이를 온라인으로 시청하는 관행은 게임의 개발과 배급에 중요한 요소로 자리잡았다. 몇몇 유명 회사들 역시 이 시장에 진입했다. 2016년 말 마이크로소프트는 스트리밍 플랫폼 믹서Mixer를 인수했다. 마이크로소프트 인수 후 믹서는 트위치로부터 유명 스트리머들을 빼왔다.* 소니는 2020년 중국 엔터테인먼트 회사인 빌리빌리Bilibili에 4억 달러를 투자하며 게임 방송 사업에 진출했다. 중국에서는 텐센트가 게임 스트리밍 플랫폼 후야Huya의 지분 3분의 1을 매수해 의결권의 50.1%를 확보하는 데 2억 6260만 달러를 투자했다. 플랫폼 기업들이 게이머들의 관심을 사로잡고 신작 게임을 마케팅하고 매출을 창출하는 데 게임 방송의 중요도가 높아졌음을 보여주는 단적인 예다.

* 닌자가 5000만 달러를 받고 믹서로 이적한 것이 대표적인 예다. 그러나 닌자는 1년 만에 트위치로 복귀했다. 참고로 믹서는 2020년에 서비스를 종료했다.

e스포츠 : 홍보채널이자 수익모델이자 커뮤니티

2013년 미국 정부는 프로게이머들에게 P-1 비자를 발급했다. P-1 비자는 운동선수들에게 발급하는 비자다. 이 결정에 많은 스포츠 기자와 미디어 관계자들이 반발했다. 창백하고, 게으르며, 주로 실내에서 활동하는 프로게이머들을 프로 스포츠 선수로 인정하는 데 결코 동의할 수 없었던 것이다. 스포츠 전문 케이블방송사 ESPN의 회장이었던 존 스키퍼 같은 사람들은 게임은 스포츠가 아니라 그저 경쟁에 불과하다고 일축하기도 했다.

게임이 실제 공이나 배트를 가지고 하는 운동과 공통점이 없는 건 부인할 수 없는 사실이다. 하지만 e스포츠를 전통적인 스포츠의 관점으로 해석하는 건 논점에서 이탈하는 실수다. 게임 대회는 게임 방송 안에서도 새롭게 부상하는 영역으로, 게임 플레이를 시청하는 현상에 게임사가 더 크게 투자해도 된다고 확신을 심어준 계기가 되었다.

우리가 오늘날 알고 있는 e스포츠는 한국에서 처음 등장했다. 1990년대 후반에 이미 한국의 게이머들은 나라 전역에 깔린 PC방에서 온라인 게임을 즐겼다. 개인 간 경쟁을 넘어 대회를 개최할 수 있는 조건이 이때 이미 충족된 것이다. 한국의 높은 초고속 인터넷 보급률과 상대적으로 빠른 인터넷 속도는 완벽한 환경을 조성했고, 그렇게 한국에서 e스포츠는 번창했다. 당시 IT 강국으로의 도약이 화두였던 한국 정부는 e스포츠의 인기를 확인하고 2000년 한국e스포츠협회를 창설해 게임 대회를 육성했다. 이때가 e스포츠의 1차 성장기다. 2005년경 한국에서는 278개의 토너먼트가 개최되었고, 온게임넷이나 MBC게임 등 게임 방송 전용 케이블 채널도 등장했다. 두 채널은 2007년에만 2억 300만 달러의 광고 매출을 올렸다.

그러나 많은 이들은 이 인기를 예외적인 현상으로 치부했다. 비록 다른 나라에서도 하나둘 게임 토너먼트가 개최되기 시작했지만, e스포츠는 오랫동안 한국에서만 발견되는 현상이었기 때문이다. 다른 나라의 방송국 경영진과 광고주들에게는 게임 대회를 열고 여기에 광고를 건다는 게 여전히 낯설었다. 그들에게 e스포츠의 인기는 아시아 지역에 국한된 통계적 아웃라이어였다. 2000년대 초 e스포츠의 인기가 꺾이던 시점에 스마트폰이 등장하자 이런 생각은 더욱 굳어졌다. 게임 플레이어들의 관심이 PC에서 스마트폰으로 옮겨가면서 게임 대회의 미래도 불투명해졌고, 광고주들은 예산을 회수했다. 대중의 관심과 광고주의 돈이라는 e스포츠의 토대가 무너진 것이다.

그러나 이야기는 여기서 끝나지 않는다. 비슷한 시기 게임사들 사이에 독창적인 비즈니스 모델이 유행하기 시작했다. 바로 프리-투-플레이 방식이다. e스포츠가 지금처럼 성장한 건 새로운 형태의 게임이 빠르게 인기를 얻은 덕이 크다. 게임사들은 게임 타이틀을 많이 판매하는 데 집중하는 대신 일단 플레이어 수를 늘리고 점진적으로 수익을 추구하는 사업 방식으로 전환했다. 이런 전략에는 게임 토너먼트가 제격이다. e스포츠가 해당 게임에 대한 관심을 고조시키고 게임 커뮤니티를 조성하는 효과가 있기 때문이다. 리그 오브 레전드 같은 게임은 1억 명에 달하는 거대한 유저층을 유지하기 위해 게임 토너먼트에 크게 의존했다.

사실 게임 개발사들이 프로 게임 토너먼트를 조직하고 개최하는 건 새로울 게 없다. 그 시작은 먼 과거로 돌아간다. 1996년 위저드는 거액의 상금을 내걸고 '매직 : 더 개더링' 대회를 개최했다. 물론 목적은 게임 플레이어를 늘리는 것이었다. 기획자 중 한 명인 마크 로즈워터Mark Rosewater에 따르면, 회사는 게임의 초기 성공에 두 번째로 중요한 요인으로 토너먼트를 꼽았다. 스스로 단순히 게임을 판매하는 회사가 아니라 총체적인 게임 경험을 제공하는 회사라 인식했기에 가능한 발상이다. 포켓몬 또한 '플레이 포켓몬'이라는 대규모 대회 시스템을 고안하여 오랫동안 유지했다. 이 시스템에는 리그, 토너먼트, 상위 랭커들을 위한 이벤트, 국가 내 대항전 및 월드 챔피언십 등이 망라돼 있었다.

이제 게임 토너먼트를 개최하고 조직하는 건 업계의 흔한 관행이자 비즈니스 모델의 근간이 되었다. 토너먼트는 팬들이 모이고 교류하는 장이자, 게임을 홍보하고 신규 게이머를 획득할 기회다. 어려운 게임에 입문하는 진입장벽을 크게 낮춰주기도 한다. 토너먼트를 개최함으로써 배급사들은 팬들에게 아이디어와 정보 및 노하우, 새로운 전략을 탐색하는 방법을 공유하는 장소와 시간을 제공하는 셈이다. 활발한 커뮤니티를 구축하는 건 개개인의 관심이 다소 시들해져도 게임을 계속 플레이하게 만드는 효과가 있다. 즉 게임 커뮤니티 자체가 고객 유지 전략의 핵심요소다.

관객들이 다른 사람들이 벌이는 게임 대결을 구경한다는 건 분명 새로운 현상이다. 최근까지만 해도 큰 관심을 끌지 못한 틈새 엔터테인먼트 영역이라고만 여겨졌지만, e스포츠는 단기간에 대중화되어 많은 관객을 유입시켰다. '카운터 스트라이크 : 글로벌 오펜시브', '리그 오브 레전드', '하스스톤 : 히어로즈 오브 워크래프트', '도타2' 등의 게임 영상은 트위치, 유튜브 같은 스트리밍 플랫폼에서 매달 수억 회씩 조회된다. 게임의 성공에 미치는 e스포츠의 영향이 그만큼 커진 것이다. 다만 그 파급력은 배급사가 e스포츠를 전략 차원에서 어떻게 생각하는지에 따라 크게 달라진다. 그 방향성은 크게 두 가지로 나뉜다.

첫째, 일부 배급사들은 e스포츠를 홍보 수단으로 여겨 더 많은 플레이어를 유입시키고 기존 팬들의 충성도를 높이는 데 목적을 뒀다. 가령 NBA와 피파 같은 프로 스포츠 리그 라이선스 게임에 크게 의존하는 테이크투와 일렉트로닉 아츠는 e스포츠를 기존 마케팅을 확장하는 목적으로 활용한다. 일렉트로닉 아츠는 '경쟁적인 게임 competitive gaming'이라는 용어를 선호하는데, 그 편이 더 일상적인 경험이라는 인상을 주기 때문이다. 일렉트로닉 아츠 게임의 신규 버전을 매년 구매하는 팬들과도 결이 맞다. 이러한 관점에서 e스포츠의 목적은 게임 타이틀의 인지도를 높이고 기존 플레이어들의 전반적인 몰입을 강화하는 데 있다.

둘째, 이와 반대로 액티비전 블리자드 같은 배급사는 전통적인 프로 스포츠 리그와 유사하게 중계권료와 리그 가맹비라는 새로운 수익 모델을 창출하고자 e스포츠에 투자한다. 대표적인 예가 오버워치 리그다. 스타크래프트 토너먼트와 블리즈콘에서 배운 노하우를 토대로 액티비전 블리자드는 게임 리그에 다음과 같은 요소를 반영했다. 우선 전통적인 프로 스포츠 리그의 방식인 지역연고제를 도입했다. 지역 팬과 팀을 연결하는 만큼 지역의 스폰서십을 유치하는 데 유리하다. 구단들은 리그에 참여하기 위해 라이선스 비용을 지불하고, 대신 광고 수익의 일부를 분배받는다. 액티비전 블리자드는 중계권과 광고 판매 권한을 갖는다. 아울러 전통적인 스포츠처럼 체계적인 리그 시스템을 갖춰 선수들을 보호한다. 구단은 선수들과 1년 계약을 보장하며, 최소 연봉은 5만 달러에 성과급도 지급하고, 보험 및 퇴직연금 제도도 운영한다. 이러한 시스템 덕분에 구단은 더 훌륭한 선수를 영입하고 육성할 수 있다.

토너먼트가 일반화되면서 운영상의 혁신도 시도되었다. 대표적인 것이 크라우드소싱 방식의 상금과 리그 시스템이다. 여기서 우리는 다시 밸브의 이름을 발견할 수 있다. 프리-투-플레이 기반 MOBA 게임인 도타2가 플레이어와 시청자들을 놓고 리그 오브 레전드와 정면으로 맞붙자 밸브는 관심을 유도하기 위해 세계에서 상금 규모가 가장 큰 토너먼트를 만들었다. 그 이름은 '더 인터내셔널The International.' 경쟁적인 게임 플레이를 보는 신선함과 엄청난 상금 덕분에 이 게임은 순식간에 뉴미디어의 관심을 끌어모았다.

밸브는 도타2를 즐기는 사람들의 열정과 관심을 영리하게 활용했다. 밸브는 2013년부터 일종의 기록서인 컨펨디움The Compendium을 10달러에 판매하기 시작했다. 기록서에는 토너먼트 관련 통계와 선수 프로필, 예측자료는 물론 게임 내 이벤트 아이템도 담겨 있다. 하지만 이보다 더 중요한 건 기록서 판매 수익의 4분의 1이 상금으로 적립된다는 사실이다. 2014년 더 인터내셔널의 총상금은 1100만 달러에 달했다. 2018년에는 2600만 달러, 2019년에는 3300만 달러까지 증가했다. 밸브는 매년 똑같이 200만 달러를 후원했을 뿐, 나머지는 모두 기록서 판매 수익금이 누적된 것이다. 도타2를 즐기는 이들의 팬덤이 얼마나 강렬한지 알 수 있는 근거다. 도타2는 대회 상금에서 경쟁자인 리그 오브 레전드나 스타크래프트2를 언제나 능가했는데, 이는 전적으로 팬들 덕이다. 반면 2018년 리그 오브 레전드의 가장 큰 대회의 총상금 규모는 600만 달러로, 엄청난 팬층을 감안하면 상대적으로 적은 액수다. 팬들이 직접적으로 영향력을 미치는 방식을 고수함으로써 밸브는 리텐션 마케팅(고객의 재접속 및 재구매를 유도하는 마케팅) 효과와 미디어 노출을 꾀할 수 있었다. 즉 기록서는 도타2 홍보 전략의 숨겨진 핵심이었던 셈이다.

아직은 미성숙한 미디어

결과적으로 게임 콘텐츠에 대한 광고주의 관심이 높아진 것은 두 가지 요인 덕이 컸다. 우선 경쟁 게임의 등장이다. 경쟁 게임 덕에 실시간 토너먼트가 가능해졌으며, 팬들은 현장에 모여 게임에 대한 열정을 다른 팬들과 나눌 수 있었다. 게임에서 e스포츠는 음악에서의 콘서트와 같은 역할을 한다. 팬들은 토너먼트를 계기로 모이고, 최고 선수들의 대결을 만끽하며, 그들을 직접 만날 수 있다. 실제로 음악 장르와의 크로스오버도 빈번하다. 가령 2018년 리그 오브 레전드 월드 챔피언십에서 한국의 걸그룹 (여자)아이들은 AR로, 미국의 아티스트 매디슨 비어와 자이라 번스는 라이브로 협연한 바 있다. 2019년 뉴욕에서 개최된 포트나이트의 첫 월드 챔피언십에는 전 세계에서 200만 명 이상이 유튜브와 트위치를 통해 동시접속했으며 뮤지션 마시멜로가 라이브 공연을 선보였다.

기존 프로 스포츠의 관중이 감소하고 평균연령이 높아진다는 점도 광고주들이 e스포츠에 관심 갖는 이유다. MLB 팬들의 평균연령은 53세며, 그 수는 매년 꾸준히 감소하고 있다. 세계 최대의 야구 이벤트인 월드시리즈의 경우 1988년에 3400만 명의 시청자를 불러 모았지만 2018년에는 1400만 명으로 감소했다. 광고주들은 아직 구매 행위나 브랜드 취향이 확립되지 않은 젊은 소비자들을 선호하는데, 게임 토너먼트에 몰리는 대중이 딱 그렇다.

그러나 좋은 신호만 있는 것은 아니다. e스포츠에 대한 대형 배급사들의 열정과 금전적 투자 간의 간극은 e스포츠가 성숙한 미디어 영역이 아니라는 사실을 일깨워준다. 지난 몇 년간 열광적인 분위기가 형성된 이후 e스포츠는 현재 수요와 공급의 균형을 맞추기 위해 비즈니스 모델을 확립하는 중이다. 일련의 사례에서 아직 e스포츠가 해결해야 할 과제가 많다는 사실을 확인할 수 있다. 일례로 가장 유명한 e스포츠 후원자이자 전직 프로농구선수인 릭 폭스는 투자자의 인종차별적 발언이 불씨가 되어 자신이 설립한 e스포츠 구단 에코폭스를 떠났다. 이런 이슈가 생길 때마다 e스포츠에 대한 여론은 싸늘해진다.

한창 뜨거운 분야인 만큼 한몫 크게 챙기려는 계약상의 쟁점도 있다. 특히 젊은 스트리머와 프로게이머가 이러한 이슈에 흔히 노출되곤 한다. 인기 스트리머 '티푸'와 소속사인 e스포츠팀 페이즈클랜이 수익 배분을 둘러싸고 벌인 공개 설전과 소송이 대표적이다. 블리자드는 오버워치 리그의 최고관리자였던 네이트 낸저가 에픽게임즈로 떠난 후 중계진 연봉을 일방적으로 삭감하려 시도하기도 했다. 이런 이슈는 e스포츠를 새로운 수익모델로 육성하려는 야망이 아직 갈 길이 멀다는 것을 보여준다. 그 밖에 신뢰할 만한 통계 및 측정 지표가 없다는 비판은 e스포츠 업계에 아직 필수 인프라가 부족함을 의미한다. 이는 스폰서들이 e스포츠를 선뜻 믿고 투자하지 못하는 요인이 된다.

게임 영상 관련 산업은 여전히 젊다. 게임 방송과 e스포츠가 대중화되어가면서 배급사와 게임 플레이어, 즉 소비자와의 관계도 재정립되는 중이다. 현재 게임은 대체로 서비스로서의 비즈니스 모델을 고수하고 있으며, 게임 방송과 라이브 스트리밍은 새로운 유저를 유입시키고 기존 유저를 유지하는 데 중요한 역할을 담당한다. 충성도 높은 게임 커뮤니티를 구축하고 전 세계 사람들이 프로들이 겨루는 게임 토너먼트와 경기를 시청하는 건 더이상 생소한 일이 아니다.

나아가 다른 사람들의 게임 플레이를 감상하려는 욕망은 단순히 마케팅을 넘어 게임 기획에도 영향을 미칠 것이다. 이제 게임 기획자들은 즐기는 재미와 보는 재미를 모두 만족시켜야 하는 새로운 도전에 직면해 있다. 게임을 플레이하지 않는 사람들이 재미있어할 게임을 만드는 게 결코 쉬운 일은 아닐 테니 말이다.

2020년 초 코로나바이러스의 창궐은 온라인 시청자 수를 급증시켰다. 수십억 명이 몇 주 동안이나 집을 떠나지 못했고, 전 세계 프로 스포츠 리그 운영도 중단되었다. 그에 따라 더 다양한 선택을 향한 변화가 가속화되었다. 라이브 스트리밍에 대한 수요가 폭발적으로 증가했고, 그중 상당수가 게임으로 눈을 돌렸다. 어느 자료에 따르면 2020년 3월을 기준으로 트위치의 시청자 수는 10%, 유튜브는 15% 증가했다고 한다.

물론 그 이전에도 광고주들은 게임을 통해 전통 미디어에서 사라진 젊은 소비자들과 다시 연결될 수 있는지 실험하고 있었다. 장기적으로는 이들 광고주가 게임 산업에 담당하는 역할이 더 커질 것이다. 게임 인구가 증가하고 온라인 게임이 인기를 끌수록 게임 방송의 위상도 높아질 것이며, 게임사의 간접 수익원에 머물러 있는 게임 방송이 주 수입원으로 격상될 가능성도 충분하다.

디지털화가 게임 내 아이템 판매를 증가시켰듯이, 소액결제와 콘텐츠 유통, 업데이트, 확장팩 제공이 온라인으로 이뤄짐에 따라 게임의 새로운 수익모델이 만들어질 것이다. 다음 장에서 이에 관해 더 상세히 살펴보자.

Summary

- 세계 곳곳에서 TV를 보듯 타인의 게임 영상을 시청한다. 게임 방송의 등장은 배급사가 게임을 마케팅하는 기존의 방식을 무력화했다. 게임 리뷰, 게임 광고가 모두 게임 방송에서 이루어진다.
- 게임 방송이 인기를 끌면서 게임 플레이어들은 셀럽이 된다. 이들은 채널 구독으로 수익을 올리고 게임사의 협찬을 받기도 한다. 이로써 게임 스트리머는 직업이 되었지만, 지나친 상업성은 역풍을 맞을 수 있다. 이들이 인기를 얻고 수익을 올리는 근간은 어디까지나 '재미있어서 하는 게임'이라는 진정성이다.
- 게임을 시청하는 현상은 게임을 스포츠의 영역으로 확장시켰다. 한국에서 시작된 e스포츠는 팬들이 모이고 교류하는 커뮤니티이자 게임을 홍보하는 장이 되었다.

10장

다음 세대의 수익모델 :
몰입을 끌어내는 능력

#광고 #구독 #클라우드게이밍 #탈플랫폼 #playability

게임이 주류 엔터테인먼트 장르로 부상함에 따라 게임 산업을 움직이는 경제법칙 또한 변화했다. 지리적 제약과 고객의 동질성 여부는 더이상 제약사항이 아니다. 그렇다면 다음과 같은 질문도 가능할 것이다. 새로운 환경과 더 넓은 문화적 가시성cultural visibility 덕에 과거에는 유효하지 않았던 수익모델이 가능하지 않을까?

앞에서 우리는 게임 산업의 발전을 크게 두 시기로 구분했다. 박스에 담긴 게임 타이틀이 오프라인 소매점에서 판매되고, 소프트웨어 판매가 새로운 세대의 콘솔 출시주기와 맞물려 있던 초기의 게임은 제품 기반의 사업이었다. 소비자들은 게임을 하기 위해 일회성으로 돈을 지불했다. 콘텐츠 큐레이션과 품질 보장이 중요하다는 점은 개발사의 성장을 촉진하는 동시에 진입장벽으로 작용했다. 그 결과 소수의 게임사가 수익성 높은 업계를 독점하게 되었다. 이 사업모델에서는 게임 타이틀 판매 수량으로 성공 여부가 결정되었다. 배급사들은 저마다 시장 지배력을 활용해 최대한 높은 가격에 최대한 많은 양을 판매하고자 했다.

인터넷 등장을 기점으로 게임 산업의 두 번째 시기가 도래했다. 바로 게임의 디지털화다. 닷컴 버블의 여파로 빠르게 확장하는 디지털 세상에서, 게임 회사들은 가치 있고 독창적인 콘텐츠 공급자로 단기간에 자리잡았다. 기존 배급사들이 디지털 유통의 낮은 경제성을 놓고 고민하는 사이, 신생 개발사들은 온전히 유저를 늘리는 데에만 집중했다. 가벼운 게임 플레이, 접근성 높은 유통방식, 독창적인 수익모델을 앞세운 것이다. 넥슨, 라이엇게임즈, 킹 디지털 같은 신생 회사들은 혁신적인 비즈니스 전략을 만들어 성장을 구가하며 디지털 산업의 초기 형성에도 기여했다. 그들은 가입자당 평균매출ARPU, average revenue per user을 근간으로 하는 서비스로서의 게임모델을 대중화했다. 이러한 진화는 게임 산업의 거대한 성장과 전환을 촉발시켰으며, 전 세계적으로 게임을 대중적인 여가활동으로 격상시켰다. 진입장벽이 낮아지면서 소규모 개발팀도 소비자와 직접 연결됨에 따라 과거에는 여의치 않았던 창작자 중심의 비즈니스 모델이 빛을 보기 시작했다.

게임 업계의 진화는 여기서 멈추지 않았다. 20억 명의 사람들이 모바일, 콘솔, PC 등으로 게임을 즐기는 시대를 맞아 배급사와 플랫폼 기업들은 간접수익(광고)과 반복수익(구독)이라는 새로운 수익모델의 가능성을 실험하고 있다.

광고 : 소액결제 시대의 새로운 수익모델

오랫동안 광고와 게임은 합이 맞지 않는다고 여겨졌다. 역사적으로 광고수익은 게임에서 부수적인 역할을 했을 뿐이다. 다른 산업에서 광고의 존재감이 점점 커진 것과는 반대다. 몇 안 되는 시도조차 성공적이지 못했다. 기껏해야 광고주와 게임 플레이어를 연결하는 초보적인 수준에 머물렀다.

이는 다분히 게임 개발자들 사이에 만연한 사고방식 때문이 아닌가 싶다. 돈은 게임의 순수성을 훼손한다는 생각 말이다. 개발과 비즈니스 간의 갈등은 앞에서도 언급했듯이 광고 기반 게임에서 가장 극명하게 표출된다. 제품 기반 게임은 몇 년에 걸쳐 개발을 완료한 후 배급사가 소비자들에게 홍보하는 것이 일반적이었다. 그 몇 년 동안 개발자들은 플레이어에게 최고의 경험을 선사하기 위해 게임을 연마하는 데만 집중하고, 매출목표는 관심 밖에 두었다가 게임 발매 직전에야 떠올리곤 했다. 상황이 이러하니 기획 단계에서 수익모델 요소를 포함할 여지는 거의 없었다. 나아가 수익모델을 염두에 둔 개발 자체를 꺼리는 분위기가 팽배했다.

징가가 좋은 예다. 그들이 페이스북에서 일찌감치 성공할 수 있었던 것은 게임에서 어느 아이템이 많이 판매되는지 추이를 꾸준히 확인한 덕분이다. 징가는 시장에서 무엇이 통하고 무엇이 통하지 않는지 낱낱이 분석하고, 그 결과에 맞춰 개발방향을 최적화했다. 물론 플레이어들의 게임 내 지출을 극대화하는 방향으로 말이다. 업계에서는 이런 징가의 행태를 못마땅하게 여겼다. 징가의 기획이 순수한 재미와 몰입을 제공하는 대신 플레이어들을 '무한 현질'의 나락으로 밀어넣는다는 것이다. 그 비판도 일리는 있었다. 분명 징가의 개발방식은 창의력과 몰입감에 방점을 두는 업계의 전통적인 방식과는 거리가 있었다.

그러다 인터넷 보급이 증가하면서 광고와 게임도 조금씩 접점을 찾아가기 시작했다. 게임 내 광고의 시대가 드디어 도래한 것처럼 보였다. 하지만 마이크로소프트는 2006년 게임 내 광고 네트워크 회사인 매시브Massive를 인수한 후 게임과 광고가 얼마나 양립하기 어려운지 뼈저리게 느꼈다. 마이크로소프트의 매시브 인수는 비즈니스 모델 혁신의 실패 사례로 우리에게 반면교사가 된다.

초기만 해도 매시브의 비즈니스 모델은 무척 좋아 보였다. 게임에 몇 줄의 소스 코드만 추가하면 광고를 게임 안에 삽입할 수 있었다. 이 모든 건 인터넷을 통해 이뤄졌다. 매시브의 수익모델은 게임 회사와 광고 회사의 중개자가 되어 매출의 극히 일부를 수수료로 가져가는 것이었다. CEO 미치 데이비스Mitch Davis는 매시브의 솔루션으로 게임 타이틀당 1~2달러의 추가 수익이 날 수 있다고 했다. 앞에서 살펴보았듯이 게임 개발 비용이 점점 상승해 게임 내 광고에 대한 관심도 수면 위로 올라오던 터였다. 게임사들은 새로운 세대의 콘솔 사양에 맞춰 높아진 개발비를 회수하기 위해 게임 판매가격을 대폭 인상했다. 광고를 추가해서 몇 달러라도 가격 인상 폭을 줄이는 건 리스크를 낮추고 수익성을 개선하는 효과적인 방편이었다.

이런 여건에 힙입어 매시브는 800만 달러의 투자금을 유치했다. 새로운 광고 채널의 등장에 흥분한 광고주들은 매년 게임 광고에 4억 1400만 달러를 지출했다. 익숙하지 않은 수익모델이라 배급사들이 더디 움직였음에도 매시브는 광고 네트워크 구축에 성공했다. 아타리, 코드마스터Codemasters, 에이도스Eidos, 펀컴Funcom, 코나미, 소니 온라인 엔터테인먼트, THQ, 유비소프트, 2K스포츠 등이 매시브의 플랫폼에 초기부터 합류했다. 마이크로소프트가 매시브의 장기적 성공을 확신하기에 충분한 출발이었다. 이에 마이크로소프트는 매시브를 2억 달러가량에 신속히 인수했다.

얼핏 보기에 업무용 소프트웨어를 주로 개발하는 마이크로소프트가 왜 게임 내 광고 네트워크 회사를 인수했는지 의문이 들 수도 있다. 이는 구글 같은 경쟁사들이 인터넷 기반으로 수십억 달러 규모의 신규 사업을 창출하는 당시 상황과 관련이 있다. 즉 온라인 고객을 구글 같은 차세대 테크기업들에 모두 빼앗길지 모른다는 불안감에서 비롯된 것이다. 또한 매시브 인수 건은 글로벌 미디어 기업이 인수합병을 통해 게임 산업에 진출하는 당시 트렌드에도 부합했다. 비아콤은 1억

200만 달러에 게임 기반 SNS 엑스파이어XFire를, 뉴스코프NewsCorp는 6억 5000만 달러에 IGN엔터테인먼트를, 구글은 게임 광고 네트워크 회사 애드스케이프Adscape를 인수했다. 그밖에 IGA월드와이드, 더블 퓨전, 익스텐트 테크놀로지, 네비게이트, 인게이지, 그레이스트라이프 등 다른 경쟁자들도 게임과 광고를 결합한다는 아이디어에 흠뻑 빠져 있었다.

아울러 엑스박스 콘솔의 사용성을 높여 거실의 중심 기기로 만들고자 하는 거시적 목표도 매시브 인수의 또 다른 배경이다. 마이크로소프트는 번지Bungie, 카보네이티드 게임즈Carbonated Games, 앙상블Ensemble, 파사 인터랙티브FASA Interactive, 라이언헤드, 레어Rare, 턴 10Turn 10, 윙넛 인터랙티브Wingnut Interactive 등 역량 있는 개발 스튜디오를 보유하고 있었다. 이들과 게임 내 광고 네트워크를 통합하면 게임 스튜디오들의 고객 접근성이 대폭 향상된다. 즉 엑스박스 플랫폼으로 유입시킨 고객들에게 광고를 노출하겠다는 의도 또한 마이크로소프트의 매시브 인수에 영향을 미쳤다.

하지만 이런 구상이 실현되기에 2010년은 시기상조였을까. 결과적으로 마이크로소프트는 매시브의 사업을 접었다. 열정에도 불구하고 몇 가지 중요한 요소를 간과했기 때문이다. 우선 게임 개발자들은 광고를 게임의 수익모델로 고려해본 적이 한 번도 없었다. 애초에 광고가 게임의 수익성을 높이는 데 얼마나 도움이 되는지에 대해 관심조차 없었다. 게다가 개발자 입장에서 자신이 수년을 할애해 만든 게임에 제삼자가 코드를 추가한다는 건 신성모독에 가까웠다. 여력도 없었다. 한 임원은 다음과 같이 말했다. "매시브가 배급사와 일하는 시점은 일반적으로 게임 타이틀 개발이 거의 완성될 무렵이에요. 즉 가용 메모리 자원이 거의 남아 있지 않을 때죠. 개발팀은 우리에게 와서 메모리를 다 소진해서 광고를 결합시킬 수 없다고 말해요." 결국 매시브 쪽에서 고객지원팀을 파견할 수밖에 없는데, 이는 수고스러울 뿐 아니라 매시브의 수익성도 악화시켰다.

매시브 경영진의 게임 경험이 일천했다는 점도 발목을 잡았다. 그들은 대부분 미디어 기업이나 컨설팅 회사 출신이었지 게임 업계에서 일해본 사람은 거의 없었다. 이들은 게임 내 광고가 게임의 현실감을 높일 거라 생각했다. 당시 마이크로소프트의 플랫폼/서비스 사업부 공동대표 케빈 존슨Kevin Johnson은 다음과 같이 말한 바 있다. "우리의 레이싱게임 '도쿄 레이스 드라이버3'는 보험사 광고를 접목하기에 최적의 게임이었어요. 실제 레이싱카에도 광고가 부착되잖아요. 즉 광고로 현실감이 높아지기에 플레이어들의 몰입도도 높아질 거라 판단했습니다."

그는 이런 조치가 소비자들을 '행복하게' 만들었다고 표현했다. 하지만 이 또한 치명적인 오해였다. 플레이어들은 게임에 광고가 노출된다는 사실만으로도 분노했다. 그들에게 광고는 일방적인 침범 그 이상도 이하도 아니었다. 비슷한 맥락에서 IP 보유 기업들 또한 반기지 않았다. 자신들의 소중한 자산이 상업적 메시지와 함께 놓이는 것을 꺼렸으며, 특히 결합되는 광고에 대한 통제권이 없으니 더욱 그랬다. IP 보유 기업들에게 게임 내 광고는 그들이 세심하게 키운 IP의 가치를 떨어뜨리는 요인에 불과했다.

그 와중에 마이크로소프트는 자회사 스튜디오들의 게임 타이틀에 우선적으로 광고를 도입할 것을 매시브에 요구했다. 설상가상으로 일렉트로닉 아츠 같은 대형 배급사들은 게임 내 광고가 어울리는 피파 같은 자사 게임에 직접 광고를 도입하기 시작했다. 다양한 활동과 투자에도 불구하고 광고수익은 일정 규모 이상 커지지 않았고, 어느새 인터넷 광고 시장의 중심이 배너광고에서 검색광고로 이동했다. 이는 매시브의 상황을 더욱 악화시켰고, 결국 마이크로소프트는 매시브 사업부를 폐쇄하고 말았다.

게임과 광고가 서로를 주목하는 이유

마이크로소프트 같은 거대기업의 실패를 바라보면서 이러한 의문이 생길 것이다. 그때는 안 되던 게임 광고 비즈니스 모델이 왜 지금은 제대로 작동하고 있는 걸까?

게임 배급사들이 광고 브랜드와 고객을 연결하는 안정적인 양면 모델two-sided model을 구축하려면 다양한 고객이 다수 유입되어야 한다. 4장에서 논의했듯이 현재가 바로 그러하다. 오늘날 광고가 게임 업계에서 의미 있는 역할을 하게 된 첫 번째 이유다. 전 세계적으로 광고주들은 해마다 약 6500억 달러를 미디어와 엔터테인먼트에 지출한다. 중국 다음으로 큰 광고 시장인 미국에서는 매년 TV 700억 달러, 인쇄매체 150억 달러, 라디오 140억 달러의 광고 판매가 이뤄진다. 그러나 전통매체의 고객은 나이 들고 규모도 축소되고 있다. 반면 게임에는 최신의 기술이 적용되고, 소비자들의 관여도가 높은 데다 얼리어답터들이 몰려 있기에 광고주가 보기에 가치가 높다.

둘째, 신생 게임 개발사들은 광고 매출에 훨씬 적극적이다. 돈을 버는 것에 비하면 광고 요소와 게임 기획 간의 충돌은 이들에게 큰 문제가 아니다. 오히려 광고는 플레이어들에게 과금을 유도하여 매출을 발생시키는 방식에서 벗어날 수 있는 효과적인 수익원으로 여겨진다. 포켓몬고의 개발사 나이언틱의 CEO 존 행크John Hanke는 광고 덕분에 창의적인 게임 개발에만 전념할 수 있었다고 밝혔다. 아울러 광고가 수익 전략의 대안이 될 수 있다고 말했다. 소액결제 시스템을 게임에 녹여내는 건 기획 측면에서 큰 부담이 되며, 설사 큰돈을 번다 하더라도 재미없는 게임이 될 가능성이 크다는 것이다. 그는 공격적으로 소액 과금 요소를 게임에 추가하는 대신 오프라인의 특정 지점에 사람들을 모이게 하고, 그 대가로 소매업체들로부터 광고비를 받는 방식이 훨씬 나았다고 말했다.

실제로 이 전략은 놀라울 정도로 성공적이었다. 포켓몬고의 인기가 절정이던 시점 나이언틱은 맥도날드와 게임스톱을 비롯한 유명 소매업체 몇 곳과 계약을 맺었다. 일본에서는 1500여 개의 맥도날드 매장이 포켓몬 체육관으로 설정돼 성공적으로 고객을 끌어모았다. 마찬가지로 미국에서는 수많은 사람이 게임스톱 매장에 방문해 보조 배터리와 데이터 요금제를 구매했다. 초반의 극적인 성공 이후 더 많은 브랜드 및 기업들이 포켓몬고와 광고 계약을 체결했다.

모바일 게임의 또 다른 강자 킹 디지털 또한 광고수익 모델의 기회를 포착했는데, 그 방식은 포켓몬고와는 다소 차이가 있다. 2013년 인기절정이던 무렵 킹 디지털은 광고 협력사들에게 이메일을 보냈다. 킹 디지털이 캔디 크러쉬 사가 같은 인기 게임에서 광고를 빼기로 결정한 이유에 관한 내용이었다. 플레이어들의 몰입을 방해하는 모든 요소를 제거하려는 노력의 일환이었다. 사실 캔디 크러쉬 사가의 매출에서 광고 수입이 차지하는 비중이 1%밖에 되지 않음을 감안하면 이 결정은 그리 놀랍지 않다. 그럼에도 킹 디지털이라는 기업의 핵심역량이 SNS 및 모바일 게임에 있고, 두 영역 모두 광고와 본질적으로 깊은 관계가 있기에 이 결정은 모두에게 충격적이었다. 이는 그들이 더이상 광고와 같은 간접수익에 의존하지 않고 플레이어들의 소액결제를 통해 직접적으로 수익을 창출할 수 있다는 선언이기도 했다.

하지만 이 선언은 오래가지 않았다. 액티비전 블리자드에 인수된 후 캔디 크러쉬 사가의 인기가 시들해지면서 킹 디지털은 수익 목표의 압박에 시달리게 되었다. 그들은 최악의 IPO를 경험했으며, 경쟁사들의 성장속도를 따라잡지 못했다. 경쟁이 심화될수록 플레이어들로부터 소액결제를 이끌어내기는 점점 어려워졌다. 불가피하게 킹 디지털은 게임에 광고를 재도입했다. 2017년 캔디 크러쉬 사가의 월간 활성

사용자 수는 감소했지만 그래도 광고수익 모델을 적용하기에는 충분한 규모였다.

물론 광고로 의미 있는 수익을 올리는 건 아직은 포켓몬고나 캔디크러쉬 사가처럼 초대박을 친 게임 정도다. 그럼에도 향후 광고수익 모델이 게임 업계에 어떻게 도입될지 윤곽은 가늠할 수 있다.

게임 업계에 광고수익 모델 도입을 주도하는 건 대형 테크기업들이다. 구글의 클라우드 게임 솔루션 스타디아Stadia는 배급사와 수익을 30대 70으로 나눈다. 여기에는 광고 수입도 포함된다. 페이스북도 다양한 인센티브를 제공하며 배급사의 참여를 독려한다. 게임 콘텐츠를 확보함으로써 사용자 유입 및 체류시간을 늘리려는 목적이다. 텐센트는 2018년 중국 정부가 신규 게임의 판호 발급을 중단함으로써 입은 손실을 보전하기 위해 광고를 활용했다.

텐센트는 우선 자사의 광고 관련 부서들을 통합해 독립된 사업부로 승격시켰다. 광고수익을 늘려 게임 매출의 변동성을 줄이기 위해서다. 이와 함께 클라우드 서비스의 수익화 전략으로 게임 내 광고를 선택했다. 구글, 페이스북, 텐센트가 보유한 시장 지배력, 양질의 고객 데이터, 광고주와의 긴밀한 관계 등을 고려할 때 이들의 전략은 광고수익 모델을 둘러싼 게임 업계의 움직임에 큰 영향을 미칠 것이 분명하다.

게임 방송과 e스포츠 등 게임이 보는 엔터테인먼트로 진화함에 따라 게임 개발사와 광고주의 상호작용 또한 강화되고 있다. 액티비전 블리자드가 오버워치 리그를 성공시킬 수 있었던 데에는 대형 광고주들의 장기 스폰서십을 이끌어낸 것을 빼놓을 수 없다. 여기에 만족하지 않고 액티비전 블리자드는 더 많은 광고주를 설득하는 중이다. 물론 여전히 쉽지는 않다. 광고사업부의 한 고위임원은 인터뷰에서 다음과 같이 말했다. "게임은 광고업자들에게 여전히 생소한 미디어예요. 그래서 우리는 가급적 단순화하고자 노력합니다." 그러고는 다음과 같은 상반된 발언을 이어갔다. "그런데 게임 내 광고는 게임의 컨셉을 개선하는 데 기여할 수도 있어요."

기술이 진보하고 소비자들이 진화했다 해도, 게임과 광고가 서로를 바라보는 시각에는 여전히 과거의 선입견이 남아 있다. 그러나 게임의 인기와 수익화에 대한 압박이 있는 한 혁신적인 수익모델을 만들지 않을 도리가 없다. 광고는 게임의 새로운 수익모델로서 적절한 후보 중 하나임에 틀림없다.

구독 : 게임의 가치를 높이는 새로운 접근법

최근 확산되고 있는 게임의 두 번째 수익모델은 고객이 정기적으로 비용을 지불하는 '구독'이다. 이는 기존 케이블TV, 신문 및 잡지의 전통적인 사업모델을 모방한 것이다. 게임이 주류 엔터테인먼트 장르로 부상하고 글로벌 게임 시장이 포화된 현 상황에 구독모델은 가치를 획득하고자 하는 새로운 접근법에 해당된다.

여러 차례 반복해서 수익을 발생시키는 방식은 몇 가지 유형으로 나뉜다. 정해진 비용을 지불하고 해당 기간 동안 게임을 즐기는 방식은 예전부터 있었다. 하지만 대부분 온라인 접속 비용이 하락하기 전에 충분한 구독자를 확보하는 데 실패했다. 우리는 이미 월드 오브 워크래프트가 어떻게 온라인 롤플레잉 게임의 과금 체계를 성공적으로 안착시켰는지 살펴보았다. 수백만 명이 이 비용을 내며 지속적으로 이 게임에 접속했다.

그전에도 몇 개의 PC 기반 캐주얼 게임이 유사한 성공을 거두었다. 가령 2000년대 초반 빅 피시 게임즈Big Fish Games는 월 4.95달러 또는 연 29.95달러를 내면 각종 유료 게임을 비롯한 콘텐츠에 접속할 수 있는 서비스를 제공했다. 전화 접속 모뎀으로 온라인에 접속하던 시절이었음에도 고객은 많았다. 성공의 비결은 차별화였다. 그리고 차별화의 핵심에는 공격적인 게임 확보 전략이 있었다. 얼마나 열정적이었냐 하면, 수백 개의 소규모 개발팀을 쉽게 만나기 위해 주요 캐주얼 게임 박람회의 메인 스폰서를 몇 년이나 맡을 정도였다. 여기에 인기 게임 '미스터리 케이스 파일'을 포함한 콘텐츠 큐레이션 전략과 맞물리면서 빅 피시 게임즈의 매출은 2005년 900만 달러에서 2008년 1억 달러까지 증가했다.

콘솔 제조업체들도 콘텐츠 구독모델을 도입했다. 당연하게도 이는 고객 한 명당 잠재수익을 높여준다. 플레이스테이션 플러스와 엑스박스 라이브 같은 구독 서비스 덕분에 콘솔 게임은 모바일 게임이 큰 인기를 얻는 와중에도 존재감을 유지할 수 있었다. 콘솔 제조업체들은 기존 고객들을 대상으로 한 업셀링upselling*으로 매출을 증가시켰다.

더욱이 구독수익에는 그 어떤 추가 비용도 소요되지 않았기에 콘솔 판매에서 발생한 손실을 만회하는 데 도움이 되었다. 이는 시장이 포화 상태에 달하는 콘솔의 제품 생애주기 후반기에 더욱 빛을 발한다. 콘솔은 몇 년마다 새로운 세대의 기기가 출시되고, 소비자들도 그 시점을 대략 짐작할 수 있다. 새로운 콘솔 출시가 다가올수록 사람들은 기존 콘솔용 게임을 구매하지 않고 버틴다. 이런 점을 감안하면 월 구독료를 받는 것은 판매자와 구매자 모두에게 이득이 된다. 게임사는 추가 수익을 얻고, 소비자는 구독모델이 아니었다면 즐기지 못했을 다양한 게임 경험을 큰 부담 없이 누릴 수 있다.

마이크로소프트는 월 구독 서비스 '게임 패스'를 론칭해 게임사업부의 수익을 회복시켰다. 마이크로소프트의 발표에 따르면 2018년 기준 엑스박스 라이브의 활성사용자는 약 5700만 명에 달한다. 소니 플레이스테이션과의 콘솔 전쟁에서 패배한 후 마이크로소프트는 엑스박스에서 플레이 가능한 게임을 2배로 늘리고, 이를 위해 여러 게임 스튜디오를 인수했다. 이어지는 분기 실적 발표에서 마이크로소프트는 소프트웨어와 서비스 사업부의 매출이 전년 동기 대비 36% 증가했다고 밝혔다.

---

* 고객에게 더 나은 가격조건을 제안하거나 더 높은 품질의 상품을 권함으로써 고객이 원래 구입하려던 상품보다 더 비싼 상품을 구입하도록 유도하는 상향판매전략.

다른 플랫폼 기업들도 여러 고객군을 공략하기 위해 구독 서비스를 출시했다. 해당 서비스들은 기존 플랫폼 생태계의 특성이 반영된 것이 특징이다. 애플은 '애플 아케이드'를 출시했다. 가입자들은 월 5달러만 지불하면 유료 게임을 소액결제와 광고 없이 플레이할 수 있다. 애플이 아이폰에서 무료 게임의 소액결제를 허가한 이래 모바일 게임 카테고리는 폭발적으로 성장해 포화상태에 이르렀다. 그 뒤 10년 후 애플은 구독 서비스를 출시했다. 프리-투-플레이 게임에 전혀 관심 없는 고객들을 사로잡기 위해서였다. 아울러 소액결제에 대한 정부의 규제가 심해지고 매력이 떨어졌다는 이유도 있다. 이에 애플은 경쟁사들과 차별화하기 위해 월 구독료만 지불하면 독점 게임을 마음껏 즐길 수 있도록 했다.

　구독모델을 도입하는 영역 중 클라우드 게이밍은 후발주자에 속한다. 초고속 인터넷 보급이 대중화되면서 그래픽 처리가 원격으로 이뤄지는 고사양 게임을 집에서 자신의 기기로 즐기는 것이 가능해졌다. 수준 높은 콘솔 게임을 스마트폰으로 플레이할 수 있게 된 것이다. 기기의 종류나 사양에 관계없이 최고의 게임을 즐길 수 있다는 점에서 클라우드 게이밍 기술은 기존 게임 산업의 지형, 그중에서도 플랫폼 기업들의 지형을 와해시킬 것이라는 전망도 나온다. 마이크로소프트의 CEO 사티아 나델라의 표현대로 클라우드 게이밍이 "게임판 넷플릭스"로 진화할 여지도 있다. 월 구독료만 내면 어떤 기기에서든 다운로드 없이 수많은 게임을 즐길 수 있다는 점에서 그렇다. 이미 구글, 마이크로소프트, 아마존, 페이스북 등 글로벌 테크기업들이 이를 목표로 뛰고 있다. 아직은 클라우드 게이밍 대부분이 PC 게임 일부를 제공하는 정도이며, 인기 게임은 별도로 구매해야 하는 경우가 일반적이지만 말이다.

배급사에는 도달 가능한 고객 수를 늘려준다는 점에서 클라우드 게이밍이 매력적이다. 그전까지 블록버스터 게임에 돈을 지불하는 건 콘솔이 있는 플레이어들로 한정되었다. 기술적 한계가 제거되면 더 많은 이들이 그들의 게임을 플레이하게 될 것이다. 특히 스마트폰에서 작동하는 클라우드 게이밍 서비스는 파급력이 더욱 클 것이 분명하다.

반면 클라우드 게이밍이 게임 개발사에 어떤 영향을 미칠지는 현재로서는 불확실하다. 구독모델의 맥락에서 보자면, 게임 타이틀은 플랫폼이 추구하는 원가가산식 가격 전략cost-plus pricing strategy의 핵심요소다. 즉 개별 게임 타이틀을 정해진 가격에 판매하거나, 음악 산업에서 스포티파이가 대중화한 총 감상횟수에 따라 비용을 받는 방식이다. 이런 가격 전략에서는 엑스박스와 플레이스테이션 양쪽 모두에서 판매 수익을 얻을 수 있는데 굳이 한 플랫폼에 독점권을 줄 이유가 없을 것이다.

다만 소액결제 관점에서 이유를 찾을 수도 있다. 가령 마이크로소프트는 배급사들과 협상하면서 다음과 같이 주장할 수 있을 것이다. 클라우드 게이밍에서는 소비자가 게임 타이틀을 우선 구매해야 하는 리스크가 사라지므로 해당 게임을 해볼 확률이 급증할 것이다. 여기에 마이크로소프트가 엄선한 고품질 게임만 엑스박스 게임 패스에 선보인다면 소비자들의 기대치가 높아져 더 많은 유저를 유입시킬 수 있을 것이다. 유저가 늘어나면 무료 플레이어들 가운데 소액결제를 하는 이들도 증가할 것이다.

게임 회사들이 광고와 구독모델로 의미 있는 이익을 낼 수 있을지는 아직 불분명하다. 광고수익 모델은 게임사가 그들의 유저를 광고업자들에게 판매함으로써 수익을 창출하는 것으로, 방송이나 라디오 등 엔터테인먼트 분야에서 쓰이는 일반적인 양면 모델을 차용한 것이다. 구독모델은 플랫폼 기업이 지속적인 현금흐름을 창출하기 위해 게임에 대한 무제한적 접근을 유저들에게 허용하는 것이다. 두 가지 수익화 전략 모두 다수의 유저를 확보해야 작동될 수 있다. 또한 전통적인 엔터테인먼트 영역에서 탄생했다는 점에서 다음 시대의 게임을 '미디어로서의 게임'이라 표현할 수 있다. 이에 따라 게임 개발과정 전반에 이전과는 다른 성공 기준과 실행 역량이 요구될 것이다.

물리적 제품 기반의 수익모델이 지배적인 시기에는 배급사, 소매업자, 투자자들은 게임 타이틀이 몇 장 팔렸는지를 주요 평가지표로 사용했다. 그러다 게임이 디지털화된 후 '유저당 수익'으로 중심이 이동했다. 이 변화가 개발자에게 준 이점은 유저 데이터에 대한 지배권 확대다. 즉 게임 기획 및 마케팅 전략 단계에서 해당 데이터를 활용할 수

[도표 10-1] 게임의 반복 수익모델

주체	개요	예시	월간 가격
배급사	단일 배급사의 한 개 혹은 그 이상의 게임 타이틀에 대한 접속 권한	월드 오브 워크래프트, 빅 피시, 게임클럽	5~15달러
플랫폼	보완적 콘텐츠 서비스(게임, 영상, 음악, 생중계 등) 혹은 다양한 기능성	플레이스테이션 네트워크, 엑스박스 게임 패스, 애플 아케이드	5~50달러
프랜차이즈	정기적인 콘텐츠 확장 및 공개	피파, 포트나이트 배틀 패스	10~60달러
서비스	유통 서비스에 대한 접근 (콘텐츠 포함/불포함)	구글 스테디아, 마이크로소프트 엑스클라우드, 엔비디아 지포스 나우	10~20달러

있게 되었다.

    미디어로서의 게임은 대체로 탈脫 플랫폼을 도모하고 플레이어빌리티playability를 추구한다. 플레이어빌리티는 플레이어들이 얼마나 쉽게 게임에 접속할 수 있는지, 그리고 얼마나 빨리 게임에 적응해서 즐길 수 있는지를 모두 의미한다. 즉 게임 플레이어들의 몰입이 중요시되는 것이다. 광고와 구독모델이 현실적인 대안으로 부상하면서 게임 개발사와 플랫폼 모두 유저들의 게임 플레이 시간이라는 지표가 중요해졌다. 이러한 관점에서 하이브리드 수익화 전략을 기대할 수도 있을 것이다. 직접(구독)과 간접(광고) 그리고 궁극적으로는 게임 개발사가 플레이어들과 광고주를 연결하는 양면 모델로 진화할 것이다(도표

10-1 참조).

    게임이 엔터테인먼트의 주류로 부상하면서 기저의 사업모델 또한 전환되었지만, 이것이 과거와의 명백한 단절을 의미하지는 않는다. 앞으로도 한동안은 다양한 수익모델이 공존하며 다양한 고객들을 만족시킬 것이다. 이러한 예를 이미 음악 산업에서 확인한 바 있다. 사람들은 여전히 CD를 구매하면서, 라디오로 음악을 듣기도 하고, 한편으로는 음원 스트리밍 서비스에 구독료를 지불한다. 게임에서도 아시아 지역에서는 프리-투-플레이가 일반적이지만 북미의 플레이어들은 여전히 유료 게임에 대한 선호도가 높다. 제품, 서비스, 미디어라는 서로 다른 비즈니스 모델은 앞으로도 공존할 것이며, 각 모델은 글로벌 게임 기업들과 소규모 개발팀 모두에게 각기 다른 이점과 제약을 주면서 영향을 미칠 것이다.

Summary

- 소액결제와 온라인 유통이 자리잡음에 따라 게임의 새로운 수익모델이 만들어질 것이다. 현재 가시화되고 있는 모델은 광고와 구독이다.
- 게임의 주요 소비층은 전통 미디어들이 놓쳐버린 주요 광고 타깃층이다. 이에 따라 기업들은 게임을 광고채널로 활용할 수 있는지 계속 실험 중이다. 게임 인구가 증가하고 온라인 게임 및 게임 방송이 인기를 끌수록 광고가 결합할 여지는 더욱 커진다. 더욱이 소액결제에 의존해야 하는 게임 업계에 광고는 몹시 유용한 수익 전략이다.
- 고객으로부터 직접 돈을 받는 구독은 전통적인 미디어의 사업모델이기도 하다. 게임 플랫폼에서 선보인 구독모델은 현재 클라우드 게이밍으로 확산되는 중이다.
- 광고와 구독모델은 그 자체로 게임이 서비스의 영역을 넘어 미디어로 진화했음을 보여준다. 미디어로서 게임은 플랫폼의 경계를 넘어 플레이어빌리티, 즉 플레이어의 몰입을 얼마나 끌어내느냐가 중요하다.

결론

더 많은 혁신이 게임의 세계에서 플레이될 것이다

요하네스 베르메르Johannes Vermeer는 〈진주 귀고리를 한 소녀〉로 우리에게 유명한 17세기 네덜란드 화가다. 오랫동안 그는 외로운 천재의 이미지로 여겨졌다. 생전에 이름을 날리지 못했고, 초상화 의뢰인은 주로 지역 후견인이었다. 그가 사망한 후 아내는 빚을 갚고 11명의 자녀를 건사하기 위해 그의 작품 일부를 처분했다. 그가 '델프트의 스핑크스'라는 별명으로 불리며 오늘날의 명성을 얻은 것은 사후 100년 후의 일이다.

그런데 2017년 개최된 베르메르 작품전에서는 기존과 전혀 다른 관점이 제기되었다. 해당 전시의 큐레이터들은 베르메르가 무명으로 살다 간 외로운 천재가 아닌 당시 번성하던 네덜란드 미술계에서 잘 알려진 인물이었다고 주장했다. 17세기의 네덜란드는 부유했고, 이는 미술에 대한 수요 증가로 이어졌다. 베르메르도 다른 화가들과 후원금을 두고 경쟁했고, 어떤 화풍이 잘 팔리는지 감을 잃지 않도록 서로의 작품을 자주 살폈다. 큐레이터들은 이렇게 말했다. "본 작품전에서는 황금시대 다른 화가들의 작품들과 비교함으로써 베르메르가 당시 일상을 묘사하는 데 집중한 화가 공동체의 일원이었음에 조명했습니다. 그들은 서로 존경하고, 영감을 주며, 동시에 경쟁하던 사이였지요."

우리에게는 여전히 예술적 혁신의 공을 단 한 명의 천재에게만 돌리려는 기이한 관습이 있는 듯하다. 그러나 예술이 의미를 찾고 경제적 성공을 거두기 위해서는 당시 유행하는 전시 관행을 작업에 반영해야 한다. 대규모 그룹전이 유행한 19세기 파리에서는 독보적인 작품 한 점을 내놓기 위해 노력해야 했고, 단독 갤러리 전시가 대세였던 20세기 뉴욕의 예술가들은 작품 하나를 넘어 전시 자체가 멋진 쇼가 되도록 다수의 작품을 구상해야 했다.

비즈니스의 세계도 마찬가지다. 창의적인 산업을 적절한 재무적 관점에서 해석하는 것, 조직이 직면한 도전을 어떻게 극복하는지 살펴보는 것은 게임 비즈니스가 어떻게 작동하는지 이해하는 데 도움이 된다. 나는 이 책을 통해 재정적 압박이 우리가 즐기는 게임에, 그 게임이 담긴 기기에, 업계 종사자들이 만드는 게임 장르에, 팬들이 참여하는 이벤트에, 우리가 스트리밍하는 여러 게임에, 또는 우리가 구매하는 스페셜에디션 게임 타이틀에 어떠한 영향을 미치는지 설명하고자 했다. 게임 이면에 존재하는 비즈니스는 게임 개발을 촉진하고, 나아가 혁신적인 비즈니스 모델을 만들어내는 거대한 원동력이다.

게임사들은 독창적인 게임 경험을 창조하는 것 못지않게 전략을 놓고도 경쟁한다. 1980년대 붕괴됐던 게임 산업이 부활해서 새로운 토대를 다질 수 있었던 건 게임사들이 독창적인 기획과 혁신적인 경영 기법을 조합한 덕이었다. 개발자들은 개발 독립성을 요구했고, 배급사들은 저마다 서로 다른 게임 장르에서 실력을 발휘했다. 양으로 승부하던 플랫폼 기업들은 게임 포트폴리오의 필요성을 더욱 강렬히 인지했다.

디지털화는 게임 산업이 제품 기반 비즈니스 모델과 결별하게 된 핵심동인이다. 신생 기업들은 게임을 디지털 형태로 전환해 전 세계에 배급하는 등 새로운 게임 경험, 유통 및 가격 전략을 선보였다. 게임을 서비스로 인식하지 못한 전통적인 게임사들은 새로운 시장구조에 적응하지 못해 어려움을 겪기도 했다.

그럼에도 이 책에서 다룬 기업들은 전략적 해법을 찾았고, 게임 개발과 비즈니스 모델 혁신을 동등하게 중시하는 균형감각을 터득하는 데 성공했다. 앞에서 우리는 게임 생태계에 존재하는 여러 기업이 개발, 배급, 마케팅, 유통에 있어서 독특한 접근법을 어떻게 만들어냈는지 다루었다. 초고속 인터넷이 등장하고 스마트폰이 대중화됨에 따라 경제법칙도 달라졌다. 기업들은 각자의 시장적응 능력, 기술적 이슈 및 창의력의 한계를 어떻게든 극복하려는 노력으로 이 변화를 이겨냈다.

그 과정에서 게임사 경영진은 새로운 사고법을 체득했다. 바로 게임 개발과 게임 비즈니스는 둘 다 창의적이어야만 한다는 것이었다.

가령 밸브는 게임 유통의 비효율성을 스팀 서비스로 해결하고자 했다. 2003년에 선보인 스팀은 2007년에 1300만 명의 충성고객을 확보한 PC 게임 플랫폼으로 발돋움했으며, PC 게임을 완벽히 부활시켰다. 라이브 스트리밍과 온라인 방송은 게임에 대한 대중의 선호를 엿볼 수 있는 채널로 성장했다. 게임 플레이어 중에는 얼리어답터가 많기에 새로운 유통방식, 결제수단, 마케팅 채널에도 늘 열려 있다. 이런 특성이 업계의 혁신에 도움이 되었다.

디지털 비즈니스에서는 몇 가지 중요한 경제적 요소를 고려해야 한다. 높은 고정비를 감내하며 사업을 해오던 콘솔 제조업체나 배급사들은 기존의 방식에서 한계비용이 낮은 디지털화로 전환하는 과제를 안았다. 서비스 및 콘텐츠를 확장해 반복 수익모델recurrent revenue models을 추구하는 건 외부적으로는 새로운 포지셔닝을, 내부적으로는 운영방식의 재구조화를 의미한다.

물론 변화를 추구하는 건 늘 괴로운 법이다. 게다가 게임사들은 불가피하게 공급 과잉에 직면하게 되었다. 게임을 소비자들의 눈에 띄게 하기가 점차 어려워졌다. 쉽게 모방할 수 있는 게임이나 마케팅 예산이 충분치 않은 경우는 더욱 그렇다. 모바일 플랫폼에서 이런 현상이 많이 목격되는데, 소수의 대기업이 막대한 자금력을 앞세워 마케팅으로 진입장벽을 구축하는 것이다. 이제 디지털 게임 산업에서 마케팅 예산의 중요도는 전통적인 산업에서의 그것과 다를 바 없게 되었다.

여기에 크나큰 변수가 된 것이 무료 게임이다. 이 전략으로 여러 기업이 큰 성공을 거두었는데, 에픽게임즈가 대표적이다. 포트나이트는 경쟁 게임인 배틀그라운드보다 늦게 출시됐지만, 무료인 데다 재미도 있다는 특장점으로 네트워크 효과가 발생해 그 덕을 톡톡히 보았다. 그러나 수많은 게임이 무료라는 사실은 게임사의 장기적인 생존에 위협이 된다.

마지막으로 광고가 게임 산업의 새로운 수익모델로 서서히 부상하고 있다. 하지만 아직도 많은 게임사가 고객에게서 직접적으로 매출을 발생시키는 방식에 전적으로 의존하고 있다. 광고주로부터 광고비를 받을 수 있는 시스템이 구축되고, e스포츠 대회를 개최하여 중계권을 판매하는 것도 가능해졌지만 대부분의 게임사는 광고주와 협업하기를 여전히 꺼린다. 광고가 소비자들에게 완전히 수용되기 전까지는 기존의 수익모델이 계속 중요한 요소로 남을 것이다.

이 모든 변화는 게임 산업의 혁신을 낳았고, 각 기업의 자산으로 남았다.

우선 가격 전략이 변화했다. 게임스톱과 넥슨 같은 기업들은 각각 자신들의 카테고리에서 새로운 가격 전략으로 의미 있는 경쟁력을 구축했다. 게임스톱의 중고 판매 시스템은 경쟁사들이 모방할 수 없는 것이었다. 인기 타이틀을 낮은 가격에 계속 공급하는 게 관건인데, 이는 게임스톱만이 할 수 있었다. 이와 대조적으로 넥슨은 대작 게임을 60달러에 구매하는 데 익숙한 미국 시장에서 무료 전략으로 빠르게 시장점유율을 끌어올렸다. 나아가 신용카드 없이도 게임 내에서 손쉽게 결제할 수 있는 시스템을 구축해 큰 인기를 얻었다.

마케팅 또한 몇 차례 중요한 변화를 겪었다. 닌텐도는 품질관리와 고객 충성도를 기반으로 붕괴된 게임 업계를 부활시켰다. 이 전략 덕분에 닌텐도는 신기술 및 플랫폼 도입에 상대적으로 보수적임에도 여전히 성공을 이어가고 있다. 한편 일렉트로닉 아츠는 게임 기획자를 스타로 포지셔닝하는 전략으로 극심한 경쟁에서도 최고의 게임 배급사의 명성을 유지하고 있다. 직관적인 게임 플레이, 매력적인 아트워크를 내세운 액티비전 블리자드와 징가의 마케팅 역시 성공적이었다.

자신의 시스템을 무료로 사용할 수 있도록 허락하는 대담한 전략 또한 눈에 띄었다. 슈팅 게임 '둠'의 시스템을 아마추어 개발자들에게 개방한 이드 소프트웨어의 사례가 대표적이다. D&D 시스템을 몇 가지 제약만 남긴 채 다른 기업들이 무료로 사용할 수 있도록 허가한 위저드 역시 마찬가지다. 시스템 개방을 통해 업계 표준으로 자리잡은 사례다.

게임 개발과 유통의 혁신도 있었다. GTA5의 성공에 뒤이어 테이크투는 전통적인 오프라인 유통을 버리고 디지털 유통으로 전환함으로써 수십억 달러 규모의 반복 수익모델을 안착시켰다. 마이크로소프트와 소니는 스마트폰과 PC 게임에 밀려 콘솔이 퇴출될 것이라는 사람들의 전망이 틀렸음을 입증했다. 그들은 게임을 콘솔에 직접 다운받을 수 있게 전환하고 소액결제 시스템, 프리-투-플레이, 게임 방송 등 게임 산업의 새로운 트렌드를 수용함으로써 수익원을 창출했다.

겉으로 드러나지 않은 이면에서도 혁신이 이루어졌다. 노티독은 수평적인 조직을 구축해 최고의 인재를 모으는 데 성공했다. 직원들에게 주인의식과 창의적인 영감을 제공하는 건 강력한 동기부여가 된다. 슈퍼셀도 최고의 인재를 모으고, 조직을 작고 유연하게 유지하는 것만으로도 역사상 가장 성공적인 모바일 게임을 몇 개나 만들어냈다. 밸브 역시 마찬가지다. 흔히 간과되지만 조직 측면의 혁신은 게임의 창의적, 상업적 성공의 핵심요소다.

마지막으로 게임 비즈니스가 제품 기반 모델에서 탈피함에 따라 게임사들은 점차 디지털 판매 방식에도 적응하기 시작했다. 신작 게임 정보를 제공하는 게임 잡지의 역할을 이제는 게임 방송이 한다. 라이엇게임즈, 액티비전 블리자드, 에픽게임즈, 일렉트로닉 아츠 등은 게임에 대한 관심을 유지하는 새로운 캠페인 방식을 익혔다. 바로 e스포츠다. 리그 오브 레전드와 오버워치의 배급사들은 e스포츠 경기 시청률과 광고 판매에 뛰어난 역량을 선보였다.

게임사들의 전략은 저마다 다르지만, 한 가지 공통점이 있다. 게임 제작뿐 아니라 게임 비즈니스에도 창의적인 역량을 발휘한다는 것이다. 비즈니스 모델 혁신 자체가 중요한 경쟁력이기 때문이다.

물론 실패도 있었다. 아타리 경영진이 라이선스 게임에 대한 수요를 오판하는 거대한 실수, 지보가 남미 시장의 게임 수요를 심각하게 과대평가한 실패도 있었다. 마이크로소프트는 명확한 수익모델을 구상하지 않은 채 덜컥 매시브를 인수했다가 개발팀의 강력한 저항에 부딪히고 결국 해당 사업을 접었다. 일렉트로닉 아츠는 랜덤박스라는 공격적인 수익화 전략을 시도했다가 소비자, 규제 당국, IP 보유 파트너사 모두로부터 외면받았다. 마이크로소프트와 텐센트는 모두 중국 정부의 규제 정책으로 고생한 바 있다. 악의 없는 정책 변화라 할지라도 공급망이 교란돼 수십억 달러의 경제적 손실로 이어질 수 있다.

이 모든 혁신과 성장은 게임이 주류 콘텐츠로 부상하는 결실로 이어졌다. 게임은 오랫동안 상대적으로 모호한 분야에 머물러 있었다. 하지만 오늘날 게임은 미디어, 엔터테인먼트, 테크 영역의 중심에 위치한 비즈니스다. 글로벌 대기업들도 기존 사업구조에 게임을 추가하고 있다. 아마존, 애플, 페이스북, 구글, 텐센트 모두 회사의 지속적인 성장과 명운을 게임 분야의 성공과 결부시켰다. 그만큼 게임 산업의 미래 가치를 높게 평가하고 있다는 의미다.

차세대 콘솔에 해당하는 플레이스테이션5, 엑스박스X가 클라우드 게임, AR 같은 가장 최신의 소비자 기술을 탑재함에 따라 게임 산업의 경쟁구도가 다시 한 번 재편될 가능성은 얼마든지 있다. 앞으로 더 많은 이들이 게임을 즐기고, 더 많은 글로벌 기업이 게임 산업에 발을 담글 여지도 충분하다. 이는 당연하게도 산업구도, 미래의 기기 및 서비스에 영향을 미칠 것이다. 게임 비즈니스를 흥미롭게 바라보는 이들에게 가장 중요한 질문을 하나만 꼽으라면 이것이다. "다음 혁신의 파도는 무엇이며, 당신은 그 파도에 어떻게 대비할 계획인가?"

옮긴이의 글

룰을 아는 사람이 승자가 되는 시대

    지난 몇 년간 코로나라는 전세계적 위기를 겪으며 확인한 것이 하나 있다. 인간은 대안을 찾아내는 존재라는 것이다. 줌Zoom, 노션 Notion 같은 새로운 커뮤니케이션 툴이 대세로 떠올랐고, 그것도 모자라 사람들은 디지털 공간에 하나의 '세계'를 창조했다. 소위 말하는 메타버스다. 메타버스에서 통용되는 화폐(가상화폐)와 자산NFT도 등장했다. 메타버스, 가상화폐, NFT 등은 2021년 전 세계적으로 가장 많은 관심을 받은 키워드로 등극했다.

    그런데 이런 메타버스, 가상화폐, NFT가 새롭지 않았던 사람들이 있었다. 바로 게임 업계 종사자들이다. 그들은 이미 오래전부터 자신들만의 메타버스를 구축해왔다. 리니지 같은 MMORPG를 떠올리면 이해가 쉬울 것이다. 리니지 자체가 일종의 메타버스고, 이미 리니지의 아이템은 비싼 가격에 거래되는 가상 자산이며, 그 거래는 '아덴'이라는 게임 화폐로 이뤄진다.

즉 게임 산업은 디지털화digitalization에서 가장 앞서 있다. NFT, AI, VR, AR 등 최신 기술들 또한 게임 산업에서 가장 먼저 상용화되었다. 당연히 조직구조 역시 디지털화에 최적화되어 있다. 내가 경험한 게임 회사도 마찬가지였다. 지난 2년간 우연한 계기로 NFT와 딥러닝 같은 최신 기술을 활용해 새로운 형태의 게임을 만드는 프로젝트에 참여하게 되었다. 프로젝트 자체도 의미 있었지만 게임을 전문적으로 만드는 조직에서 일하는 것도 그에 못지않게 신선한 경험이었다. 조직은 수평적이며 유연했고, 자율적이고 애자일agile했다. 물론 그에 대한 책임도 따랐지만, 이전에 경험했던 전통적인 조직과는 무척 달랐다.

비단 디지털화만이 아니다. 게임을 비즈니스 관점에서 들여다보면, 놀랍게도 우리가 알고 있는 비즈니스의 성공공식을 실행하고 있음을 알 수 있다. 웹에서 모바일로 이전되는 상황에서 새로운 고객을 찾아내고, 제품을 플랫폼으로 변화시키고, 서비스를 무료로 제공하는 대신 부분 유료화를 하고, 심지어 요즘 거의 모든 사업의 기본이 되어버린 구독모델과 IP, 세계관의 탄생도 게임 산업에서는 이미 이루어지고 있던 것이다. 그럼에도 게임 산업의 성공에 대해 그동안 덜 주목했던 것은 저자의 말처럼 게임을 '창의적인 사람들의 결과물' 내지는 '엔터테인먼트(놀거리!)'로만 바라보는 선입견 때문이 아니었을까.

나 역시 저자와 같은 이유로 이 책을 읽고 매력을 느꼈다. 기술이 세상을 주도하고, 고객의 니즈가 매일 변화하고, 플랫폼 경쟁이 치열한 현실에서, 게임 산업이 한 발 앞서기 위해 어떠한 도전과 실패와 성공을 거쳐왔는지를 아주 촘촘하게 설명하고 있기 때문이다. 그것도 저자의 주관적 해석이 아니라 학자답게 수많은 데이터를 기반으로 말이다.

이 책의 원제는 '원 업One Up', 한 수 앞선다는 뜻이다. 수없이 많은 기업과 브랜드가 모바일을 기반으로 평등하게 경쟁하는 세상에서, 살아남는 곳과 그렇지 않은 곳의 차이는 아주 미미할 수밖에 없다. 그 작은 차이를 만들기 위해 우리는 이제껏 습득하고 실천해왔던 모든 비즈니스의 룰을 다시 점검하고 수정해 나가야 한다. 출판사가 '룰 북Rule Book'이라는 제목을 제안해왔을 때 선뜻 고개를 끄덕일 수 있었던 것도 그 때문이다. 실제 룰 북은 '던전 앤 드래곤'이라는 롤 플레잉 게임의 기본 규칙을 담은 규정집의 이름으로, 게임을 잘 이해하고 플레이할 수 있도록 돕는 역할을 하니, 경영의 가이드 북이라는 개념으로 보면 일맥상통하는 셈이다.

이 책은 게임 비즈니스를 토대로 쓰였지만, 게임 업계 종사자만을 위한 책은 아니다. 게임을 잘 알아야만 공감할 수 있는 책은 더더욱 아니다. 자신의 제품이나 서비스를 알리고 싶은 사람들, 창업을 준비하는 사람들, 나아가 게임 비즈니스를 통해 미래를 점치고 준비하려는 사람들에게 필요한 책이다. 다른 산업이나 기업의 흥망성쇠를 보면서 자신이 몸담고 있는 업계나 개인의 룰을 떠올려보는 기회가 될 수도 있을 것이다. 개인적으로는 그동안 게임에 부정적인 이미지를 갖고 있던 분들이 게임을 다시 평가할 수 있는 계기가 되기를 희망한다.

김석현

룰 북 : 게임 비즈니스를 보면 미래가 보인다

2022년 3월 22일 초판1쇄 발행

지은이 요스트 판 드뢰넌
옮긴이 김석현

펴낸이 김은경
편집 이은규, 강현호
마케팅 박선영
디자인 김경미

펴낸곳 ㈜북스톤
주소 서울특별시 성동구 연무장7길 11, 8층
대표전화 02-6463-7000
팩스 02-6499-1706
이메일 info@book-stone.co.kr
출판등록 2015년 1월 2일 제2018-000078호

ⓒ 요스트 판 드뢰넌
(저작권자와 맺은 특약에 따라 검인을 생략합니다)

ISBN 979-11-91211-60-3　(03320)

- 이 책은 저작권법에 따라 보호받는 저작물이므로 무단전재와 무단복제를 금지하며, 이 책 내용의 전부 또는 일부를 이용하려면 반드시 저작권자와 북스톤의 서면동의를 받아야 합니다.
- 책값은 뒤표지에 있습니다.
- 잘못된 책은 구입처에서 바꿔드립니다.

> 북스톤은 세상에 오래 남는 책을 만들고자 합니다. 이에 동참을 원하는 독자 여러분의 아이디어와 원고를 기다리고 있습니다. 책으로 엮기를 원하는 기획이나 원고가 있으신 분은 연락처와 함께 이메일 info@book-stone.co.kr로 보내주세요. 돌에 새기듯, 오래 남는 지혜를 전하는 데 힘쓰겠습니다.